向为创建中国卫星导航事业

并使之立于世界最前列而做出卓越贡献的北斗功臣们

致以深深的敬意！

国家出版基金项目
NATIONAL PUBLICATION FOUNDATION

"十三五"国家重点出版物

出版规划项目

卫星导航工程技术丛书

主　编　杨元喜
副主编　蔚保国

北斗卫星导航系统海事应用

Maritime Application of BeiDou Navigation Satellite System

姜　毅　张淑芳　龚大亮　编著

国防工业出版社

·北京·

内 容 简 介

海事领域是卫星导航系统发展和应用的重要方向,我国目前正在全面推进北斗卫星导航系统的海事国际应用,建立北斗卫星导航系统的海事国际标准化体系。本书分析了国际海事组织(IMO)、国际电信联盟(ITU)、国际海事无线电技术委员会(RTCM)等相关国际组织发布的 GNSS 在海事领域应用的相关技术标准;介绍了全球海上遇险与安全系统船舶自动识别系统、船舶动态监控系统、船舶远程识别与跟踪系统、以及海事增强系统等海事导航领域卫星导航应用系统。

本书可作为从事海事通信导航系统和卫星导航系统海事国际标准化研究的工程技术人员及管理者的参考书,也可作为海事相关院校有关专业高年级本科生和研究生的参考书。

图书在版编目(CIP)数据

北斗卫星导航系统海事应用／姜毅,张淑芳,龚大亮编著. —北京:国防工业出版社,2021.3
 (卫星导航工程技术丛书)
 ISBN 978 - 7 - 118 - 12068 - 4

Ⅰ. ①北… Ⅱ. ①姜… ②张… ③龚… Ⅲ. ①卫星导航 – 全球定位系统 – 应用 – 航海导航 – 研究 – 中国 Ⅳ. ①U675.7

中国版本图书馆 CIP 数据核字(2020)第 140679 号

※

*国防工业出版社*出版发行
(北京市海淀区紫竹院南路 23 号 邮政编码 100048)
天津嘉恒印务有限公司印刷
新华书店经售

*

开本 710×1000 1/16 插页 8 印张 14¼ 字数 254 千字
2021 年 3 月第 1 版第 1 次印刷 印数 1—2000 册 定价 108.00 元

(本书如有印装错误,我社负责调换)

国防书店:(010)88540777 书店传真:(010)88540776
发行业务:(010)88540717 发行传真:(010)88540762

孙家栋院士为本套丛书致辞

探索中国北斗自主创新之路
凝练卫星导航工程技术之果

当今世界,卫星导航系统覆盖全球,应用服务广泛渗透,科技影响如日中天。

我国卫星导航事业从北斗一号工程开始到北斗三号工程,已经走过了二十六个春秋。在长达四分之一世纪的艰辛发展历程中,北斗卫星导航系统从无到有,从小到大,从弱到强,从区域到全球,从单一星座到高中轨混合星座,从 RDSS 到 RNSS,从定位授时到位置报告,从差分增强到精密单点定位,从星地站间组网到星间链路组网,不断演进和升级,形成了包括卫星导航及其增强系统的研究规划、研制生产、测试运行及产业化应用的综合体系,培养造就了一支高水平、高素质的专业人才队伍,为我国卫星导航事业的蓬勃发展奠定了坚实基础。

如今北斗已开启全球时代,打造"天上好用,地上用好"的自主卫星导航系统任务已初步实现,我国卫星导航事业也已跻身于国际先进水平,领域专家们认为有必要对以往的工作进行回顾和总结,将积累的工程技术、管理成果进行系统的梳理、凝练和提高,以利再战,同时也有必要充分利用前期积累的成果指导工程研制、系统应用和人才培养,因此决定撰写一套卫星导航工程技术丛书,为国家导航事业,也为参与者留下宝贵的知识财富和经验积淀。

在各位北斗专家及国防工业出版社的共同努力下,历经八年时间,这套导航丛书终于得以顺利出版。这是一件十分可喜可贺的大事!丛书展示了从北斗二号到北斗三号的历史性跨越,体系完整,理论与工程实践相结合，突出北斗卫星导航自主创新精神，注意与国际先进技术融合与接轨，展现了"中国的北斗，世界的北斗，一流的北斗"之大气！每一本书都是作者亲身工作成果的凝练和升华，相信能够为相关领域的发展和人才培养做出贡献。

"只要你管这件事，就要认认真真负责到底。"这是中国航天界的习惯，也是本套丛书作者的特点。我与丛书作者多有相识与共事，深知他们在北斗卫星导航科研和工程实践中取得了巨大成就，并积累了丰富经验。现在他们又在百忙之中牺牲休息时间来著书立说，继续弘扬"自主创新、开放融合、万众一心、追求卓越"的北斗精神，力争在学术出版界再现北斗的光辉形象，为北斗事业的后续发展鼎力相助，为导航技术的代代相传添砖加瓦。为他们喝彩！更由衷地感谢他们的巨大付出！由这些科研骨干潜心写成的著作，内蓄十足的含金量！我相信这套丛书一定具有鲜明的中国北斗特色，一定经得起时间的考验。

我一辈子都在航天战线工作，虽然已年逾九旬，但仍愿为北斗卫星导航事业的发展而思考和实践。人才培养是我国科技发展第一要事，令人欣慰的是，这套丛书非常及时地全面总结了中国北斗卫星导航的工程经验、理论方法、技术成果，可谓承前启后，必将有助于我国卫星导航系统的推广应用以及人才培养。我推荐从事这方面工作的科研人员以及在校师生都能读好这套丛书，它一定能给你启发和帮助，有助于你的进步与成长，从而为我国全球北斗卫星导航事业又好又快发展做出更多更大的贡献。

孙家栋

2020 年 8 月

祝贺 卫星导航工程技术丛书

国防出版

杨元喜

于 2019 年第十届中国卫星导航年会期间题词。

期待《卫星导航工程技术丛书》

助力中国北斗系统发展

周承芷

于 2019 年第十届中国卫星导航年会期间题词。

卫星导航工程技术丛书
编审委员会

丛书序

宇宙浩瀚、海洋无际、大漠无垠、丛林层密、山峦叠嶂,这就是我们生活的空间,这就是我们探索的远方。我在何处?我之去向?这是我们每天都必须面对的问题。从原始人巡游狩猎、航行海洋,到近代人周游世界、遨游太空,无一不需要定位和导航。

正如《北斗赋》所描述,乘舟而惑,不知东西,见斗则寤矣。又戒之,瀚海识途,昼则观日,夜则观星矣。我们的祖先不仅为后人指明了"昼观日,夜观星"的天文导航法,而且还发明了"司南"或"指南针"定向法。我们为祖先的聪颖智慧而自豪,但是又不得不面临新的定位、导航与授时(PNT)需求。信息化社会、智能化建设、智慧城市、数字地球、物联网、大数据等,无一不需要统一时间、空间信息的支持。为顺应新的需求,"卫星导航"应运而生。

卫星导航始于美国子午仪系统,成形于美国的全球定位系统(GPS)和俄罗斯的全球卫星导航系统(GLONASS),发展于中国的北斗卫星导航系统(BDS)(简称"北斗系统")和欧盟的伽利略卫星导航系统(简称"Galileo 系统"),补充于印度及日本的区域卫星导航系统。卫星导航系统是时间、空间信息服务的基础设施,是国防建设和国家经济建设的基础设施,也是政治大国、经济强国、科技强国的基本象征。

中国的北斗系统不仅是我国 PNT 体系的重要基础设施,也是国家经济、科技与社会发展的重要标志,是改革开放的重要成果之一。北斗系统不仅"标新""立异",而且"特色"鲜明。标新于设计(混合星座、信号调制、云平台运控、星间链路、全球报文通信等),立异于功能(一体化星基增强、嵌入式精密单点定位、嵌入式全球搜救等服务),特色于应用(报文通信、精密位置服务等)。标新立异和特色服务是北斗系统的立身之本,也是北斗系统推广应用的基础。

2020 年 6 月 23 日,北斗系统最后一颗卫星发射升空,标志着中国北斗全球卫星导航系统卫星组网完成;2020 年 7 月 31 日,北斗系统正式向全球用户开通服务,标志着中国北斗全球卫星导航系统进入运行维护阶段。为了全面反映中国北斗系统建设成果，同时也为了推进北斗系统的广泛应用，我们紧跟北斗工程的成功进展，组织北斗系统建设的部分技术骨干，撰写了卫星导航工程技术丛书，系统地描述北斗系统的最新发展、创新设计和特色应用成果。丛书共26个分册，分别介绍如下：

卫星导航定位遵循几何交会原理，但又涉及无线电信号传输的大气物理特性以及卫星动力学效应。《卫星导航定位原理》全面阐述卫星导航定位的基本概念和基本原理，侧重卫星导航概念描述和理论论述，包括北斗系统的卫星无线电测定业务（RDSS）原理、卫星无线电导航业务（RNSS）原理、北斗三频信号最优组合、精密定轨与时间同步、精密定位模型和自主导航理论与算法等。其中北斗三频信号最优组合、自适应卫星轨道测定、自主定轨理论与方法、自适应导航定位等均是作者团队近年来的研究成果。此外，该书第一次较详细地描述了"综合PNT"、"微PNT"和"弹性PNT"基本框架，这些都可望成为未来PNT的主要发展方向。

北斗系统由空间段、地面运行控制系统和用户段三部分构成，其中空间段的组网卫星是系统建设最关键的核心组成部分。《北斗导航卫星》描述我国北斗导航卫星研制历程及其取得的成果，论述导航卫星环境和任务要求、导航卫星总体设计、导航卫星平台、卫星有效载荷和星间链路等内容，并对未来卫星导航系统和关键技术的发展进行展望，特色的载荷、特色的功能设计、特色的组网，成就了特色的北斗导航卫星星座。

卫星导航信号的连续可用是卫星导航系统的根本要求。《北斗导航卫星可靠性工程》描述北斗导航卫星在工程研制中的系列可靠性研究成果和经验。围绕高可靠性、高可用性，论述导航卫星及星座的可靠性定性定量要求、可靠性设计、可靠性建模与分析等，侧重描述可靠性指标论证和分解、星座及卫星可用性设计、中断及可用性分析、可靠性试验、可靠性专项实施等内容。围绕导航卫星批量研制，分析可靠性工作的特殊性，介绍工艺可靠性、过程故障模式及其影响、贮存可靠性、备份星论证等批产可靠性保证技术内容。

卫星导航系统的运行与服务需要精密的时间同步和高精度的卫星轨道支持。《卫星导航时间同步与精密定轨》侧重描述北斗导航卫星高精度时间同步与精密定轨相关理论与方法，包括：相对论框架下时间比对基本原理、星地/站间各种时间比对技术及误差分析、高精度钟差预报方法、常规状态下导航卫星轨道精密测定与预报等；围绕北斗系统独有的技术体制和运行服务特点，详细论述星地无线电双向时间比对、地球静止轨道/倾斜地球同步轨道/中圆地球轨道（GEO/IGSO/MEO）混合星座精密定轨及轨道快速恢复、基于星间链路的时间同步与精密定轨、多源数据系统性偏差综合解算等前沿技术与方法;同时,从系统信息生成者角度,给出用户使用北斗卫星导航电文的具体建议。

北斗卫星发射与早期轨道段测控、长期运行段卫星及星座高效测控是北斗卫星发射组网、补网,系统连续、稳定、可靠运行与服务的核心要素之一。《导航星座测控管理系统》详细描述北斗系统的卫星/星座测控管理总体设计、系列关键技术及其解决途径,如测控系统总体设计、地面测控网总体设计、基于轨道参数偏置的 MEO 和 IGSO 卫星摄动补偿方法、MEO 卫星轨道构型重构控制评价指标体系及优化方案、分布式数据中心设计方法、数据一体化存储与多级共享自动迁移设计等。

波束测量是卫星测控的重要创新技术。《卫星导航数字多波束测量系统》阐述数字波束形成与扩频测量传输深度融合机理,梳理数字多波束多星测量技术体制的最新成果,包括全分散式数字多波束测量装备体系架构、单站系统对多星的高效测量管理技术、数字波束时延概念、数字多波束时延综合处理方法、收发链路波束时延误差控制、数字波束时延在线精确标校管理等,描述复杂星座时空测量的地面基准确定、恒相位中心多波束动态优化算法、多波束相位中心恒定解决方案、数字波束合成条件下高精度星地链路测量、数字多波束测量系统性能测试方法等。

工程测试是北斗系统建设与应用的重要环节。《卫星导航系统工程测试技术》结合我国北斗三号工程建设中的重大测试、联试及试验,成体系地介绍卫星导航系统工程的测试评估技术,既包括卫星导航工程的卫星、地面运行控制、应用三大组成部分的测试技术及系统间大型测试与试验,也包括工程测试中的组织管理、基础理论和时延测量等关键技术。其中星地对接试验、卫星在轨测试技术、地面运行控制系统测试等内容都是我国北斗三号工程建设的实践成果。

卫星之间的星间链路体系是北斗三号卫星导航系统的重要标志之一,为北斗系统的全球服务奠定了坚实基础,也为构建未来天基信息网络提供了技术支撑。《卫星导航系统星间链路测量与通信原理》介绍卫星导航系统星间链路测量通信概念、理论与方法,论述星间链路在星历预报、卫星之间数据传输、动态无线组网、卫星导航系统性能提升等方面的重要作用,反映了我国全球卫星导航系统星间链路测量通信技术的最新成果。

自主导航技术是保证北斗地面系统应对突发灾难事件、可靠维持系统常规服务性能的重要手段。《北斗导航卫星自主导航原理与方法》详细介绍了自主导航的基本理论、星座自主定轨与时间同步技术、卫星自主完好性监测技术等自主导航关键技术及解决方法。内容既有理论分析,也有仿真和实测数据验证。其中在自主时空基准维持、自主定轨与时间同步算法设计等方面的研究成果,反映了北斗自主导航理论和工程应用方面的新进展。

卫星导航"完好性"是安全导航定位的核心指标之一。《卫星导航系统完好性原理与方法》全面阐述系统基本完好性监测、接收机自主完好性监测、星基增强系统完好性监测、地基增强系统完好性监测、卫星自主完好性监测等原理和方法,重点介绍相应的系统方案设计、监测处理方法、算法原理、完好性性能保证等内容,详细描述我国北斗系统完好性设计与实现技术,如基于地面运行控制系统的基本完好性的监测体系、顾及卫星自主完好性的监测体系、系统基本完好性和用户端有机结合的监测体系、完好性性能测试评估方法等。

时间是卫星导航的基础,也是卫星导航服务的重要内容。《时间基准与授时服务》从时间的概念形成开始:阐述从古代到现代人类关于时间的基本认识,时间频率的理论形成、技术发展、工程应用及未来前景等;介绍早期的牛顿绝对时空观、现代的爱因斯坦相对时空观及以霍金为代表的宇宙学时空观等;总结梳理各类时空观的内涵、特点、关系,重点分析相对论框架下的常用理论时标,并给出相互转换关系;重点阐述针对我国北斗系统的时间频率体系研究、体制设计、工程应用等关键问题,特别对时间频率与卫星导航系统地面、卫星、用户等各部分之间的密切关系进行了较深入的理论分析。

卫星导航系统本质上是一种高精度的时间频率测量系统,通过对时间信号的测量实现精密测距,进而实现高精度的定位、导航和授时服务。《卫星导航精密时间传递系统及应用》以卫星导航系统中的时间为切入点,全面系统地阐述卫星导航系统中的高精度时间传递技术,包括卫星导航授时技术、星地时间传递技术、卫星双向时间传递技术、光纤时间频率传递技术、卫星共视时间传递技术,以及时间传递技术在多个领域中的应用案例。

空间导航信号是连接导航卫星、地面运行控制系统和用户之间的纽带,其质量的好坏直接关系到全球卫星导航系统(GNSS)的定位、测速和授时性能。《GNSS空间信号质量监测评估》从卫星导航系统地面运行控制和测试角度出发,介绍导航信号生成、空间传播、接收处理等环节的数学模型,并从时域、频域、测量域、调制域和相关域监测评估等方面,系统描述工程实现算法,分析实测数据,重点阐述低失真接收、交替采样、信号重构与监测评估等关键技术,最后对空间信号质量监测评估系统体系结构、工作原理、工作模式等进行论述,同时对空间信号质量监测评估应用实践进行总结。

北斗系统地面运行控制系统建设与维护是一项极其复杂的工程。地面运行控制系统的仿真测试与模拟训练是北斗系统建设的重要支撑。《卫星导航地面运行控制系统仿真测试与模拟训练技术》详细阐述地面运行控制系统主要业务的仿真测试理论与方法,系统分析全球主要卫星导航系统地面控制段的功能组成及特点,描述地面控制段一整套仿真测试理论和方法,包括卫星导航数学建模与仿真方法、仿真模型的有效性验证方法、虚-实结合的仿真测试方法、面向协议测试的通用接口仿真方法、复杂仿真系统的开放式体系架构设计方法等。最后分析了地面运行控制系统操作人员岗前培训对训练环境和训练设备的需求,提出利用仿真系统支持地面操作人员岗前培训的技术和具体实施方法。

卫星导航信号严重受制于地球空间电离层延迟的影响,利用该影响可实现电离层变化的精细监测,进而提升卫星导航电离层延迟修正效果。《卫星导航电离层建模与应用》结合北斗系统建设和应用需求,重点论述了北斗系统广播电离层延迟及区域增强电离层延迟改正模型、码偏差处理方法及电离层模型精化与电离层变化监测等内容,主要包括北斗全球广播电离层时延改正模型、北斗全球卫星导航差分码偏差处理方法、面向我国低纬地区的北斗区域增强电离层延迟修正模型、卫星导航全球广播电离层模型改进、卫星导航全球与区域电离层延迟精确建模、卫星导航电离层层析反演及扰动探测方法、卫星导航定位电离层时延修正的典型方法等,体系化地阐述和总结了北斗系统电离层建模的理论、方法与应用成果及特色。

卫星导航终端是卫星导航系统服务的端点,也是体现系统服务性能的重要载体,所以卫星导航终端本身必须具备良好的性能。《卫星导航终端测试系统原理与应用》详细介绍并分析卫星导航终端测试系统的分类和实现原理,包括卫星导航终端的室内测试、室外测试、抗干扰测试等系统的构成和实现方法以及我国第一个大型室外导航终端测试环境的设计技术,并详述各种测试系统的工程实践技术,形成卫星导航终端测试系统理论研究和工程应用的较完整体系。

卫星导航系统 PNT 服务的精度、完好性、连续性、可用性是系统的关键指标,而卫星导航系统必然存在卫星轨道误差、钟差以及信号大气传播误差,需要增强系统来提高服务精度和完好性等关键指标。卫星导航增强系统是有效削弱大多数系统误差的重要手段。《卫星导航增强系统原理与应用》根据国际民航组织有关全球卫星导航系统服务的标准和操作规范,详细阐述了卫星导航系统的星基增强系统、地基增强系统、空基增强系统以及差分系统和低轨移动卫星导航增强系统的原理与应用。

与卫星导航增强系统原理相似,实时动态(RTK)定位也采用差分定位原理削弱各类系统误差的影响。《GNSS 网络 RTK 技术原理与工程应用》侧重介绍网络 RTK 技术原理和工作模式。结合北斗系统发展应用,详细分析网络 RTK 定位模型和各类误差特性以及处理方法、基于基准站的大气延迟和整周模糊度估计与北斗三频模糊度快速固定算法等,论述空间相关误差区域建模原理、基准站双差模糊度转换为非差模糊度相关技术途径以及基准站双差和非差一体化定位方法,综合介绍网络 RTK 技术在测绘、精准农业、变形监测等方面的应用。

GNSS 精密单点定位(PPP)技术是在卫星导航增强原理和 RTK 原理的基础上发展起来的精密定位技术,PPP 方法一经提出即得到同行的极大关注。《GNSS 精密单点定位理论方法及其应用》是国内第一本全面系统论述 GNSS 精密单点定位理论、模型、技术方法和应用的学术专著。该书从非差观测方程出发,推导并建立 BDS/GNSS 单频、双频、三频及多频 PPP 的函数模型和随机模型,详细讨论非差观测数据预处理及各类误差处理策略、缩短 PPP 收敛时间的系列创新模型和技术,介绍 PPP 质量控制与质量评估方法、PPP 整周模糊度解算理论和方法,包括基于原始观测模型的北斗三频载波相位小数偏差的分离、估计和外推问题,以及利用连续运行参考站网增强 PPP 的概念和方法,阐述实时精密单点定位的关键技术和典型应用。

GNSS 信号到达地表产生多路径延迟,是 GNSS 导航定位的主要误差源之一,反过来可以估计地表介质特征,即 GNSS 反射测量。《GNSS 反射测量原理与应用》详细、全面地介绍全球卫星导航系统反射测量原理、方法及应用,包括 GNSS 反射信号特征、多路径反射测量、干涉模式技术、多普勒时延图、空基 GNSS 反射测量理论、海洋遥感、水文遥感、植被遥感和冰川遥感等,其中利用 BDS/GNSS 反射测量估计海平面变化、海面风场、有效波高、积雪变化、土壤湿度、冻土变化和植被生长量等内容都是作者的最新研究成果。

伪卫星定位系统是卫星导航系统的重要补充和增强手段。《GNSS 伪卫星定位系统原理与应用》首先系统总结国际上伪卫星定位系统发展的历程,进而系统描述北斗伪卫星导航系统的应用需求和相关理论方法,涵盖信号传输与多路径效应、测量误差模型等多个方面,系统描述 GNSS 伪卫星定位系统(中国伽利略测试场测试型伪卫星)、自组网伪卫星系统(Locata 伪卫星和转发式伪卫星)、GNSS 伪卫星增强系统(闭环同步伪卫星和非同步伪卫星)等体系结构、组网与高精度时间同步技术、测量与定位方法等,系统总结 GNSS 伪卫星在各个领域的成功应用案例,包括测绘、工业控制、军事导航和 GNSS 测试试验等,充分体现出 GNSS 伪卫星的"高精度、高完好性、高连续性和高可用性"的应用特性和应用趋势。

GNSS 存在易受干扰和欺骗的缺点,但若与惯性导航系统(INS)组合,则能发挥两者的优势,提高导航系统的综合性能。《高精度 GNSS/INS 组合定位及测姿技术》系统描述北斗卫星导航/惯性导航相结合的组合定位基础理论、关键技术以及工程实践,重点阐述不同方式组合定位的基本原理、误差建模、关键技术以及工程实践等,并将组合定位与高精度定位相互融合,依托移动测绘车组合定位系统进行典型设计,然后详细介绍组合定位系统的多种应用。

未来 PNT 应用需求逐渐呈现出多样化的特征,单一导航源在可用性、连续性和稳健性方面通常不能全面满足需求,多源信息融合能够实现不同导航源的优势互补,提升 PNT 服务的连续性和可靠性。《多源融合导航技术及其演进》系统分析现有主要导航手段的特点、多源融合导航终端的总体构架、多源导航信息时空基准统一方法、导航源质量评估与故障检测方法、多源融合导航场景感知技术、多源融合数据处理方法等,依托车辆的室内外无缝定位应用进行典型设计,探讨多源融合导航技术未来发展趋势,以及多源融合导航在 PNT 体系中的作用和地位等。

卫星导航系统是典型的军民两用系统,一定程度上改变了人类的生产、生活和斗争方式。《卫星导航系统典型应用》从定位服务、位置报告、导航服务、授时服务和军事应用 5 个维度系统阐述卫星导航系统的应用范例。"天上好用,地上用好",北斗卫星导航系统只有服务于国计民生,才能产生价值。

海洋定位、导航、授时、报文通信以及搜救是北斗系统对海事应用的重要特色贡献。《北斗卫星导航系统海事应用》梳理分析国际海事组织、国际电信联盟、国际海事无线电技术委员会等相关国际组织发布的 GNSS 在海事领域应用的相关技术标准,详细阐述全球海上遇险与安全系统、船舶自动识别系统、船舶动态监控系统、船舶远程识别与跟踪系统以及海事增强系统等的工作原理及在海事导航领域的具体应用。

将卫星导航技术应用于民用航空,并满足飞行安全性对导航完好性的严格要求,其核心是卫星导航增强技术。未来的全球卫星导航系统将呈现多个星座共同运行的局面,每个星座均向民航用户提供至少 2 个频率的导航信号。双频多星座卫星导航增强技术已经成为国际民航下一代航空运输系统的核心技术。《民用航空卫星导航增强新技术与应用》系统阐述多星座卫星导航系统的运行概念、先进接收机自主完好性监测技术、双频多星座星基增强技术、双频多星座地基增强技术和实时精密定位技术等的原理和方法,介绍双频多星座卫星导航系统在民航领域应用的关键技术、算法实现和应用实施等。

本丛书全面反映了我国北斗系统建设工程的主要成就,包括导航定位原理,工程实现技术,卫星平台和各类载荷技术,信号传输与处理理论及技术,用户定位、导航、授时处理技术等。各分册:虽有侧重,但又相互衔接;虽自成体系,又避免大量重复。整套丛书力求理论严密、方法实用,工程建设内容力求系统,应用领域力求全面,适合从事卫星导航工程建设、科研与教学人员学习参考,同时也为从事北斗系统应用研究和开发的广大科技人员提供技术借鉴,从而为建成更加完善的北斗综合 PNT 体系做出贡献。

最后,让我们从中国科技发展史的角度,来评价编撰和出版本丛书的深远意义,那就是:将中国卫星导航事业发展的重要的里程碑式的阶段永远地铭刻在历史的丰碑上!

2020 年 8 月

随着卫星导航技术的发展,全球卫星导航系统(GNSS)逐渐在社会发展的各个领域推广应用,在国防和国民经济中占据了越来越重要的地位。导航系统在海事领域应用的核心即利用其提供的位置信息保障海上航行安全,因此随着 GNSS 的推广,产生了许多基于 GNSS 位置信息的海事应用系统,如船舶自动识别系统(AIS)、船舶动态监控系统、船舶远程识别与跟踪(LRIT)系统等,在保障航行安全、提高航行效率等方面发挥了重要作用。

近年来,随着我国北斗卫星导航系统的发展,其所提供的定位、导航、授时、短报文及搜救等服务逐渐被人们熟悉和依赖。2014 年北斗卫星导航系统正式成为被国际海事组织(IMO)所认可的全球无线电导航系统的组成部分,取得了面向海事应用的国际合法地位。我国作为 IMO 的 A 类理事国,是 IMO 国际公约的履约国家,目前正在积极进行北斗卫星导航系统海事领域的国际化和产业化研究,依照 IMO e-航海战略实施计划对海事领域导航技术发展提出的新要求,全面推进北斗卫星导航系统在海事领域的国际化应用,建立北斗卫星导航系统海事应用国际标准体系。

我国"一带一路"的发展战略,国际 IMO 的 e-航海战略,北斗卫星导航技术发展与应用的新兴战略,都为卫星导航系统在海事领域的应用与发展提供了前所未有的空间和机遇。因此,有必要全面深入地研究 GNSS,特别是北斗卫星导航系统,在海事领域的发展、应用以及标准化情况,这将对北斗卫星导航系统在国际海事领域的推广应用和标准化具有重要意义。

本书主要阐述了 GNSS 在海事领域的发展应用以及相关应用的标准化研究,特别是北斗卫星导航系统的应用与标准化研究。全书共 9 章:第 1 章介绍海事导航技术的发展历史和发展方向,阐述应用于海事领域的导航方法,并介绍其中最重要的无线电导航的定位几何原理;第 2 章阐述海上导航系统定位误差,主要包括测向、测距和测距差系统的位置线误差,定位误差的基础理论,特别是卫星导航定位误差;第 3 章详细介绍卫星导航系统在海事领域应用标准化工作的发展,以及目前的完成情况,包括 IMO 给出的关于 GNSS 的相关标准,国际海事无线电技术委员会(RTCM)给出的关于 GNSS 差分信号格式的相关标准、多系统船载无线电导航接收机的相关标准以及卫星导航系统在我国海事领域应用的相关标准;第 4 章系统介绍北斗卫星无线电测定业务(RDSS),包括北斗 RDSS 系统功能及工作原理,北斗 RDSS 民用服务管理体系,以及 RDSS 在集群应用和集团应用的典型应用模式;第 5 章详细介绍全球海上遇险与安全系统(GMDSS),包括系统功能和系统组成,并简要介绍移动卫星通信系统和全球卫星搜救(COSPAS-SARSAT)系统,GMDSS 搜救通信网及其搜救协调操作流程,以及北斗在 GMDSS 中的应用模式;第 6 章详细介绍船舶自动识别系统(AIS),包括 AIS 的技术发展、组成架构、工作原理和技术标准,北斗在 AIS 中的应用模式,以及 AIS 在海上避碰、船舶监管、助航服务等海事领域的具体应用;第 7 章全面介绍船舶动态监控系统,包括船舶动态监控系统的组成架构、工作原理和发展趋势,北斗在船舶动态监控系统中的应用模式,以及其在内河、库区等区域的应用;第 8 章全面介绍船舶远程识别与跟踪(LRIT)系统,包括 LRIT 系统的技术发展、组成架构、系统功能和技术标准,北斗在 LRIT 中的应用模式,以及 LRIT 技术在船舶监控、安保救助等方面的应用;第 9 章介绍海事领域 GNSS 增强系统的基本原理及其发展现状,包括无线电指向标/差分 GNSS(RBN-DGNSS),海上连续运行参考站(CORS)系统,以及 RBN-DGNSS 和海上 CORS 系统在我国海事领域的具体应用。

　　本书是大连海事大学导航研究中心集体智慧的结晶,是该研究中心在海事领域卫星导航技术 10 余年科研方面的积累和沉淀。这里要特别感谢胡青教授、张晶泊副教授、吴子春讲师和孙晓文讲师长期以来的指导与帮助,以及在本书稿件校对过程中提供帮助的邵涵、王俊森、王涛、范玥等多位研究生。本书也得到了北京卫星导航中心的大力支持,由龚大亮高级工程师撰写了本书第 4 章的内容,同时感谢余鑫、吴沫、林连庆、赵华凯在资料搜集、文稿修改、文稿校对等方面提供的帮助。在本书出版之际,还要感谢北斗副总设计师杨元喜院士、中国电子科技集团公司第五十四研究所副总工程师蔚保国、中国卫星导航工程中心李罡副研究员、海军研究院陈晶高级工程师、交通部水运科学研究院孙倩副研究员对本书内容提出的宝贵修改意见和帮助。感谢北京卫星导航中心葛侠高级工程师、中国交通通信信息中心刘法龙、大连海事大学关巍副教授在资料搜集整理等方面提供的帮助和支持。感谢交通部海事局航保处、AIS 亚太数据中心、交通运输部东海航海保障中心等机构领导与专家的大力支持,为本书提供了大量的第一手数据资料与海事应用案例。感谢国防工业出版社的王晓光编审、熊思华编辑对本书的出版给予的大力支持与帮助。在此,一并表示衷心感谢。

　　限于编著者专业水平和工程经验有限,再加上写作的时间有限,书中难免出现不妥与疏漏之处,敬请专家和读者不吝指正。

作者

2020 年 8 月

目 录

第1章 绪 论

◢ 1.1 海上导航方法

导航是人类从事经济、文化、军事等活动必不可少的信息技术，其中，海事导航是一个既古老又年轻的领域，它的历史可以追溯到远古时代，但同时又有着蓬勃的发展潜力。本章主要介绍天文导航、陆标导航、陆基无线电导航、卫星导航等常用的海事导航技术，同时还介绍了目前在海事领域仍处于试验阶段的量子导航系统。其中，陆基无线电导航、卫星导航属于无线电导航方法。

1.1.1 天文导航

作为一种古老的导航方法，天文导航最早应用于海事领域，并在此基础上逐渐发展应用于航空和航天等相关领域。在海事导航技术发展的初期，人们只是凭借视力观测岸上、岛上的目标以及天体，从而在茫茫大海中确定船舶的位置。我们的祖先曾走在天文导航的前列，西汉刘安等人撰著的《淮南子·齐俗训》中提到"夫乘舟而惑者，不知东西，见斗极则寤矣"[1]，意思是说在大海中航行分辨不清方向时，可凭借北斗星来辨明。这是我国最早的将天文导航应用于海事领域的记载。北宋朱彧撰著的《萍洲可谈》中也有"舟师识地理，夜则观星，昼则观日，阴晦则观指南针"的记载。有了指南针，船舶在茫茫的大海中航行，不管日、夜、阴、晴，总可以辨别方向，大大地扩大了人们海事活动的范围。明代茅元仪的《武备志·郑和航海图》中的"过洋牵星图"，每图都绘有一艘三桅三帆的海船，其四周标注舟师所使用的诸星象位置，如图1.1所示[2]。欧洲15世纪才出现了用北极星高度或太阳中天高度求纬度的方法，告别了船舶白昼顺风沿岸航行的历史。

随着计程仪、天文钟和六分仪等船舶导航设备的发明，航海事业进一步向前发展。六分仪是一种用来测量远方两个目标之间夹角的光学仪器，通常用它测量某一时刻太阳或其他天体与海平线或地平线的夹角，以便迅速得知船舶位置。六分仪的原理最早由牛顿提出；1732年，英国海军开始将其应用于船舶上，由于当时最大测量角度是45°，称为八分仪；1757年，约翰·坎贝尔船长将最大测量角度提高到60°，称为六分仪；其后六分仪的最大测量角度虽然逐渐提升到144°，但其名称一直保持不变。

1761年天文钟的发明，使天文导航定位精度有了质的提高。1837年，美国船长萨姆纳提出了天文船位线的概念，并确定了利用等高线同时解算经纬度的方法，奠定

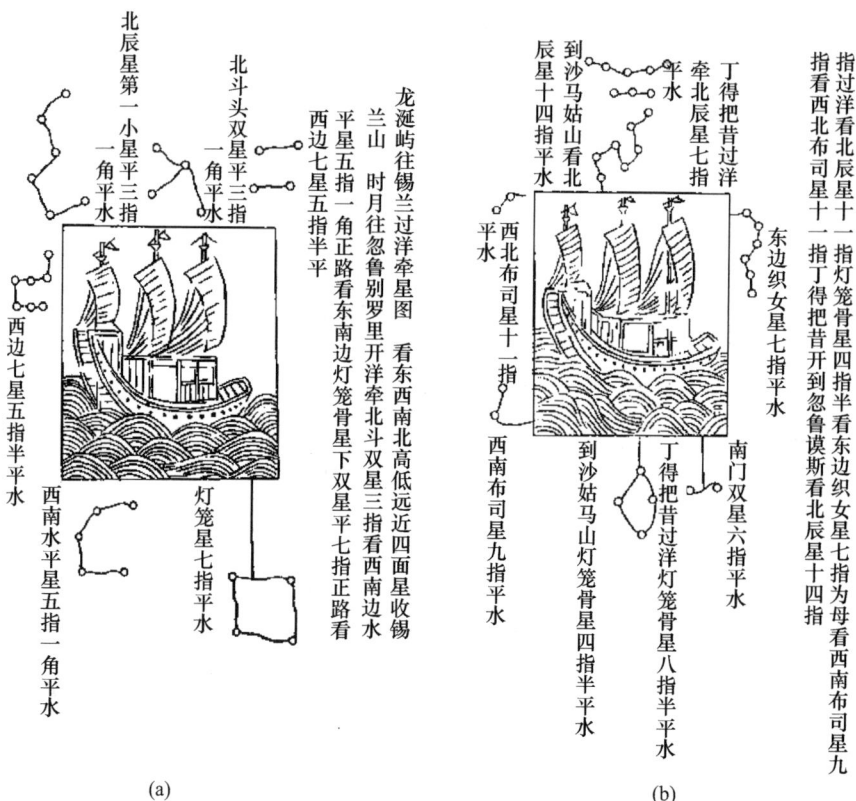

(a)　　　　　　　　　(b)

图 1.1　过洋牵星图

了近代天文导航的基础。1875 年,法国海军军官圣·希勒尔提出了高度差法,至此天文导航方法形成了完整的理论体系。

天文导航的基本原理是利用在天球上具有一定运动规律的自然天体(如太阳、月球、行星和恒星等)作为参考点,以天体的地平坐标(方位或高度)作为观测量,从而确定观测者位置。具体来说,天文导航是建立在与地球相对应的天球的基础上的,天球上有天体、地球表面测者对应的天顶点,通过测定天体与天顶点的相互关系,确定天体在地球上投影点与测者相对位置,从而获得测者地理坐标,达到定位的目的。

如图 1.2 所示,天体投影点 b 是天体到地心的连线与地球表面的交点。顶距 Z 是指在天体方位圈上天体与天顶之间的角距离,它由测者所在位置处铅垂线的天顶起算,某一天体的顶距 Z 等于该天体的地平高度 H 的余角。当天体投影点 b 与测者位于相同位置时,该天体会出现在测者天顶,即 $Z = 0°$,$H = 90°$。当测者逐渐远离天体投影点 b 时,天体的高度也逐渐降低。当测者沿地球表面移动了 1/4 圆周后,天体投影点 b 则位于天文地平面上,即 $Z = 90°$,$H = 0°$。一个天体的高度和顶距取决于测者和天体投影点 b 之间的距离[3]。

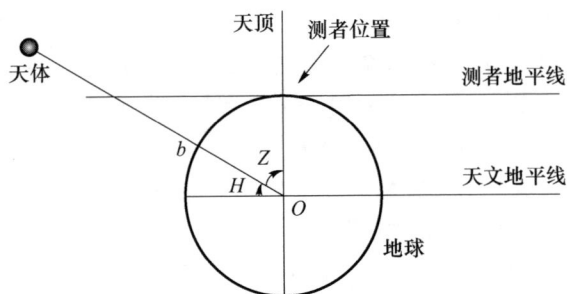

图 1.2 天体投影点图

对于一个给定的天体高度,有无数位置点到天体投影点 b 的距离相等,这些点在地球表面形成一个圆心位于 O 和 b 连线上的圆周,该圆周称为等高圆。当测者沿等高圆移动时,测得的相应天体的高度和顶距保持不变。天体的方位取决于它在等高圆上的位置,取值范围为 $0° \sim 360°$。等高圆包含了无数可能的位置点,因此也称为位置圆。

测量一个天体的高度和顶距,测者必位于以该天体投影点 b_1 为圆心、以天体顶距 Z_1 为半径的等高圆上。继续观测第二个天体,得到另一个该天体投影点 b_2 为圆心、以天体顶距 Z_2 为半径的等高圆,这两个等高圆在地球表面上相交于两点,如图 1.3(a) 所示,其中一点必是测者所在位置。虽然理论上这两个圆周存在相切的可能性,但是在实际中这一情况基本不可能。利用附加信息对现在位置进行大概估计,如利用指南针测得相应的天体方位,可从 " C_1 " 和 " C_2 " 中确定测者的真实位置。此外,也可通过观测第三个天体达到消除模糊度的目的,如图 1.3(b) 所示,理论上三个等高圆相交只有一个交点,即为真位置 C。

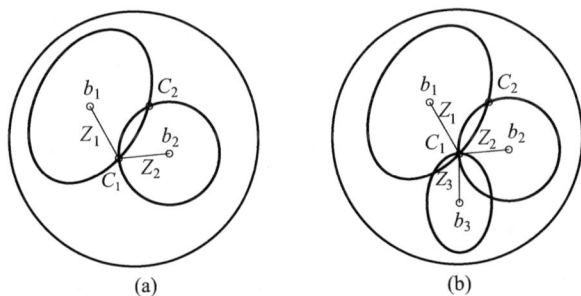

图 1.3 天文导航定位原理

天文导航是一种自主式导航系统,具有被动式测量、隐蔽性好、不易受电磁干扰、可靠性较高、误差不随时间积累等特点[4-5],适用于远距离、长时间的航行。天文导航系统根据测星定位定向原理的不同,可以分为三种体系结构,即基于六分仪原理的天文导航系统、基于高度差法的天文导航系统以及基于星图识别的多星矢量定位技术的天文导航系统[6]。第二次世界大战前,天文导航是海事领域主要的导航手段,许多舰船都配备了天文导航的各种仪表,如天文钟、手持航海六分仪等。第二次世界大战后,出现了六分仪和潜望镜相结合的应用。基于高度差法的天文导航系统最早用于水面舰船和水下潜艇,后来陆续用于飞机和导弹。它需要依赖于惯导平台提供的水平基准,具有光学分辨率高、抑制背景噪声能力强、导航精度较高等特点。基于多星矢量定位技术的天文导航系统可不借助于任何先验信息自主确定运载体相对于惯性空间的姿态。它的特点是大视场光学系统,不需任何外部信息,确定运载体惯性姿态的精度高;但受天候影响较大,可靠性有待提高。

由于天体辐射覆盖整个电磁波谱,按被测星体的峰值波谱和波谱范围,天文导航可分为星光导航与射电天文导航。星光导航在天体辐射的可见光波段进行观测。在阴雨天气条件下,常规的光学仪器无法观测天体,星光导航的使用时机受到限制。因此,大气层内星光导航受气象条件及昼夜明暗影响,难以实现全天候工作。而射电天文学的发展为天文导航技术开辟了新的前景。射电天文导航即是在天体辐射的射电信号波段(不可见光)进行测量。天体辐射的射电信号虽然很弱,但一定波长的天体射电信号基本不受天气条件影响。利用天体射电来实现天文导航,可以有效摆脱不良天气条件及昼夜明暗的限制。因而,射电天文导航技术成为全天候天文导航技术发展的必由之路。

此外,传统天文导航技术是以天文机构编算刊行的年历为工具,查算观测历元的天体视位置[5],这种手工作业的方式显然不适应天文导航自动化技术发展的要求。目前,天文导航正从实现定位计算全部自动化的方面进行改进,很多国家已经研制出了各种航海计算器或天文定位计算器,其中部分已实现计算全部自动化的要求。改进天文导航技术可以从两个方面进行:一是从提高海上观测的精度方面进行改进,如研究连续观测高度、自动平差的仪器设备等;二是开发天文导航的新途径,如测定天体其他参数或其他的辐射波[7]。作为一种重要的导航系统,由于天文导航技术具有可靠性高、适用范围广、自主性好等优点,可与其他导航系统联合使用,取长补短。

1.1.2 陆标导航

陆标导航技术历史悠久,早在公元前 280 年,埃及亚历山大港就已建造了高达60 多米的灯塔,这是陆标导航技术运用的标志。在我国秦汉时期,地文导航与路标定位在航海中也占据了十分重要的地位。当时人们已能利用"重差法"精确测量海上地形地貌。到了隋唐五代时期,航海技术趋于成熟,陆标导航技术也有一定提高。唐代李淳风的《海岛精算》已有利用矩或表进行两次观测求得海岛高度和与船的距离的记载。唐朝地理学家贾耽所著的《广州通海夷道》中已有对我国古代海上丝绸之路某些地区的地理位置或地形特征进行了明确的地文定位描述,并且对远洋航行中的人工航标也有记录。特别是随着古代数学的进步,航海家已经能在勾股定律相似关系原理的基础上,运用两次观测计算的"重差法"来测量陆标,大大提高了海岸测量术的水平。两宋时期,有关海图的记述已十分明确,如徐兢的《宣和奉使高丽图经》。到了明代,我国的航海技术空前繁荣,其集大成者是郑和使团出使西洋,明代茅元仪的《武备志·郑和航海图》绘图范围从南京直至东非沿岸,航图遍及西太平洋与印度洋海岸地区,记载了 500 多个地名,并绘有航路、各处星位高低,以及航行途中的山峰、岛屿、浅滩、礁岩、险峡等,显示了明代利用地理陆标辅助船舶导航技术已经相当成熟。

以陆上特定的标志,如岛屿、航标、山头等作为导航参考点,测定其几何参量,求得船舶位置的方法称为陆标导航。常用的导航设备有罗经、六分仪、测距仪、望远镜等。陆标导航是一种比较可靠简便的导航方法,缺点是易受气候条件的影响,使用地域受限。一般情况下,海上能见距离约为 10n mile,因此,陆标导航只适于作近海导航。

从本质上说,一般的导航定位都是利用位置线理论确定的。通常情况下,凡是观测值相等点的轨迹都称为等值线,在导航定位中也常称为位置线。陆标导航使用的位置线主要有方位位置线、距离位置线和水平角位置线。由于位置线形状复杂,在实际应用中,经常取推算船位附近的一小段曲线或其切线去代替位置线,称为船位线[8]。当船舶航行时,如对某一陆标进行观测,则观测时的船位必然位于船位线上的某一点;但究竟位于哪一点,单有一条船位线是无法确定的。如能在同一时刻测得两条或两条以上的船位线,则它们的交点即为观测时的船位,这就是陆标导航的原理。这一原理在导航定位系统中也是普遍适用的。

陆标导航的具体步骤一般可归纳为认(辨认物标)、选(选择物标)、测(观测物标)、绘(标绘船位)、填(填写航海日志)五个字[3]。

(1)正确辨认物标是准确定位的基础。随时掌握船舶在海图上的概略位置是正确辨认物标的前提条件。通常可根据推算船位来辨认物标,基本方法有:利用物标与船舶的相对位置辨认物标;根据物标的形状特征识别物标;利用多标方位法识别物标。

(2)正确选择物标可以提高所测船位的准确性。其原则是:选择显著且图上有准确位置的物标;选择距离近的物标;选择船位线夹角为 30°～150°,最好是接近 90°的物标。

(3)采取正确的观测次序和原则。在运动的船舶上,先后测得的方位,必然产生船位误差,为减小这种误差,除了提高观测技术以缩短观测时间间隔外,还应采取正确的观测次序和原则,即"在白天,先慢后快""在夜间,先难后易"。这样做的目的是缩短两次观测的时间间隔,以减小船舶运动的影响或误差。

(4)标绘船位。将观测所得罗经方位 F 改正罗经差后,在海图上过物标作逆方位($F+180°$)线,如图 1.4 所示,两船位线交点即为观测船位。

(5)填写日志是航海人员的职责。每当观测定位后一般在航海日志上填写定位时间、计程仪读数、目标名称、观测值及改正量。

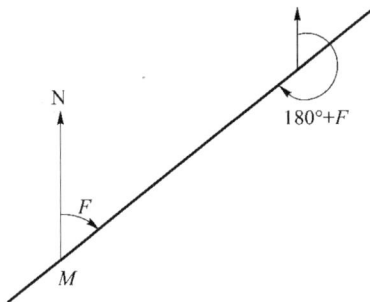

图 1.4　标绘船位

1.1.3　推算导航

　　船舶的活动范围通常在海平面或近水面,为保证其安全航行,需要连续得到船舶的瞬时位置以及在未来时刻的大概位置。除前面章节所述的天文导航、陆标导航以外,"航向＋速度"的推算导航(DR)也是一种简单实用的船舶导航定位方法。推算导航根据罗经提供的航向信息,计程仪提供的航程或速度和时间信息,以及风、流等要素进行航迹绘算,从而求出船舶位置。这是目前船舶在航行中求取船舶位置的基本方法之一[9]。推算导航的优点是连续定位且能给出航迹,可以估计出未来某时刻的船舶位置。

　　推算导航的原理是利用船舶的速度、航向以及上一时刻的位置来估计下一时刻船舶的位置。利用船舶的速度、航向能够计算出速度在当地水平坐标轴上的分向速度,将分向速度和船舶所经过的时间相乘,得到船舶在坐标轴上增加的坐标值,与前一时刻的坐标值求和便可以得到此时的水平坐标值。垂直坐标值的计算与水平坐标值的求解过程类似。

　　根据推算导航的原理可知,要完成推算航行的任务,航向信息和航程信息两个主要的信息是必需的,它们分别由航向、测速设备提供。船舶常用的航向设备包括磁罗经、陀螺罗经、平台罗经、惯性导航系统等。船舶常用的测速设备包括水压计程仪、电磁计程仪、多普勒计程仪、声相关计程仪等。

　　综上所述,推算导航是船舶航行时最基本的定位手段,它根据船舶航速、航向信息,同时考虑风流等因素的影响,实时计算船舶的位置[10]。但是,由于航速、航向信息误差的存在,以及风流补偿的不完全,推算导航的定位误差会随着时间积累[11]。因此,推算导航通常会结合其他导航系统进行组合导航。

1.1.4　惯性导航

　　惯性导航系统(INS)是利用惯性敏感器、方向基准及初始位置等信息确定运载体的方向、速度和位置等信息的自主式船位推算导航系统,简称惯导系统。它主要由惯性测量装置、计算机、控制显示装置及专用电源等组成。惯性导航系统是集精密机械技术、材料技术、电子技术、计算机技术及自动控制技术于一体的高、精、尖自主式导航装备。

惯性导航系统可以分为平台式惯性导航系统和捷联式惯性导航系统两大类。平台式惯性导航系统是将陀螺仪和加速度计安装在一个稳定平台上,以平台坐标系为基准测量运载体运动参数的惯性导航系统。捷联式惯性导航系统是将惯性敏感器(陀螺和加速度计)直接安装在运载体上,不需要稳定平台和常平架系统的惯性导航系统。

惯性测量装置既可以是捷联式的,也可以是框架式的,不管惯性测量装置的结构和程序编排怎么不同,其导航计算都是以实现相对选定的空间基准稳定为目标的。

惯性导航是一种自主式的导航。为了判断舰船与其目标的相对位置,惯性导航系统首先精确测量运载体的旋转运动角速率和直线运动加速度信息,然后送至计算机进行计算,得出导航数据。它完全是依靠运载体自身设备独立地进行导航,与外界不发生任何光、声、磁、电的联系,具有隐蔽性好,工作不受气象条件和人为的外界干扰影响等一系列的优点,这对以军事为目的而航行的各种舰船极其重要。因此,惯性导航在舰船导航技术中占有突出的地位。

1.1.5　陆基无线电导航

随着社会生产和科学技术的发展,人类在海上的活动范围与内容日益扩大和丰富,船舶航行范围已遍及世界各个海域,不但在水面上航行,还发展到水下航行,在海上的活动也不仅仅是海上交通运输,还有海洋调查、资源勘探、海道测量、远洋渔业、海上采油、气象探测及海上军事活动等。随着超声速飞机、核动力潜艇、远洋运输船队和人造地球卫星的出现,国际和国内航运事业的发展对导航提出了更高的要求。从概念上讲,导航的含义已不仅仅局限于引导运载体安全可靠地到达目的地这一狭小的范畴,根据不同的导航任务,自动驾驶、自动引导进出港、交通管理,以及营救、识别、侦察等一些特殊应用,进一步对导航提出了高精度、全天候、全球覆盖、连续实时定位的要求。

无线电导航是利用无线电方法确定船舶相对于导航参考点的位置来引导船舶航行。根据导航参考点位置的不同,其又可分为陆基无线电导航和卫星导航。由于导航任务的复杂性与多样化,在无线电导航中应用了多种电子技术,频谱占用较宽,低至 10kHz,高达数千兆赫以上。无线电导航的具体定位原理可参考 1.2 节。

由于无线电导航系统利用无线电波传播特性测量目标,一般来说,它的工作与天气条件无关,是一种在复杂气象条件及能见度不好的情况下仍然有效的导航方法,可以在近、中、远距离上顺利完成各种导航任务。但由于无线电导航设备的工作与无线电波传播条件有关,从而在某种程度上会受人为干扰,设备也比较复杂。随着电子技术的迅速发展,电子计算机技术、集成电路、新型电子元器件、电波传播理论、信息论、自动控制理论、系统工程理论、多媒体技术等在导航中的应用,促进了无线电导航技术的迅速发展,无线电导航设备及系统也日新月异,不断地满足导航提出的各方面要求。

无线电导航与天文导航、陆标导航等其他导航技术相比,具有以下特点:受外界条件影响小,如昼夜、季节、气象等因素;测量导航参数的精度高,测量速度快;可靠性高。因此,自20世纪初陆基无线电技术应用于船舶导航以来,海上陆基无线电导航技术得到迅速发展,大致经历了早期、发展、成熟三个阶段[12-13]。

第二次世界大战前是海上陆基无线电导航的早期阶段,最早出现的无线电导航系统是无线电测向系统。1902年,Stone发明了无线电测向技术[14];1907年测角器的发明使无线电测向仪进入了实用阶段;1912年世界上第一个无线电测向仪(也称无线电罗盘)研制成功;20世纪20年代末期又陆续出现了四航道信标、扇形无线电信标等无线电测向设备。这些设备主要用来引导船舶进出港、归航和按计划航线航行。

1919年,国际电信会议决定分配1000m波长供无线电信标使用。1927年,国际电信会议指定950~1050m波长作为无线电信标专用波段。1929年召开的海上人命安全国际会议制定了条约,规定5000吨位以上的客船必须安装无线电测向仪;1948年召开的海上人命安全国际会议又规定,从事国际航运的1600吨位以上的船舶必须安装测向仪。现在几乎所有的远洋船舶都被强制安装了无线电测向仪。

我国于1927年首先在长江口花鸟山建立了第一座无线电信标,1930年开始正式投入使用。1933年在大戟山和余山二灯塔建立了无线电信标,以保证长江口的航行安全。1941年在山东成山头建立了一座无线电信标,为海上航行服务。目前,我国沿海的无线电信标主要是用于播发全球卫星导航系统(GNSS)差分数据,用于提高船舶的定位精度,详细情况可参考第9章内容。

从第二次世界大战开始至20世纪60年代初,是海上陆基无线电导航的发展阶段。在这一时期,世界各国研制了名目繁多的无线电导航系统。其中广泛使用的有20世纪40年代出现的甚高频全向信标(VOR)系统、台卡(Decca)系统、罗兰A(Loran-A)系统等。随着船舶航程的增加,相应地出现了远程导航系统,广泛使用的有罗兰C(Loran-C)系统和奥米加(Omega)系统。

20世纪60年代至今,无线电导航技术进入了更加成熟的阶段。在此阶段,由于各种新型电子器件的不断涌现,大规模集成电路和芯片的发展,电子计算机技术日新月异,无线电导航系统的性能得到了很大改善。其主要表现为:导航定位精度明显提高;导航设备的自动化程度与可靠性显著增加,使用和维修更方便;导航终端设备的体积与质量大大减小,标准化程度提高。

20世纪中叶,罗兰C系统曾作为海上用户主要的导航定位系统。但是随着美国全球定位系统(GPS)全面投入运行,其定位精度远远超过了罗兰C系统,导致罗兰C系统的用户数量大幅下降。此后多年,美国国内关于罗兰C系统的发展一直争议不断。2009年,美国总统奥巴马在美国政府财政预算中取消了对罗兰C系统的资金支持,导致 2010 年美国关闭了其罗兰 C 系统及连带着的增强罗兰(eLoran)系统项目。但 2014 年,美国众议院通过了 S2444 法案,要求暂停拆除罗兰系统的基础设施,以备为日后增强罗兰系统的发展留有余地[15]。奥米加系统是超远程连续波双曲线相位差无线电导航系统,但由于 GPS 的出现,美国国防部也已于 1994 年宣布停止使用奥米加系统。

目前,除美国、日本、挪威等国家已关闭罗兰 C 系统台链外,在西北欧和亚太地区的其他一些国家,如法国、荷兰、德国、中国、韩国等,还在运行着罗兰 C 系统。我国的罗兰 C 系统称为"长河"二号,目前仍在运行维护之中。

海上陆基无线电导航是在国际海事组织(IMO)提出的 e-航海战略框架下进行的,其中陆基无线电导航系统的重要组成部分是在罗兰 C 系统基础上发展起来的 eLoran 系统[16]。根据国际航标协会(IALA)制定的世界无线电导航计划(WWRNP)[17],eLoran 是针对 GNSS 脆弱性的辅助系统,也是满足 IMO MSC. 401(95)决议《多系统船载无线电导航接收机性能标准》[18]中对船舶定位、导航与授时(PNT)系统提出的新性能指标的重要支撑系统,可以满足沿海、港口和港口入口海域的定位导航需求[19]。但是 eLoran 系统和现有罗兰 C 系统在接收机的信号处理技术上具有明显区别:罗兰 C 系统利用台链选择进行双曲线定位,而根据 IALA 的 WWRNP,eLoran 系统可能是利用所有"可见"台信号的测距模式定位。下面简要介绍各国陆基无线电导航系统的发展情况。

1) 美国

美国对 eLoran 系统的研究开始较早,鉴于 GNSS 的脆弱性,2003 年美国国会成立了由 29 个部门、研究所、产业机构组成的国际专家组,分析评估各种备份 GPS 的技术手段,于 2006 年 8 月发表了《定位、导航与授时备保系统评估》白皮书。白皮书指出:有意或无意的干扰、太阳风袭扰和误操作等均可造成 GPS 服务中断;非卫星的备份系统不可或缺;eLoran 系统可用以减轻 GPS 服务中断对导航业务的影响;并引用了 GPS 首创者 Parkinson 的话,"我支持 GPS 拥有备份无线电导航系统,我认为能后备 GPS 的系统是 eLoran 系统,eLoran 系统很难被干扰。"美国国会当时已经累计拨款 1.6 亿美元支持 eLoran 建设,完成了本土 24 个罗兰 C 系统台站的更新改造。但在 2010 年,联邦无线电导航计划(FRP)的发布,使罗兰 C 系统的服务和投资支持被终止。直到 2014 年,美国议会指出:联邦政府、国家或私人实体以及学术团体已经达成协议,发展一种 PNT 系统,包括 eLoran 系统,旨在 GPS 信号出现中断的情况下提供冗余能力。并授权美国海岸警卫队从 2015 年度开始部署 eLoran 系统相关基础设施[20]。

2) 欧洲

欧洲在 e-航海试验系统航运便利性、效率优势和可持续性(ACCSEAS)项目中将 eLoran 系统作为 GPS 中断时的 PNT 数据源,并且进行了实际应用[21]。2010 年 5 月起,英国开始运行一套 eLoran 原型系统,为多佛港和多佛海峡英国段提供服务,并且为英国和爱尔兰全境提供精确电信授时服务。在 eLoran 差分模式下,该系统能够提供港内 10～20m 的高精度服务,2019 年底,实现英国水域全境覆盖,达到 IMO 认可的全球导航系统的要求,特别是在进出港航道达到 10m 精度的要求[15]。2014 年,荷兰已经在鹿特丹港试用差分的 eLoran 系统,用于引航,动态定位精度可以达到 5m[22]。此外,法国的罗兰 C 系统也依旧运行,并且也在 eLoran 方面进行研究。

3)韩国

韩国当前运行的罗兰 C 台站有两座,分别位于浦项和光州。2013 年韩国政府开始计划建立 eLoran 系统,分为三个阶段进行:第一阶段是 2014—2016 年,为系统的部署阶段,建设了一座 eLoran 台站、改造了两座 eLoran 台站、建设了两座差分 eLoran 参考站;第二阶段是 eLoran 系统试运行阶段,持续至 2017 年底;第三阶段是自 2018 年开始正式运行。当 eLoran 系统试运行后,政府将考虑为达到全运行能力增设基站[23]。然而由于经济问题,韩国的 eLoran 系统不断延迟[24]。Yonsei University 的 Ji-won Seo 称"来自朝鲜的 GNSS 信号干扰是政府建立 eLoran 系统有力的推动力"。韩国政府计划构建一个 eLoran 测试平台,并在韩国西海进行海上功能性验证,因为在 GPS 受到朝鲜的干扰攻击期间,韩国西海被观测到明显的 GPS 中断。在测试平台中,韩国当前运行的两座罗兰 C 台站将被升级为 eLoran 台站,并增补布设一座新的台站,以满足最少三个发射台的定位需求。与此同时,测试平台中还将增设两座差分校正站,以提高导航定位性能[25]。

4)俄罗斯

俄罗斯与英国、韩国都签订了双边协议,大力发展 eLoran 系统,并计划将其用于北极航线。由于新航线面临的天气状况不可预测、GNSS 可用性降低等不利因素,英国灯塔管理局和俄罗斯联合导航研究技术中心共同合作开发以 eLoran 系统为代表的能够互操作的弹性 PNT 系统[15]。此外,俄罗斯也有自己的陆基导航系统——e 恰卡(eChayka)系统,与罗兰 C 系统十分类似,两者都使用 100kHz 左右的高功率脉冲,完全独立于 GNSS 而且互为补充。

5)中国

我国的罗兰 C 系统("长河"二号)由中国人民解放军海军负责建设和管理,可以实现对我国领海和中、远海区的导航控制,为空中、海上和陆地用户提供定位、导航和授时服务。其岸基主要设施有 6 个地面发射台、3 个系统工作区检测站和 1 个监控管理中心,6 个地面发射台相互连接,构成了北、东、南海 3 个台链,覆盖了我国沿海的大部分地区。作为区域性岸基无线电导航系统,"长河"二号采用信号编码和相关接收技术,有着抗干扰能力强的特点;同时,它可以在特定条件下通过调整信号发射周期,使系统具有较强的保密性,具备独立的 PNT 信息提供潜能,能够满足复杂电磁环境下舰船航海导航保障需求。

"长河"二号自 1994 年正式建成以来,在我国国防和国民经济建设中发挥了重要作用,目前仍在运行维护之中。随着我国北斗卫星导航系统(简称北斗系统)的逐步投入应用,虽然"长河"二号已经很少作为民用导航,但仍具有重要的战略意义,为战时提供了卫星导航的备份。

"长河"二号具有良好的健壮性及高保密性,根据陆基无线电导航技术的发展趋势,"长河"二号与北斗系统的组合应用是未来我国陆基无线电导航技术发展的一个重要方向。特别是利用"长河"二号与北斗系统构建星地一体化自主导航保障体系,不但可以满足现代化建设的需要,而且对于提高无线电导航信息的安全性具有重要意义。与此同时,我国计划将"长河"二号作为独立的信息源,纳入国家 PNT 基础建设整体框架,预计在 2035 年前为国家提供独立的无线电 PNT 服务手段以及区域性战略备份。

1.1.6 卫星导航

全球卫星导航系统是能在全球范围内提供导航服务的卫星导航系统的通称,GNSS 实现了全球性、全天候、高精度的导航目标。作为一种位置信息传感系统,卫星导航系统与国民经济建设息息相关,是一种重要的信息资源。目前的卫星导航系统已经远远超出了海上导航的局限,广泛地应用于空中和陆地。它与陆基无线电导航在工作原理上非常类似,距地面数千千米至数万千米的人造地球卫星沿预定的轨道运行,在卫星上安装发射导航信息的发射台,如同将地面上的发射台搬到了空间,地面或空间的观测者通过测量导航信号中的导航参量就可进行定位。

1) 子午仪卫星导航系统

卫星导航系统的设计思想最初是由美国约翰·霍普金斯大学应用物理实验室的几名研究人员提出来的。研究人员在对俄国 1957 年 10 月 4 日发射的第一颗人造地球卫星进行无线电信号接收跟踪,发现卫星通过接收站视界时,接收到的无线电信号的多普勒频移曲线与卫星运动轨迹有着非常密切的关系。这意味着,固定在地面某点的接收站,只要测得卫星通过其视界期间的多普勒频移曲线,就可以确定卫星运行的轨道。研究人员设想将这个顺序颠倒过来也应成立,即如果已经准确知道卫星在轨道上各点的位置,通过测量卫星信号的多普勒频移曲线,就可测出地面观测者的位置[26]。

随后应用物理实验室便提出了研制卫星导航的建议,并与美国海军联合,正式开始研制名为海军卫星导航系统(NNSS),即子午仪(Transit)卫星导航系统。当时的主要目的是为北极星核潜艇提供全球导航,确定潜艇在海洋中任一地点的精确位置,保证潜艇发射的导弹命中目标。整个研制过程分为方案论证、试验测试和改进发展三个阶段。1964 年 1 月 Transit 系统投入军用,并在 1967 年美国政府宣布该系统开放民用,除应用于船舶导航外,也用于远洋渔业、海洋调查、石油勘探和大地测量等领域。至此,Transit 系统成为世界上最早研制并正式投入使用的卫星导航系统。

但是 Transit 系统存在如下主要缺点:一是卫星出现时间间隔过长,无法满足连续导航的需要,一般情况下需要 1~2h 的时间间隔才能观测到一次卫星,进行定位;二是每次定位的时间过长,需要 8~10min,无法满足高速用户的需要;三是定位精度偏低,船舶的航向航速误差势必增加定位误差,一般情况下 1kn 航速误差将引起 0.2n mile 的定位误差。因此,随着 GPS 的出现,1996 年末 Transit 系统关闭。

2) GPS

目前正在运行的 GNSS 中,使用最广泛的是由美国国防部设计实施的 GPS。GPS 理论上是由在接近 12h 轨道上的 24 颗卫星组成,但是目前实际在轨卫星超过 30 颗。GPS 除了军事应用之外,还广泛应用于商业和公共服务领域。随着科技的进步,对 GPS 的不断开发以及军用与民用对 GPS 性能的更高要求,美国于 1999 年正式提出了对 GPS 的现代化改造计划,希望通过对其空间部分和地面监控部分,特别是对 GPS 信号的改进,以全面提升 GPS 的军用和民用性能。GPS 现代化计划的进程安排分为三个阶段:第一阶段,通过发射 Block ⅡM-R 卫星增加播发民用 L2C 和军用 M 码信号能力。第二阶段,通过发射 Block ⅡF 卫星增加播发 L5C 信号能力。尽管从 2014 年开始,已在 L2C 和 L5 上播发民用导航电文,但截至 2020 年 11 月,还处于非正式运营状态。第三阶段,通过发射 Block Ⅲ 卫星和 Block ⅢF 卫星增加播发 L1C 信号能力,第一颗具有该能力的卫星已于 2018 年发射。

尽管 GPS 得到了普遍应用,但是很多国家和组织仍致力于研究可替代它的系统,原因包含两方面:首先,从政治方面考虑,GPS 是一个由美国国防部操纵和控制的系统,有些用户希望不依赖于 GPS;其次,从技术方面考虑,由于 GPS(或者任何其他单一的 GNSS)是一个单系统,仅仅一个失误就会导致大量用户得到错误的位置,甚至得不到服务。反之,多 GNSS 可以提供一定程度的冗余,可在一定程度上增加 GNSS 应用的健壮性。

3) GLONASS

除 GPS 外,目前在全球范围内完全投入运行的另一个 GNSS 是由俄罗斯研制建设和管理维护的全球卫星导航系统(GLONASS)。1996 年 1 月 8 日通常被视为 GLO-NASS 进入全面运行能力状态的里程碑式的日子,但是在经历了短暂的荣耀后,GLO-NASS 又随即转为败落。1996 年 GLONASS 进入全面运行状态后不久,便遭到俄罗斯工业与经济连续衰退下滑的牵连,维护越来越受到负面的影响。在很长的一段时间内,由于空中正常工作的卫星数目不足,运行不可靠,GLONASS 不能独立建网运行,从而没有受到人们应有的关注。直到 2001 年,俄罗斯政府在联邦 GLONASS 计划中批准了在 2002—2011 年保证对 GLONASS 提供足够资金支持,并决心在 2011 年前完成对系统的恢复,并对其进行现代化改造。2011 年,GLONASS 恢复了全面运行能力。

GLONASS 与 GPS 一样,也正在实施其现代化计划,对其空间星座部分和地面监控部分,特别是信号部分进行改进。事实上,比在卫星数量方面上增加更重要的是,GLONASS 作为整个系统,在其现代化计划中质量方面将全面提升。此外,俄罗斯政府还与美国发布联合声明,致力于改进 GLONASS、GPS 和伽利略(Galileo)卫星导航系统之间的兼容与互操作性,计划改用 GPS 频率作为信号播发频率,并已经增加发射了码分多址（CDMA）导航信号。但 GLONASS 向 CDMA 转移并不意味着 GLONASS 将彻底放弃频分多址（FDMA）信号，而事实上考虑到安全和向后兼容等因素，它的 FDMA 信号和 CDMA 信号将共存，只不过这样需要增加卫星载荷，在实体上表现为卫星质量和能耗的增加。

4）伽利略卫星导航系统（Galileo 系统）

Galileo 系统是由欧盟研制建设和管理的全球卫星导航系统。它既是 GPS 的替代物，又是对 GPS 的补充，能为全球用户提供实时的三维位置、速度和时间信息，包括开放、商业、生命安全、公共授权和搜救支持等服务。

2005 年 12 月，第一颗 Galileo 试验卫星 GIOVE-A 成功发射，运行周期为 14h，并于 2006 年 1 月 12 日开始播发导航信号。2008 年 4 月，Galileo 系统的第二颗试验卫星 GIOVE-B 成功发射，它是 Galileo 卫星的真实原型版。2011 年 10 月，PFM 和 FM2 两颗 Galileo 在轨验证（IOV）卫星以"一箭两星"形式被同时发射升空，它们也是第 1 颗和第 2 颗 Galileo 工作卫星。2012 年 10 月，FM3 和 FM4 两颗 Galileo IOV 卫星又被发射升空。这 4 颗 IOV 卫星将成为未来 Galileo 正式星座的一部分。Galileo 系统预计 2020 年完成 30 颗卫星的布设[27]。Galileo 系统采用了一种面向服务的设计方式，它在这些信号上提供以下五类不同级别的服务[28]：

（1）开放服务（OS）：与其他 GNSS 一样，Galileo 系统通过播发一些公开的导航信息而向全球用户提供免费的定位、测速和授时服务；然而，开放服务不提供完好性信息，不做任何性能担保，一切由用户自己选择信号使用，并承担使用信号的风险。

（2）生命安全（SOL）服务：主要针对安全关键性的应用与用户，如包括航空、海事和火车在内的交通领域，其性能好坏会影响用户的生命安危。

（3）商用服务（CS）：Galileo 信号的全球覆盖性对需要全球性数据播发的应用来讲具有很强的优势，而 Galileo 系统的商用服务正是面向需要比开放服务性能更高的专业应用市场，通过经加密后的电文数据信息向一些商业性专业应用提供服务，并且 Galileo 系统担保商用服务的有效性，只不过该民用服务需要授权才能获取。

（4）公共管制服务（PRS）：该服务通过 E1A（E1 频点上的一信号成分）和 E6A（E6 频点上的一信号成分）两个信号提供高度加密保护的数据信息，给经欧盟成员国政府授权的警察、海关和消防等用户使用，甚至是 Galileo 系统的军用用户。PRS 强调其高连续性，即不论在什么时候、什么情形下均能正常运行，其优势还在于其信号的健壮性，能抵抗各种干扰和欺骗。

（5）搜寻与援救（SAR）服务：该服务面向国际人道搜救，它可与 COSPAS-SARSAT 系统联合操作，是欧洲对国际 COSPAS-SARSAT 系统的贡献。其中，COSPAS-SARSAT 系统是由加拿大、法国、美国和苏联联合开发的全球卫星搜救系统。

5）北斗卫星导航系统（北斗系统）

得到 IMO 认可的 GNSS，除了 GPS、GLONASS 和 Galileo 系统之外，目前还有我国的北斗系统。北斗系统是我国正在实施的自主研发、独立运行的 GNSS，其目标是在全球范围内、全天候、全天时为各类用户提供高精度、高可靠性的定位、导航、授时服务，并兼具短报文通信能力。它与 GPS、GLONASS 和 Galileo 系统一起被誉为全球四大 GNSS。

北斗系统的建设，根据"质量、安全、应用、效益"的总要求，坚持"自主、开放、兼容、渐进"的发展原则，按照"先区域，后全球"的总体思路，采取"三步走"的发展战略稳步推进。

第一步，在 2000 年初步建成了北斗一号，又称北斗卫星导航试验系统。我国早在 20 世纪 70 年代就开始了导航卫星的论证和研究工作，接着在 80—90 年代制定并开展了北斗一号工程建设，其目的是利用少量的地球静止轨道卫星来完成导航任务，为北斗卫星导航系统建设积累技术经验、培养人才，研制一些地面应用基础设施设备等。我国自 2000 年 10 月起陆续发射了北斗一号试验卫星，2002 年系统试验运行，成为继美、俄之后的世界上第三个拥有自主卫星导航定位系统的国家。

第二步，2012 年北斗卫星导航（区域）系统为中国及周边地区提供连续的定位、导航和授时服务。在取得了北斗卫星导航试验系统建设成果的基础上，我国于 2004 年批准建设第二代北斗卫星导航系统，即北斗二号，并于 2007 年正式启动。北斗二号一方面采用了与 GPS 一样的单向时间测距的被动式导航体制，以实现无源定位，使用户容量不再受限；另一方面继承了北斗一号已有的星地双向测试、测距和短报文通信等一些成熟技术。截止到 2012 年底北斗二号完成了 14 颗卫星的发射组网，其中 5 颗地球静止轨道（GEO）卫星、5 颗倾斜地球同步轨道（IGSO）卫星和 4 颗中圆地球轨道（MEO）卫星[29]。

第三步，2020 年全面建成北斗三号全球卫星导航系统。中国自主研制的北斗三号从 2009 年起进入了组网高峰期；2018 年，面向"一带一路"沿线及周边国家提供了基本服务；2020 年完成 35 颗卫星发射组网，形成覆盖全球的卫星导航定位系统。

其中，北斗一号的定位算法基于三球相交原理，简述如下：地面中心检测出用户定位应答信号传播到两颗卫星的时间延迟，由于地面中心和两颗卫星位置是已知的，因而根据这两个时间延迟量，地面中心可以计算出用户到第一颗卫星的距离，以及用户到两颗卫星的距离之和；已知用户处在以第一颗卫星为球心的一个球面和以两颗卫星为焦点的椭球面的交线上，地面中心接着调用电子高程图，查寻到用户的高程值，即确定了第三个球面，如此即可计算出用户所在位置的三维坐标。对于无数字高程图的区域，用户需要提供所在位置的气压测高信息。北斗二号和北斗三号的定位算法原理相同，参见 1.2.2 节。

1.1.7　量子导航

量子定位系统（QPS）是在量子力学理论和量子信息论的基础上，近年来发展起来的新一代导航定位技术[30]。量子导航定位系统借助于量子纠缠态的制备及其传输技术,不再使用无线电波,因而在保密性、抗干扰能力等方面都具有优越性[31]。

　　QPS 的概念最早是由美国麻省理工学院的 Giovannetti 等人 2001 年在 *Nature* 杂志上首次提出的[32]。一经提出,立即引起世界各国的广泛关注。英国国防科学与技术实验室正在研究的一种以超冷原子为基础的加速计,当潜艇下沉后失去 GPS 信号时,使用加速计来导航,记录每次扭身、转向。常规的加速计并不精确,潜艇在水下航行一天可能偏离航线 1km 左右,而 QPS 会将偏离减小到 1m[33]。中国和澳大利亚也在研究量子导航系统。中国科学技术大学的潘建伟教授团队在量子通信方面保持着世界顶尖地位,验证了全球量子卫星通信的可行性。2016 年 8 月我国成功发射了世界首颗量子科学实验卫星"墨子"号[30]。

1.2　定位几何原理

　　上述导航方法都是为了在地球表面确定船舶位置,而船舶在地球表面上的位置一般是用地理坐标表示,即经度与纬度。确定船舶的地理坐标,即确定船舶相对于某些参考点的位置,这是船舶导航所要解决的根本问题。它可以通过测量导航参考点的几何参量来实现。其中,导航参考点是某些已知地理位置的点;可以测量的几何参量有方位、距离、距离差等。根据所测量的几何参量的不同,定位方法分为测向定位、测距定位和测距差定位。为了给读者以完整的理论概念,更好地理解各种海上导航方法,本章对其中重要的无线电导航系统采用的测向、测距和测距差定位方法的定位几何原理一并进行介绍。

1.2.1　测向定位

　　空间任意点到辐射源的方向都可以通过给定坐标系中的角度值得到。用无线电方法测定空间方向的过程称为无线电测向。若以观测者本地的地理子午线作为读数起点的参考方向,则所测得的角度称为真方位,如图 1.5 所示。

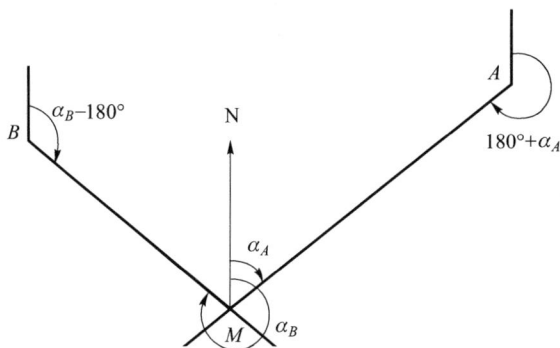

图 1.5　测向导航系统位置线

图 1.5 中,A 点为已知地理坐标的固定导航台,运载体 M 测得导航台 A 的真方位为 α_A,则通过 A 点作直线 AM,它与通过导航台的地理子午线的夹角为 $180° + \alpha_A$,在 AM 上任何一点测得 A 点的真方位均等于 α_A。几何参量值相等的点的轨迹称为运载体的位置线。两条位置线相交,其交点就是运载体在地球表面上的位置。在测向法中所测量的几何参量是方位。

另外,也可以由运载体测量与两个导航台的方位夹角 φ 得到等方位夹角位置线,其位置线是以两个导航台连线 AB 为弦,圆周角等于 φ 的圆弧,如图 1.6 所示。

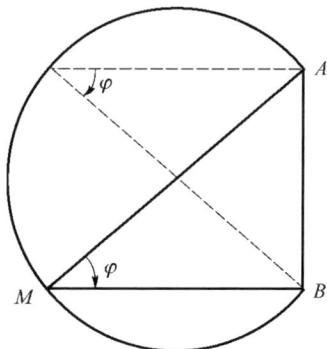

图 1.6 测方位夹角的位置线

1.2.2 测距定位

通过对电磁波传播时间或相位的测量,可以确定运载体到导航台的距离。如图 1.7 所示,假定电磁波由 A 点沿直线以恒定速度 c 传播到 M 点,则传播时间 t_{AM} 与经过的距离 r_{AM} 成正比,则有

$$r_{AM} = c \cdot t_{AM} \tag{1.1}$$

式中:c 为电磁波的传播速度,在真空中等于光速 c_0,根据国际计量局米定义咨询委员会 1974 年提出的数据为

$$c_0 = 299792458 \, \text{m/s} \tag{1.2}$$

因此,测量出传播时间 t_{AM},就可以确定距离 r_{AM}。

电磁波由 A 点传播到 M 点的相位差为

$$\Delta\varphi_{AM} = \omega \cdot t_{AM} \tag{1.3}$$

式中:ω 为振荡角频率。

由式(1.3)可得

$$\Delta\varphi_{AM} = \frac{2\pi}{\lambda} \cdot c \cdot \frac{r_{AM}}{c} = \frac{2\pi}{\lambda} \cdot r_{AM} \tag{1.4}$$

因此,也可以通过测量相位差角的方法来确定 r_{AM},即

$$r_{AM} = \frac{\lambda}{2\pi} \cdot \Delta\varphi_{AM} \tag{1.5}$$

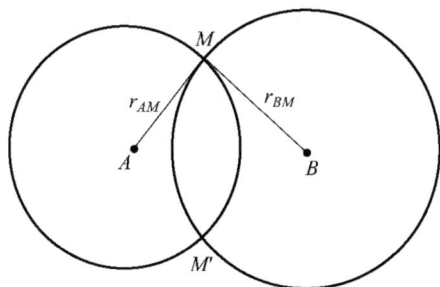

图1.7　测距导航系统位置线

设 A 为已知地理坐标的固定导航台，M 点为运载体，保持 r_{AM} 不变时，地面上的运载体 M 的位置线是以 A 点为圆心的一族同心圆。运载体 M 通过测量地面上已知点 A 与 B 的距离 r_{AM} 和 r_{BM}，所得的两条等距离位置线的交点 M 或 M' 就是运载体的位置。因为用这种方法测得的 r_{AM} 为常数，r_{BM} 为常数的两个圆周相交于两点 M 和 M'，所以确定的位置有多值性，需要用其他方法消除多值性。

在测距无线电导航系统中，要精确地测定时间间隔 t_{AM}，要求运载体的时钟与导航台的时钟必须长时间内精确地保持严格的同步。当不能做到这一点时，可以采用询问—应答的转发方式。采用这种方式工作时，运载体发出询问信号，地面导航台接收这一信号，并随即发出回答信号。运载体收到回答信号后与询问信号相比较，测出所经历的时间间隔 t_r 或相位差 $\Delta\varphi_r$。在这种情况下，由于电磁波两次经过所测距离，因此 t_r 或 $\Delta\varphi_r$ 与距离 r 之间的关系为

$$r = \frac{c \cdot t_r}{2} \tag{1.6}$$

或

$$r = \frac{\lambda}{4\pi} \cdot \Delta\varphi_r \tag{1.7}$$

GNSS 定位的基本原理是，先由已知点位坐标的地面跟踪站测定卫星的轨道（即卫星的位置）和卫星钟差，生成卫星星历并注入卫星，卫星向所有播发卫星星历参数，用户测定卫星发射的信号和各自卫星信号传递的时间长度，通过卫星星历（卫星坐标已知）即可计算出用户的三维位置。理论上，仅需观测 3 颗已知位置的卫星即可解算出接收机的三维坐标，但是由于接收机时间与卫星播发的时间存在误差，故至少需要观测 4 颗以上的卫星，采用最小二乘原理同时解算出接收机的三维坐标 (X,Y,Z) 和接收机钟差参数 Δt。有关 GNSS 定位原理的详细内容可参照本丛书中《卫星导航定位原理》一书。需要特别说明的是，北斗二号系统和北斗三号系统都是按照上述定位原理工作的。

实际使用的无线电导航系统还可以通过测量不同的导航参数来确定运载体的位置。例如，由运载体测量一个导航台的方位和距离，此时构成的位置线族为一组以导

航台为圆心的同心圆和一组以导航台为中心的辐射线,如图 1.8 所示。上述导航系统称为测角-测距($\theta - \rho$)导航系统。

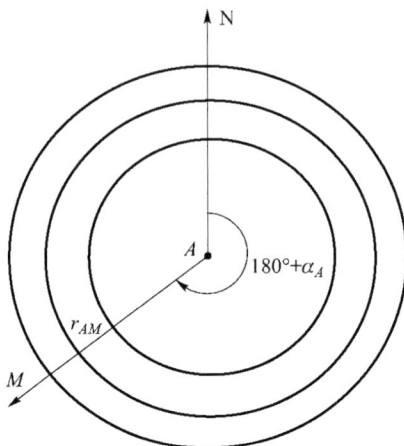

图 1.8　测角-测距导航系统位置线

1.2.3　测距差定位

如果两个已知地理坐标的导航台发射的无线电信号在时间或相位上保持严格同步,运载体就可以通过接收两个无线电信号确定运载体到两个发射台的距离差。由几何原理可知,距离差为常数的点的轨迹为以两个导航台为焦点的双曲线。不同的距离差对应为一族双曲线。由图 1.9 可见,运载体如果能够同时测得两对导航台 A、B 和 B、C 的两个距离差,则可获得两条双曲线位置线,其交点 M 即为运载体的位置。

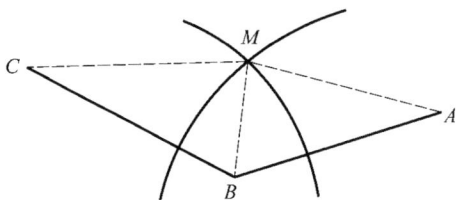

图 1.9　测距差导航系统位置线

在海上无线电导航系统中,无线电指向标属于测向定位方法,GNSS 属于测距定位方法,罗兰系统属于测距差定位方法。无线电导航的最大优点是不受气象条件的限制,同时可靠性高,测量迅速,易于实现导航自动化,因此在海上导航领域中发展迅速,应用广泛,占据了十分重要的地位。但无线电导航也有不容忽视的缺点,比如系统结构比较复杂,容易受到自然和人为的干扰,在战争中无线电发射台易被敌人干扰和破坏等。

尽管海上无线电导航具有许多优点,但并不排斥其他船舶导航方法,各种导航方法应该是相辅相成、取长补短、互为补充的,以满足船舶导航的各种要求,提高船舶导航的可靠性、安全性和定位精度。

参考文献

[1] 陈义，程言. 天文导航的发展历史、现状及前景[J]. 中国水运（理论版），2006，4（6）：27-28.

[2] 李菁. 过洋牵星图[EB/OL]. [2005-06-14]. http://www.cctv.com/history/special/C14156/01/index.shtml.

[3] 赵琳，程建华，赵玉新. 船舶导航定位系统[M]. 哈尔滨：哈尔滨工程大学出版社，2011.

[4] 房建成，宁晓琳，刘劲. 航天器自主天文导航原理与方法[M]. 北京：国防工业出版社，2017.

[5] 王安国. 现代天文导航及其关键技术[J]. 电子学报，2007，35（12）：2347-2353.

[6] 何炬. 国外天文导航技术发展综述[J]. 舰船科学技术，2005，27（5）：91-96.

[7] 刘劲. 基于X射线脉冲星的航天器自主导航方法研究[D]. 武汉：华中科技大学，2011.

[8] 郭禹，张吉平，戴冉. 航海学[M]. 大连：大连海事大学出版社，2014.

[9] 杨晓东，赵琳. 舰船导航概论[M]. 北京：科学出版社，2009.

[10] 赵琳，孙枫，郝燕玲. 推算船位/罗兰C（GPS）组合导航系统的研究及其海上试验[J]. 中国航海，1996（1）：69-76.

[11] 莫军，朱海，丁宁. GPS与基于海流数据库的推算船位的数据融合[J]. 中国航海，2002，50（1）：31-36.

[12] 吴苗，朱银兵，李方能，等. 无线电导航原理与信号接收技术[M]. 北京：国防工业出版社，2015.

[13] 黄智刚. 无线电导航原理与系统[M]. 北京：北京航空航天大学出版社，2007.

[14] 万瑶. 无线电定位技术的研究[D]. 太原：中北大学，2013.

[15] 马敏. eLoran未来卫星导航的备份[J]. 中国海事，2015（11）：54-56.

[16] WARD N，HARGREAVES C，WILLIAMS P. Can eloran deliver resilient PNT？[C]//Institute of Navigation. ION 2015 Pacific PNT Meeting，Hawaii，2015：1051-1054.

[17] IALA. IALA World Wide Radio Navigation Plan[EB/OL]. （2009-12-01）[2012-12-01]. http://www.iala-aism.org/product/iala-world-wide-radio-navigation-plan/.

[18] International Maritime Organization. Performance standards for multi-system shipborne radio navigation receivers[R]. London：95th Session of Maritime Safety Committee Resolution 401，2015.

[19] International Maritime Organization. Worldwide radio navigation system[R]. London：27th Assembly of the International Maritime Organization Resolution 1046，2011.

[20] House Transportation Committee. Loran-c infrastructure & e-Loran[EB/OL]. [2014-12-18]. http://www.gps.gov/policy/legislation/loran-c/.

[21] ACCSEAS. The future of e-navigation in the north sea region[EB/OL]. [2013-03-01]. http://www.accseas.eu/project-information/implementation-of-ship-positioning-test-bed-service/.

[22] WILLIGEN D，KELLENBACH R，DEKKER C，et al. eDLoran：The next-gen Loran[J]. GPS

World, 2014, 25(7)：36-51.

[23] Inside GNSS. North Korea's GPS jamming prompts South Korea to endorse nationwide eLoran system［EB/OL］.［2013-04-24］. https：//insidegnss. com/north-koreas-gps-jamming-prompts-south-korea-to-e-ndorse-nationwide-eloran-system/.

[24] Inside GNSS. Republic of Korea announces new plan for eLoran system in wake of GPS jamming［EB/OL］.［2014–04–14］. https://insidegnss. com/republic-of-korea-announces-new-plan-for-eloran-system-in-wake-of-gps-jamming/.

[25] Inside GNSS. South Korea developing an eLoran network to protect ships from cyber attacks［EB/OL］.［2017-08-23］. https://insidegnss. com/south-korea-developing-an-eloran-network-to-protect-ships-from-cyber-attacks/.

[26] 谢钢. 全球导航卫星系统原理[M]. 北京：电子工业出版社, 2013.

[27] Council of Europe. Galileo satellite navigation system［EB/OL］.［2015-03-30］. http://en. wikipedia. org/wiki/Galileo_(satellite_navigation).

[28] 曹冲. 北斗与 GNSS 系统概论[M]. 北京：电子工业出版社, 2016.

[29] 中国卫星导航系统管理办公室. 北斗二号卫星工程自主创新成果丰硕［EB/OL］.［2013-03-10］. http://www. beidou. gov. cn.

[30] 宋培帅，马静，马哲，等. 量子定位导航技术研究与发展现状[J]. 激光与光电子学进展, 2018(4)：1-27.

[31] 宋媛媛，丛爽，尚伟伟，等. 量子导航定位系统国内外研究现状及其展望［C］//中国自动化学会控制理论专业委员会. 第 36 届中国控制会议论文集, 大连, 2017, 6：5853-5858.

[32] GIOVANNETTI V, LIOYD S, MACCONE L. Quantum-enhanced positioning and clock synchronization［J］. Nature, 2001, 412(6845)：417-419.

[33] 常丽君. 英国研制量子导航定位系统 QPS[N]. 科技日报, 2014-05-19.

第2章 海上导航系统定位误差

◢ 2.1 基 础 理 论

　　海上导航系统的用途是确定运载体位置,以便安全可靠地将运载体引导到目的地,因此定位误差是衡量导航系统性能的主要技术指标。然而,在导航信号参数(振幅、频率、相位、传播时间等)测量过程中,不可避免地存在由导航设备、传播条件等因素引起的误差,即导航参数的测量误差。由于导航信号参数和定位几何参量(角度、距离、距离差等)之间存在一定的对应关系,因此,导航参数的测量误差必然会引起对应的几何参量误差,相应地产生位置线误差。另外,根据第1章内容可知,导航系统在定位过程中至少需要测量两条位置线,因此,定位误差不仅与每条位置线本身的误差有关,而且与位置线间的相互位置关系(夹角)密切相关。

　　根据误差产生的原因及其物理性质,导航系统的测量误差大致可以分为以下四类:

　　(1) 方法误差:由于测量方法本身引起的误差。例如,由于测量方法不完善,或者作为这种测量方法依据的理论或算法不完善等引起的误差。由于信号传播理论不完善而引起的误差属于测量的方法误差。系统选择的最佳算法的应用都是有条件的,选择最优化准则与转换测量数据的方法也是近似的,这种由算法带来的误差也属于方法误差。

　　(2) 设备误差:由于导航设备不完善而引起的误差,也称为仪器误差。该类误差表现为指示器的灵敏度不够,指示器的惯性、计算精度限制,不能准确实现测量算法等。

　　(3) 状态误差:由于测量环境的工作条件引起的误差,又称测量条件误差。误差的来源如本地的电气干扰,冲击与振动,温度、湿度的变化等,总之,是测量设备和使用人员所在环境介质参量的变化。

　　(4) 主观误差:由于操作人员的经验、熟练程度、感觉器官特性和注意力的敏锐程度不同而产生的误差。该项因素在现代海上导航应用中已经显得越来越不重要,因为现代导航仪器越来越类似于"傻瓜机"。

　　此外,根据误差在测量过程中出现的特性,还可将误差分为系统误差与随机误差。通常将测量时数值和符号都按一定规律重复出现的误差称为系统误差。产生系统误差的原因是完全确定的,而且是可以估计的。因此,系统误差可以通过引入修正量或者消除引起误差的原因等手段来消除。随机误差是由测量过程中许多偶然因素引起的,而在这些因素中,就其中任何一个来说,影响是十分微小的。因此,无法确定出每一次具体测量时产生随机误差的原因,也就不能计算出每一次具体测量时的随机误差,即单独一次测量的随机误差是不能消除的,只能用统计的方法来估计它的特性[1]。

如果除去系统误差,则导航参数的测量误差是一个随机变量,该随机变量既可以是离散的,也可以是连续的。当测量结果是离散随机变量时,可以表示为整数 n 的函数,即

$$u = x(n) \tag{2.1}$$

式中:n 为离散测量次数。

图 2.1 为随机变量 u 随测量次数 n 变化的例子。

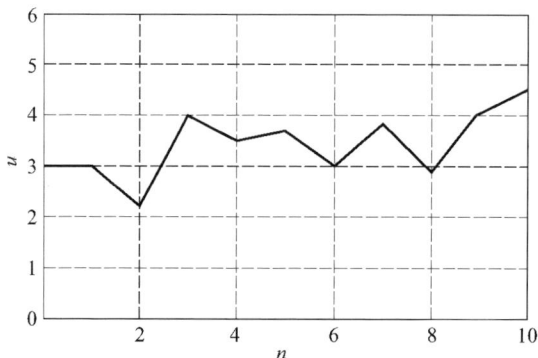

图 2.1   随机变量 u 的变化

当测量结果是连续随机变量时,可以表示为变量 t 的函数,即

$$u = x(t) \tag{2.2}$$

对于个别独立的测量,不能精确预测,但如果在相同的试验条件下做大量的测量,则可发现测量结果有一定的规律,这就是随机变量的统计性质。为了完善地表示随机变量的统计规律,必须知道随机变量的范围与随机变量出现的概率。为此,在概率论中引入了随机变量概率分布函数 $F(x)$ 的概念,即

$$F(x) = P\{u < x\} \tag{2.3}$$

表示随机变量 u 值小于任意值 x 时的概率。

对于连续随机变量,可定义

$$f(x) = \frac{\mathrm{d}F(x)}{\mathrm{d}x} \tag{2.4}$$

$f(x)$ 称为概率分布密度。因而,随机变量 u 出现在 x 与 $x + \mathrm{d}x$ 之间的概率为

$$P(x < u < x + \mathrm{d}x) = f(x)\mathrm{d}x \tag{2.5}$$

而随机变量不超过某值 x 的概率为

$$P(u < x) = F(x) = \int_{-\infty}^{x} f(x) \, dx \qquad (2.6)$$

概率分布密度和概率分布函数给出了随机变量完整的描述。但在实际应用中，常采用一些数字特征来描述随机变量的特性。在概率论中常采用的数字特征是它的一阶原点矩与二阶中心矩。

分布的一阶原点矩定义为

$$m = \int_{-\infty}^{+\infty} x f(x) \, dx \qquad (2.7)$$

它代表了随机变量 u 的数学期望，或称为均值。

分布的二阶中心矩

$$M = \int_{-\infty}^{+\infty} (x - m)^2 f(x) \, dx = \sigma^2 \qquad (2.8)$$

称为随机变量对其平均值偏差的平方的数学期望，或称随机变量的方差，方差表示了随机变量偏离其平均值的程度。σ 为均方差。

概率论中的中心极限定理指出，对于独立随机变量求和的分布规律，如果被求和的项数趋于无限多，且每一项的作用有限时，则不管被加项的分布规律如何，随机变量和的分布规律趋向于正态分布。这就是说，当随机误差是由大量的因素所决定，而这些因素中的任何一项都不占据优势时，可以认为随机误差是服从正态分布的。根据这一定理推导得出的结论，在一般情况下能够与导航测量的实际情况很好地符合。

正态概率分布密度为

$$f(x) = \frac{1}{\sqrt{2\pi}\sigma} e^{-\frac{(x-m)^2}{2\sigma^2}} \qquad (2.9)$$

式中：m 为随机变量的均值；σ 为随机变量的均方差。

正态分布也称为高斯分布，其概率分布密度 $f(x)$ 的曲线如图 2.2 所示。当 $x = m$ 时，$f(x)$ 有极大值；当 $x = m \pm \sigma$ 时，函数有拐点；当 $x \rightarrow \pm \infty$ 时，$f(x) \rightarrow 0$，以横坐标轴为渐近线。

正态概率分布函数为

$$F(x) = \int_{-\infty}^{x} f(x) \, dx = \frac{1}{\sqrt{2\pi}\sigma} \int_{-\infty}^{x} e^{-\frac{(x-m)^2}{2\sigma^2}} \, dx \qquad (2.10)$$

正态概率分布函数曲线如图 2.3 所示。当 x 从 $0 \rightarrow m$ 时，函数单调上升；$x = m$ 时，曲线有拐点；当 $x \rightarrow \infty$ 时，曲线以平行横轴、纵坐标等于 1 的直线为渐近线。

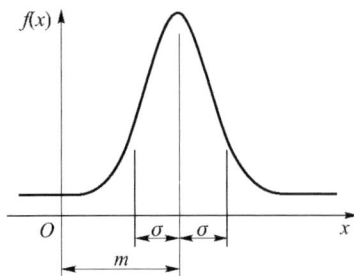

图 2.2　正态概率分布密度曲线

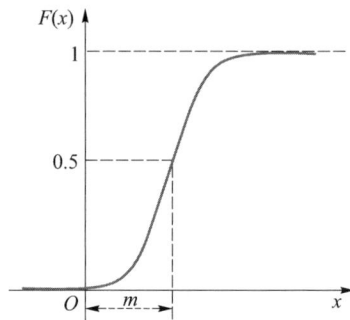

图 2.3　正态概率分布函数曲线

由于随机误差是随机变量对于其均值的实际偏差量,因此,当均值为零时,随机误差的分布函数简化为

$$F(x) = \frac{1}{\sqrt{2\pi}\sigma} \int_{-\infty}^{x} e^{-\frac{x^2}{2\sigma^2}} dx \tag{2.11}$$

为了说明方差与正态概率分布密度图形的关系,图 2.4 表示了不同 σ 时的 $f(x)$ 的图形。显然,当 σ 越小时,$f(x)$ 具有越大的极大值,而随着偏离其极大值,$f(x)$ 值下降得越快。这说明,当减少均方差时,相当于降低了大误差出现的概率,这样,均方差就可以作为随机误差大小的数字特征。图 2.5 说明了均方差 σ 与正态概率分布函数的关系。

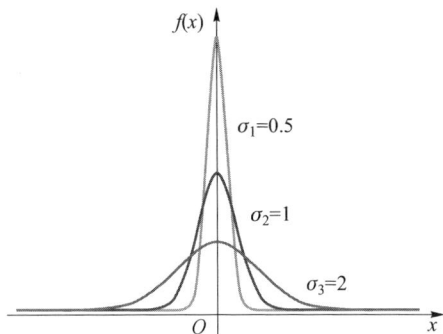

图 2.4　正态概率分布密度曲线族(见彩图)

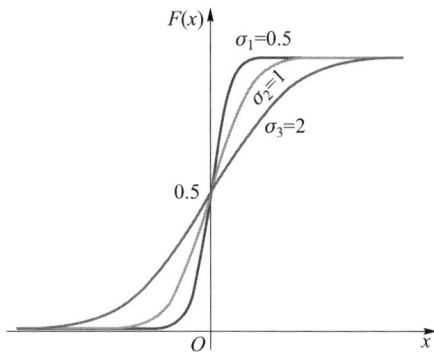

图 2.5　正态概率分布函数曲线族(见彩图)

下面说明随机误差不超过某一绝对值 x 的概率。由于函数 $f(x)$ 是偶函数,因此,所求概率为

$$\phi(x) = \frac{2}{\sqrt{2\pi}\sigma} \int_{0}^{x} e^{-\frac{x^2}{2\sigma^2}} dx \tag{2.12}$$

函数 $\phi(x)$ 称为概率积分,通常做成 $\phi(x/\sigma)$ 的函数表,以供查用。x/σ 等于某些值的概率积分列于表 2.1 中。

表 2.1　概率积分列表

x/σ	0	0.6745	1	2	3
$\phi\left(\dfrac{x}{\sigma}\right)$	0	0.5	0.6827	0.9545	0.9973

表 2.1 中数字说明,如果进行大量次数的测量,则误差值落在 $\pm 0.6745\sigma$ 范围内概率为 50%,落在 $\pm\sigma$ 内的概率约为 68.3%,落在 $\pm 2\sigma$ 内的概率约为 95.5%,误差落在 $\pm 3\sigma$ 内的概率约为 99.7%。

误差不超过 0.6745σ 的误差称为或然误差,不超过 σ 的误差称为均方差(或标准偏差),不超过 2σ 的误差称为准极大误差,不超过 3σ 的误差称为极大误差。误差超过 3σ 的概率很小(约为 0.27%),但仍然是可能出现的。

通过 n 次等精度测量,得到真误差 $D_1,D_2,\cdots,D_n$,均方误差即为

$$\sigma_n = \sqrt{\frac{\sum\limits_{i=1}^{n} D_i^2}{n}} \tag{2.13}$$

理论上,由于真值的准确大小通常不可知,因而只能用观测值的算数平均值来代替真值,求得剩余误差(也称最或然误差):

$$\varepsilon_i = u_i - \frac{1}{n}\sum_{i=1}^{n} u_i \tag{2.14}$$

则均方差为

$$\sigma = \sqrt{\frac{\sum\limits_{i=1}^{n} \varepsilon_i^2}{n-1}} \tag{2.15}$$

实践证明,在多次重复下,式(2.15)的求解值接近所估计的式(2.13)样本均方误差。

2.2　位置线误差

根据各种导航系统的定位几何原理,可确定导航参数的测量误差与对应的定位几何参量误差之间的关系。在变化量很小的范围内,这一关系可以近似看成线性关系。可以把导航参数误差看成零均值的正态随机变量。

在导航定位过程中,导航参数观测值相等点的轨迹构成位置线,因此导航参数误差将引起位置线误差。位置线误差是指待定点的真实位置线与所测得的位置线之间的垂直距离。导航参数误差与位置线误差之间的对应关系可用标量场理论确定。根据标量场的定义:空间区域 D_x 内每一点 $M(x,y,z)$ 对应一个数量值 $\phi(x,y,z)$,它在此空间区域 D_x 内就构成了一个标量场。在导航定位系统的工作区域内,每一点 $M(x,y,z)$ 对应一个导航参数值 $u(x,y,z)$。位置面是 $u(x,y,z)$ 等于某一常数 U 的等位面。这一等位面与地球表面的交线,或在二维平面上的等位线称为位置线。在海

上导航系统中,位置线也称为船位线。假定被测点的真实导航参数为 u,真实位置面或位置线为 n。当导航参数存在测量误差时,测量得到的导航参数为 $u + \Delta u$,对应于导航参数 $u + \Delta u$ 的位置线将为 $n + \Delta n$;Δu 与 Δn 之间的关系就是导航参数误差与位置线(面)误差之间的对应关系。

利用标量场的梯度来确定上述关系,函数 u 的梯度可表示为[2]

$$g = \mathrm{grad}\, u = \frac{\partial u}{\partial n} \boldsymbol{n} \tag{2.16}$$

式中:$\boldsymbol{n}$ 为沿等位线(面)的法线方向的单位矢量;$\boldsymbol{g}$ 为沿等位线(面)的法线方向 $\boldsymbol{n}$ 的矢量,其数值取决于函数 u 在 $\boldsymbol{n}$ 方向的增长率,即 $|\boldsymbol{g}| = \frac{\partial u}{\partial n}$。

如果用有限增量来代替微分,则有

$$\Delta n = \frac{\Delta u}{|\boldsymbol{g}|} \tag{2.17}$$

式中:$|\boldsymbol{g}|$ 为式(2.16)中梯度的模,在笛卡儿坐标系中,有

$$|\boldsymbol{g}| = \sqrt{\left(\frac{\partial u}{\partial x}\right)^2 + \left(\frac{\partial u}{\partial y}\right)^2} \tag{2.18}$$

将式(2.18)代入式(2.17),可得

$$\Delta n = \frac{\Delta u}{\sqrt{\left(\frac{\partial u}{\partial x}\right)^2 + \left(\frac{\partial u}{\partial y}\right)^2}} \tag{2.19}$$

式中:Δu 为导航参数误差;Δn 为位置线误差。

由式(2.19)可知,位置线误差 Δn 与导航参数误差 Δu 成正比。因而,位置线误差也是零均值的正态随机变量。此外,Δn 还与位置线的梯度有关,即与位置线的形状有关,或者说与导航系统的几何特征有关。下面以平面场中的位置线为例,说明不同定位方法的位置线误差。

2.2.1　测向定位

在测向导航系统中,被测导航参数是角度 α(图2.6),则有

$$\alpha = \arctan\left(\frac{x}{y}\right) \tag{2.20}$$

根据式(2.19)可以求出这种情况下的位置线误差为

$$\Delta n = \frac{\Delta u}{|\boldsymbol{g}|} = R \Delta \alpha \tag{2.21}$$

式中:$R = 1/|\boldsymbol{g}|$ 为测定点 M 到导航台的距离;$\Delta u = \Delta \alpha$ 为测向误差。

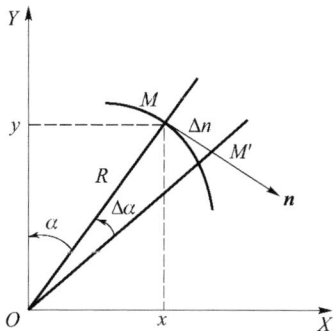

图2.6　测向系统位置线梯度

如果 σ_α 表示测向误差 $\Delta\alpha$ 的均方误差,则位置线误差的均方误差 $\sigma_n = R\sigma_\alpha$。因此,位置线误差与测向误差的均方误差和距离之积成正比。

也可从图 2.6 中直接求出测向系统的位置线误差。由图 2.6 可见,$\tan\Delta\alpha = \Delta n/R$。当 $\Delta\alpha$ 很小时,$\tan\Delta\alpha \approx \Delta\alpha$,所以 $\Delta\alpha = \Delta n/R$,或 $\Delta n = R\Delta\alpha$。

2.2.2 测距定位

在测距导航系统中,导航参数是距离 R(图 2.7),可得

$$R = \sqrt{x^2 + y^2} \qquad (2.22)$$

这时梯度的模为

$$|\boldsymbol{g}| = 1 \qquad (2.23)$$

因此,测距系统的位置线误差为

$$\Delta n = \Delta R \qquad (2.24)$$

测距系统的位置线误差等于测距误差,用均方误差表示为[3]

$$\sigma_n = \sigma_R \qquad (2.25)$$

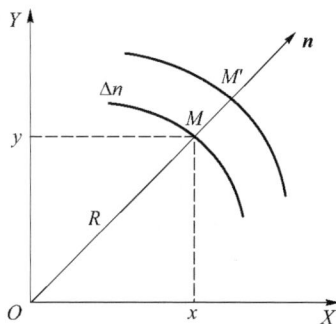

图 2.7 测距系统位置线梯度

2.2.3 测距差定位

测距差导航系统的导航参数为距离差 R_d(图 2.8),可得

$$R_d = R_A - R_B = \sqrt{\left(x + \frac{d}{2}\right)^2 + y^2} - \sqrt{\left(\frac{d}{2} - x\right)^2 + y^2} \qquad (2.26)$$

式中:d 为测距差导航系统的基线长度。

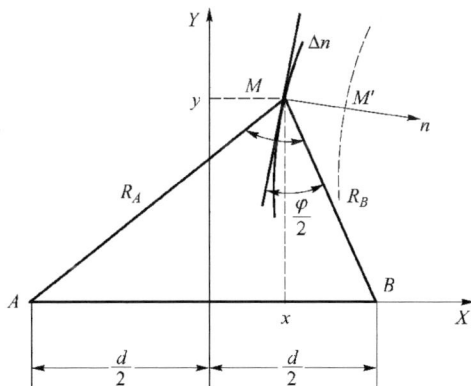

图 2.8 测距差系统位置线梯度

根据式(2.18)可以求出梯的模值为

$$|\boldsymbol{g}| = \sqrt{\left(\frac{\partial R_d}{\partial x}\right)^2 + \left(\frac{\partial R_d}{\partial y}\right)^2} = \sqrt{2\left(1 - \frac{x^2 + y^2 - \dfrac{d^2}{4}}{R_A R_B}\right)} \qquad (2.27)$$

由图 2.8 中的 △AMB 可知

$$\cos\varphi = \frac{R_A^2 + R_B^2 - d^2}{2R_A R_B} = \frac{x^2 + y^2 - \dfrac{d^2}{4}}{R_A R_B}$$

因此

$$|\boldsymbol{g}| = \sqrt{2(1 - \cos\varphi)} = 2\sin\frac{\varphi}{2} \tag{2.28}$$

将式(2.28)代入式(2.27),可得

$$\Delta n = \frac{\Delta R_d}{2\sin\dfrac{\varphi}{2}} \tag{2.29}$$

式中:ΔR_d 为测距差误差;φ 为测定点对基线的张角。

式(2.29)表明,测距差导航系统的位置线误差与张角 φ 有关,φ 越大,误差越小。当观测者位于基线上时,$\varphi = 180°$,此时 $\Delta n = \Delta R_d / 2$,误差最小;当观测者位于基线延长线上时,$\varphi = 0°$,误差最大。另外,在同一方向上,随着观测者离开基线的距离加大,角度 φ 变小,位置线误差随之增大。

如果 σ_H 表示测距差误差 ΔR_d 的均方误差,则双曲线位置线误差的均方误差为

$$\sigma_n = \frac{\sigma_H}{2\sin\dfrac{\varphi}{2}} \tag{2.30}$$

也可以由图 2.9 直接推导出测距差导航系统的位置线误差。测距离差导航系统中,位置线误差的梯度 $\boldsymbol{g}$ 为两个距离差位置线误差的梯度矢量相减,即

$$\boldsymbol{g} = \boldsymbol{g}_A - \boldsymbol{g}_B$$

而根据式(2.23)可知

$$|\boldsymbol{g}_A| = |\boldsymbol{g}_B| = 1 \tag{2.31}$$

位置线(双曲线)段平分夹角 φ,因此对双曲线系统而言,位置线梯度的模值为

$$|\boldsymbol{g}| = 2\sin\frac{\varphi}{2} \tag{2.32}$$

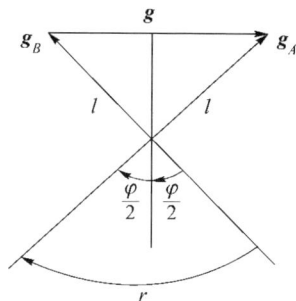

图 2.9 测距差系统
位置线梯度详图

而位置线的误差为

$$\Delta n_H = \frac{\Delta R_d}{2\sin\dfrac{\varphi}{2}} \tag{2.33}$$

从上述几种导航系统不同位置线的例子可以看出,位置线误差可用导航参数误

差与一个比例系数相乘来表示,这个比例系数取决于位置线的形状,因此称为几何因子。在具有相同导航参数误差的条件下,几何因子越小,位置线误差也越小。上述三种位置线的几何因子分别如下:

测向系统位置线的几何因子为

$$K_{\alpha} = R \tag{2.34}$$

测距系统位置线几何因子为

$$K_R = 1 \tag{2.35}$$

测距差系统位置线几何因子为

$$K_H = \frac{1}{2\sin\frac{\varphi}{2}} \tag{2.36}$$

◤ 2.3　定位误差

在海上导航系统中,运载体在平面上的位置可以通过平面上两条位置线的交点来确定。假设 u、v 是运载体所在位置的真实位置线,它们的交点就是运载体的真实位置 M。由于存在测量误差,实际测量得到的位置线分别为 $u + \Delta u$ 与 $v + \Delta v$,这时,根据测量结果得到的运载体的位置将为 M_1 点。定义测量所得位置与真实位置之间的距离为定位误差。如图 2.10 所示,距离 MM_1 就是定位误差。如前所述,位置线误差是正态分布的随机变量,因此,定位误差也将是一个随机变量,对这一随机变量的描述通常采用等概率误差椭圆的方法。

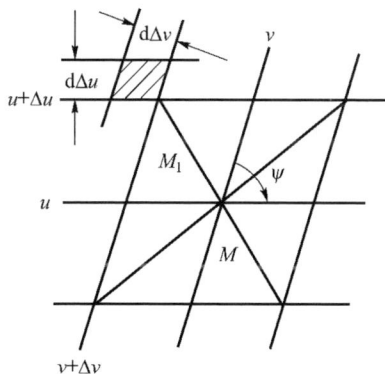

图 2.10　定位误差

2.3.1　等概率误差椭圆

在讨论定位误差时,假定系统误差已经消除,位置线 u 与 v 的随机误差均服从正态分布,则其概率分布密度分别为

$$f(\Delta u) = \frac{1}{\sqrt{2\pi}\sigma_u}e^{-\frac{\Delta u^2}{2\sigma_u^2}} \tag{2.37}$$

$$f(\Delta v) = \frac{1}{\sqrt{2\pi}\sigma_v}e^{-\frac{\Delta v^2}{2\sigma_v^2}} \tag{2.38}$$

式中:σ_u、σ_v 分别为两条位置线误差的均方误差。

测量所得位置 M_1 的概率分布取决于二维概率密度,即[4]

$$f(\Delta u, \Delta v) = \frac{1}{2\pi\sqrt{1-\rho^2}\sigma_u\sigma_v} \cdot \exp\left[-\frac{1}{2(1-\rho^2)}\left(\frac{\Delta u^2}{\sigma_u^2} + \frac{\Delta v^2}{\sigma_v^2} - \frac{2\rho\Delta u\Delta v}{\sigma_u\sigma_v}\right)\right]$$

$$\tag{2.39}$$

式中:ρ 为位置线误差 Δu 和 Δv 的相关系数,且有

$$\rho = \frac{E\{\Delta u\Delta v\}}{\sigma_u\sigma_v} = \frac{1}{\sigma_u\sigma_v}\iint\Delta u\Delta v f(\Delta u, \Delta v)\mathrm{d}\Delta u\mathrm{d}\Delta v \tag{2.40}$$

如果测量所得的位置线误差是相互独立的,则相关系数 $\rho = 0$,此时二维概率密度函数简化为

$$f(\Delta u, \Delta v) = \frac{1}{2\pi\sigma_u\sigma_v}\exp\left[-\frac{1}{2}\left(\frac{\Delta u^2}{\sigma_u^2} + \frac{\Delta v^2}{\sigma_v^2}\right)\right] \tag{2.41}$$

当 $\mathrm{d}\Delta u$ 与 $\mathrm{d}\Delta v$ 很小时,利用式(2.41)可以求出 M_1 位于阴影区的面积的概率为

$$\mathrm{d}p = f(\Delta u, \Delta v)\mathrm{d}\Delta u\mathrm{d}\Delta v = \frac{1}{2\pi\sigma_u\sigma_v}\exp\left[-\frac{1}{2}\left(\frac{\Delta u^2}{\sigma_u^2} + \frac{\Delta v^2}{\sigma_v^2}\right)\right]\mathrm{d}\Delta u\mathrm{d}\Delta v \tag{2.42}$$

当

$$\frac{1}{2}\left(\frac{\Delta u^2}{\sigma_u^2} + \frac{\Delta v^2}{\sigma_v^2}\right) = \lambda^2 \tag{2.43}$$

时,$f(\Delta u, \Delta v)$ 为常数。满足式(2.43)的曲线是等概率误差曲线,它与位置线的形状及其相对位置有关。若运载体离导航台的距离很远,确定位置线时误差的方差也很小,这时,位置线可用一些与位置线形状无关,彼此平行的直线段来代替,如图 2.11 所示。在这种情况下,式(2.43)是在斜坐标系中的椭圆方程,它所对应的等概率误差曲线称为等概率误差椭圆。

λ 值越大,则由它所确定的椭圆上的概率密度越小,而测量所得位置 M_1 出现在该椭圆内的概率就越大。

2.3.2 等概率误差椭圆的长半轴、短半轴及取向

注意到式(2.43)中的 Δu 与 Δv 在一般情况下是斜坐标系中的坐标量,为了能看清楚曲线的形状,便于分析等概率误差椭圆的特点,采用图 2.12 的笛卡儿坐标系,它的横坐标 x 轴与位置线线段夹角的平分线重合。在这一坐标系中,变量 Δu 与 Δv 满足下列方程:

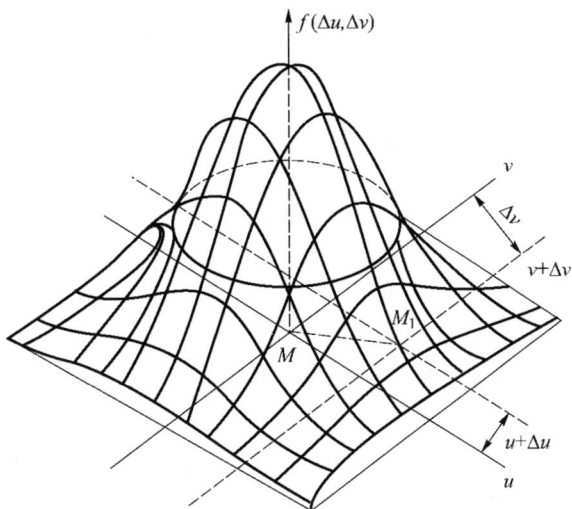

图 2.11　定位误差概率密度函数

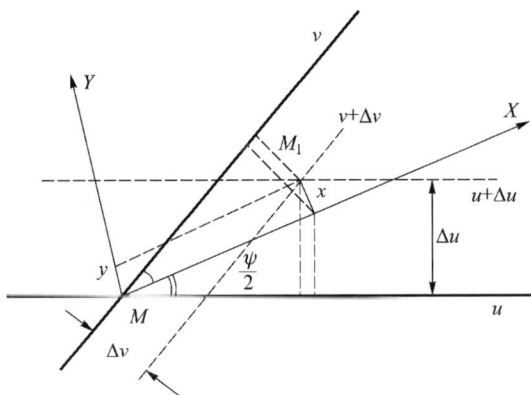

图 2.12　定位直角坐标系

$$\Delta u = y\cos\frac{\psi}{2} + x\sin\frac{\psi}{2} \tag{2.44}$$

$$\Delta v = y\cos\frac{\psi}{2} - x\sin\frac{\psi}{2} \tag{2.45}$$

将式(2.44)和式(2.45)代入式(2.43),可得

$$\frac{1}{2}\left(\frac{x^2\sin^2\frac{\psi}{2} + 2xy\sin\frac{\psi}{2}\cos\frac{\psi}{2} + y^2\cos^2\frac{\psi}{2}}{\sigma_u^2} + \frac{x^2\sin^2\frac{\psi}{2} - 2xy\sin\frac{\psi}{2}\cos\frac{\psi}{2} + y^2\cos^2\frac{\psi}{2}}{\sigma_v^2}\right) = \lambda^2 \tag{2.46}$$

经整理后,可得

$$\frac{1}{2}x^2\sin^2\frac{\psi}{2}\left(\frac{1}{\sigma_u^2}+\frac{1}{\sigma_v^2}\right)+xy\sin\frac{\psi}{2}\cos\frac{\psi}{2}\left(\frac{1}{\sigma_u^2}-\frac{1}{\sigma_v^2}\right)+y^2\cos^2\frac{\psi}{2}\left(\frac{1}{\sigma_u^2}+\frac{1}{\sigma_v^2}\right)=\lambda^2$$

$$(2.47)$$

令

$$A=\frac{1}{2}\sin^2\frac{\psi}{2}\left(\frac{1}{\sigma_u^2}+\frac{1}{\sigma_v^2}\right) \qquad (2.48)$$

$$B=\frac{1}{2}\sin\frac{\psi}{2}\cos\frac{\psi}{2}\left(\frac{1}{\sigma_u^2}-\frac{1}{\sigma_v^2}\right) \qquad (2.49)$$

$$C=\frac{1}{2}\cos^2\frac{\psi}{2}\left(\frac{1}{\sigma_u^2}+\frac{1}{\sigma_v^2}\right) \qquad (2.50)$$

式(2.47)可写为

$$Ax^2+2Bxy+Cy^2=\lambda^2 \qquad (2.51)$$

因为 $\sigma_u^2>0,\sigma_v^2>0,\sin^2\frac{\psi}{2}>0,\cos^2\frac{\psi}{2}>0$,所以 $A\cdot C-B^2>0$,式(2.51)是中心位于坐标原点的椭圆方程。

为了确定椭圆的长半轴、短半轴及其取向,还需要将式(2.51)进行坐标转换,如图2.13所示。

新坐标系中坐标 (x',y') 与原坐标系中坐标 (x,y) 之间的关系为

$$\begin{cases}x=x'\cos r-y'\sin r\\y=x'\sin r+y'\cos r\end{cases} \qquad (2.52)$$

将式(2.52)代入式(2.51)后,经整理可得

$$A'x'^2+2B'x'y'+C'y'^2=\lambda^2 \qquad (2.53)$$

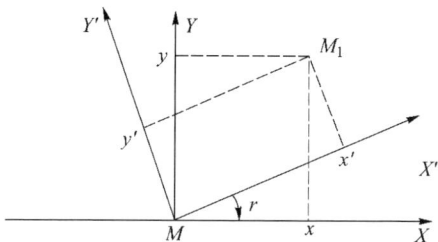

图2.13　定位坐标系的转换

式中

$$A'=A\cos^2r+2B\sin r\cos r+C\sin^2r$$

$$B'=B\cos 2r-\frac{1}{2}(A-C)\sin 2r$$

$$C'=A\sin^2r-2B\sin r\cos r+C\cos^2r$$

为了使变换后的坐标轴与椭圆轴相重合,选择适当的 r 角,使 $B'=0$,由此可以求得需要转动的角为

$$r=\frac{1}{2}\arctan\frac{2B}{A-C} \qquad (2.54)$$

在此条件下,式(2.53)变成标准椭圆方程,即

$$\frac{x'^2}{\dfrac{\lambda^2}{A'}}+\frac{y'^2}{\dfrac{\lambda^2}{C'}}=1 \qquad (2.55)$$

该误差椭圆长半轴 $a = \sqrt{\lambda^2/A'}$，短半轴 $b = \sqrt{\lambda^2/C'}$，长半轴取向角 r 的值由式（2.54）确定，长轴与 x' 轴重合。

将式（2.55）中的 A' 与 C' 用原始数据 σ_u、σ_v 和位置线交角 ψ 代入后，可得

$$a = \sqrt{\frac{4\sigma_u^2\sigma_v^2\lambda^2}{\sigma_u^2 + \sigma_v^2 - \sqrt{(\sigma_u^2 + \sigma_v^2)^2 - 4\sigma_u^2\sigma_v^2\sin^2\psi}}} \tag{2.56}$$

$$b = \sqrt{\frac{4\sigma_u^2\sigma_v^2\lambda^2}{\sigma_u^2 + \sigma_v^2 + \sqrt{(\sigma_u^2 + \sigma_v^2)^2 - 4\sigma_u^2\sigma_v^2\sin^2\psi}}} \tag{2.57}$$

$$r = \frac{1}{2}\arctan\left(\frac{\sigma_u^2 - \sigma_v^2}{\sigma_u^2 + \sigma_v^2}\tan\psi\right) \tag{2.58}$$

从式（2.56）~ 式（2.58）可以看出，椭圆的取向与测定每条位置线的误差有关，同时也与两条位置线的夹角 ψ 有关。σ_u 与 σ_v 可能有不同的数值关系，而夹角 ψ 可以在 $0° \sim 180°$ 的范围内变化。

图 2.14 为 ψ 角取各种可能值的情况，图中上面的曲线族是 $\sigma_u \geqslant \sigma_v$ 时，r 随 ψ 角变化的曲线，下面的曲线族是 $\sigma_u \leqslant \sigma_v$ 时，r 随 ψ 的变化曲线。

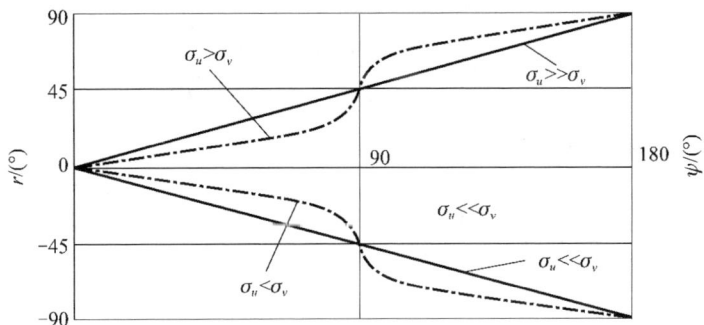

图 2.14　误差椭圆取向角 r 与其他参数的关系

根据式（2.58）与图 2.14 可以得出以下结论。

（1）当 $\sigma_u \neq \sigma_v$ 时，误差椭圆的长轴总是处在两条位置线所交锐角之中，而且靠近测量精度较高的位置线，即均方误差较小的位置线。换句话说，误差椭圆的长轴总是处在两条位置线所交锐角的等分线与精度较高的位置线之间，r 的值可在 $0° \sim 90°$ 范围变化。

（2）当 $\sigma_u \gg \sigma_v$ 或 $\sigma_v \gg \sigma_u$ 时，误差椭圆的长轴几乎与精度较高的位置线 v 或 u 重合。

（3）当 $\sigma_u = \sigma_v$ 时，$r = 0$，而当 $\psi > 90°$ 时，$r = \pm 90°$。

（4）当两条位置线相互垂直（$\psi = 90°$）时，椭圆长轴方向与精度较高的位置线一致；而短轴方向与精度较低的位置线方向一致。若有 $\sigma_u = \sigma_v = \sigma$，则式（2.55）变成

圆的方程,等概率误差椭圆变成等概率误差圆。此时有

$$a = b = \sqrt{2}\sigma\lambda \qquad (2.59)$$

(5) 当 $\psi = 0°$ 或 $180°$ 时,椭圆退化为两条平行直线,$\psi = 0$ 相当于观测点距离构成两族位置线的导航台为无穷远,随着距离的增大,误差椭圆变得越来越狭长,最后退化为两条平行直线。

在上述讨论中,认为两条位置线是不相关的,若两条位置线误差相关,则由式(2.39)给出两维概率密度,用同样的方法可以推导出在这种情况下的等概率误差椭圆的长半轴、短半轴和取向角 r,即

$$a = \sqrt{\frac{4(1-\rho)^2\sigma_u^2\sigma_v^2\lambda^2}{\sigma_u^2\sigma_v^2 + 2\rho\sigma_u\sigma_v\cos\psi - \sqrt{(\sigma_u^2 + \sigma_v^2 + 2\rho\sigma_u\sigma_v\cos\psi)^2 - 4\sin^2\psi\sigma_u^2\sigma_v^2(1-\rho^2)}}} \qquad (2.60)$$

$$b = \sqrt{\frac{4(1-\rho)^2\sigma_u^2\sigma_v^2\lambda^2}{\sigma_u^2\sigma_v^2 + 2\rho\sigma_u\sigma_v\cos\psi + \sqrt{(\sigma_u^2 + \sigma_v^2 + 2\rho\sigma_u\sigma_v\cos\psi)^2 - 4\sin^2\psi\sigma_u^2\sigma_v^2(1-\rho^2)}}} \qquad (2.61)$$

$$r = \frac{1}{2}\arctan\left[\frac{\sin\psi(\sigma_u^2 - \sigma_v^2)}{(\sigma_u^2 + \sigma_v^2)\cos\psi + 2\rho}\right] \qquad (2.62)$$

2.3.3 等概率误差椭圆概率

与误差椭圆的尺寸及取向比较,在实际应用中,更关心的是测量位置 M_1 落入具有一定尺寸的误差椭圆范围内的概率,或是在给定概率时,测量所得位置以该概率落入误差椭圆的大小。为此,必须求出 M_1 出现在误差椭圆内的总概率,利用式(2.42)和式(2.43),可以计算出总概率为

$$P(\lambda) = \iint_{S(\lambda)} \mathrm{d}P_u \mathrm{d}P_v = \iint_{S(\lambda)} \frac{1}{2\pi\sigma_u\sigma_v} e^{-\lambda^2} \mathrm{d}\Delta u \mathrm{d}\Delta v \qquad (2.63)$$

上述积分应遍历误差椭圆所包围的面积(与 λ 大小有关),由图 2.15 可知,基元面积为

$$\mathrm{d}s = \frac{\mathrm{d}\Delta u \mathrm{d}\Delta v}{\sin\psi} \qquad (2.64)$$

误差椭圆的面积为

$$S = \pi \cdot a \cdot b \qquad (2.65)$$

将式(2.56)与式(2.57)代入式(2.65),可得

$$S = \frac{2\pi\sigma_u\sigma_v}{\sin\psi}\lambda^2$$

因此,椭圆面积的增量为

$$ds = \frac{2\pi\sigma_u\sigma_v}{\sin\psi}2\lambda d\lambda s \tag{2.66}$$

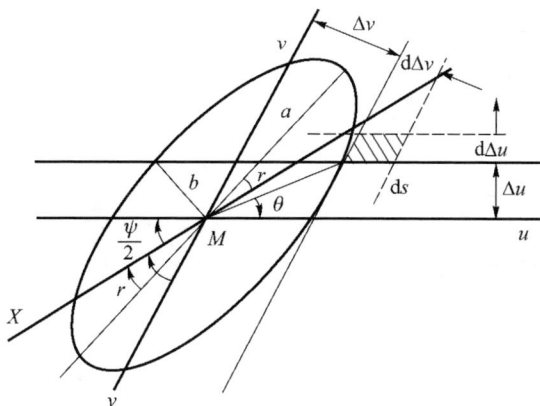

图 2.15 等概率密度曲线

这样,使式(2.64)和式(2.66)的右边相等,可得

$$d\Delta u d\Delta v = 2\pi\sigma_u\sigma_v 2\lambda d\lambda \tag{2.67}$$

将式(2.67)代入式(2.63),可得

$$P(\lambda) = \int_0^\lambda e^{-\lambda^2}2\lambda d\lambda = 1 - e^{-\lambda^2} \tag{2.68}$$

或

$$\lambda = \sqrt{-\ln(1-P(\lambda))} \tag{2.69}$$

表 2.2 列出了概率 P 与常数 λ 之间的某些对应值。

表 2.2 P 与 λ 之间的某些对应值关系

P	0.05	0.2	0.5	0.633	0.8	0.95	0.99	1
λ	0.227	0.472	0.832	1	1.268	1.73	2.147	∞

这样,当给定概率 P 时,利用式(2.69)可以求出常数 λ,然后根据测量点所在点位置线的夹角 ψ 和位置线误差的均方误差 σ_u 与 σ_v,代入式(2.56)~式(2.58),就可以计算出该定点处误差椭圆的长半轴、短半轴及取向角。如果两条位置线误差的相关系数不为零,则可用式(2.60)~式(2.62)进行计算。

当需要进行计算的定位点很多时,直接使用公式计算显得过于烦琐,此时也可以利用事先计算好的曲线进行查找,图 2.16 和图 2.17 给出了其中的一组曲线。图中参数 σ_u/σ_v 为 5、3、2、1.2。

$$Q_a = \frac{a}{\lambda\sqrt{2\sigma_u\sigma_v}}, \quad Q_b = \frac{b}{\lambda\sqrt{2\sigma_u\sigma_v}} \tag{2.70}$$

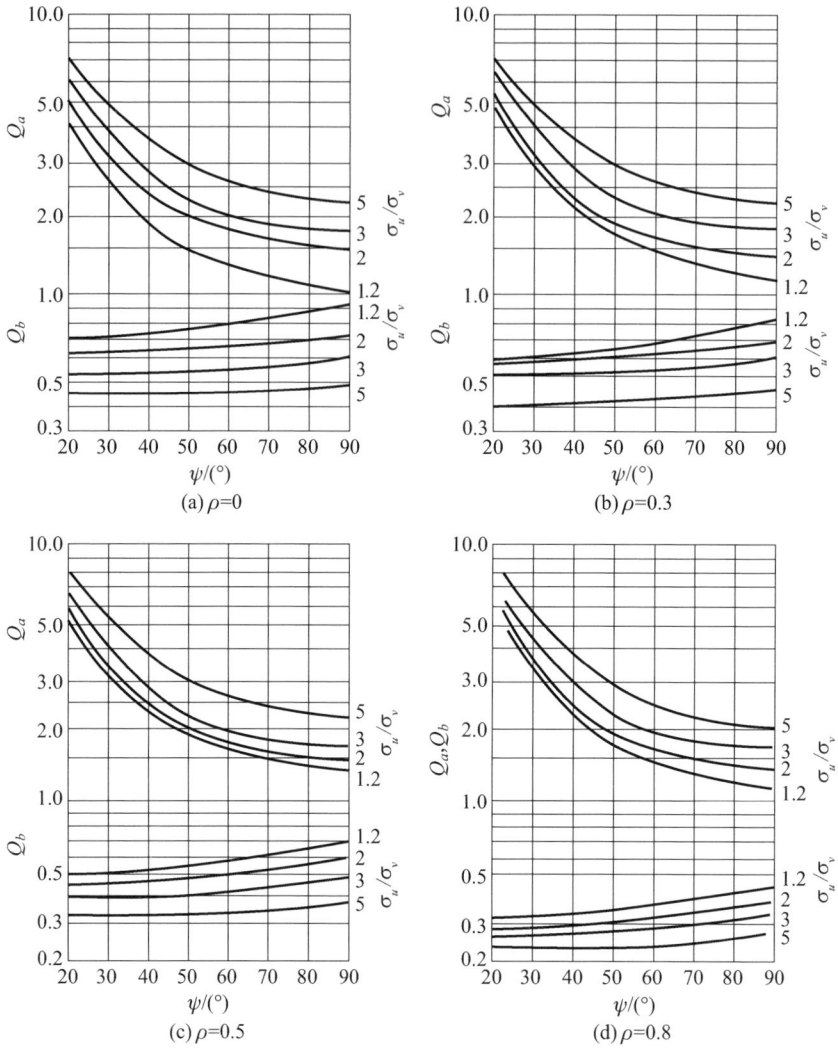

图 2.16 误差椭圆长半轴、短半轴函数曲线

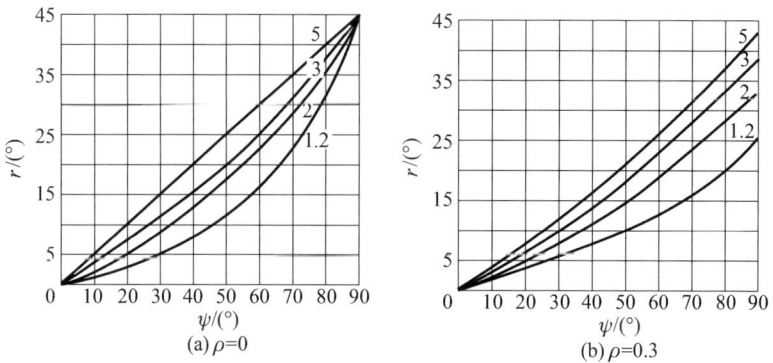

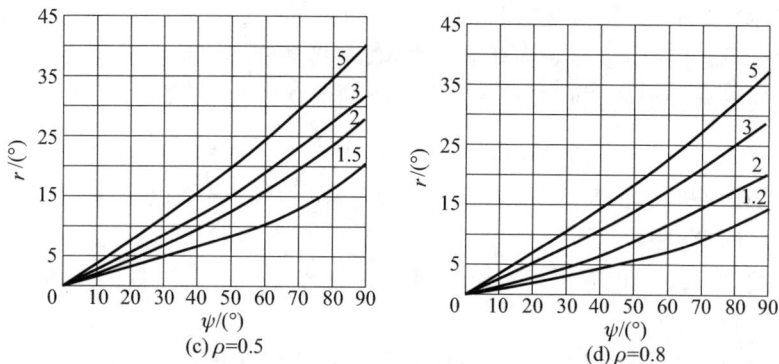

图 2.17　取向角与位置线相交锐角平分线的函数关系

2.4　卫星导航定位误差

2.4.1　测量误差

卫星导航系统采用的是测距定位原理[5]。根据测距定位的几何原理,通过测量接收机与多颗位置已知的卫星之间的距离,建立方程,从而解算出接收机的位置。根据信号从卫星发射到接收机天线接收所需要的传播时间,乘以卫星信号的传播速度(光速),得到卫星和接收机之间的距离。

如图 2.18 所示,假设接收机坐标为 (x_u, y_u, z_u),接收到卫星信号的时刻为 t_u。此时位于该接收机上空的一颗可见卫星 i 的坐标为 (x_i, y_i, z_i),该卫星信号的发射时刻为 t_i。在不考虑卫星和接收机钟差,以及各种环境引入的噪声误差的条件下,接收机与该颗卫星之间的距离为

$$r_i = c(t_u - t_i) = \sqrt{(x_i - x_u)^2 + (y_i - y_u)^2 + (z_i - z_u)^2} \qquad (2.71)$$

式中:c 为光速。

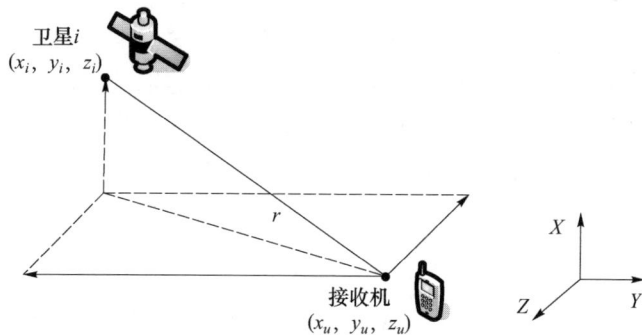

图 2.18　接收机与卫星之间的距离

在实际情况下,卫星与接收机的时钟不同步,即卫星时钟和接收机时钟存在误差;信号在传播过程中也会受到环境的影响,尤其是信号穿越大气层会受到电离层和对流层的影响。因此接收机与该颗卫星之间的伪距为

$$\rho_i = r_i + c(\delta t_u - \delta t_i) + cI_i + cT_i + \varepsilon_{\rho_i} \tag{2.72}$$

式中:δt_u 为接收机钟差;δt_i 为卫星钟差;I_i 为电离层延时误差;T_i 为对流层时延;ε_{ρ_i} 为其他地距离测量误差。

根据式(2.72)可以看出伪距测量值包含着各种误差。测量误差按照来源大致分为以下三种[6]:

(1)与卫星有关的误差:主要包括卫星时钟误差和卫星星历误差,它们是由于地面监控部分不能对卫星的运行轨道和卫星时钟的频漂做出绝对准确的测量、预测而引起的。

(2)与信号传播有关的误差:卫星信号从卫星端传播到接收机端需要穿过大气层,而大气层对信号传播的影响表现为大气时延。大气时延误差通常分成电离层时延和对流层时延两部分。

(3)与接收机有关的误差:接收机在不同的地点可能会受到不同程度的多径效应和电磁干扰,而这部分误差包括接收机自身的环路误差和软件计算误差等。

假如每个卫星测量值中从卫星到接收机的各部分误差相互独立,那么用户测距误差(URE)的方差 σ_{URE}^2 等于上述各部分测量误差方差的总和,即

$$\sigma_{URE}^2 = \sigma_{CS}^2 + \sigma_p^2 + \sigma_{RNM}^2 \tag{2.73}$$

式中:σ_{CS}^2 为与卫星有关误差的方差;σ_p^2 为信号在传播途径上的大气时延校正误差的方差;σ_{RNM}^2 为与接收机性能和多径效应有关的测量误差的方差。

由于测距系统的位置线误差等于测距误差,因此,对于卫星导航系统,其位置线误差等于上述测量误差方差。在实际中,接收机必须根据卫星信号的强弱、卫星仰角高低和接收机跟踪环路的运行状态等,对不同时刻、不同卫星测量值的 σ_{URE}^2 进行估算。

2.4.2 几何精度衰减因子

几何精度衰减因子(GDOP)是决定卫星导航系统定位精度的重要系数,反映了位置线间的相互位置关系,用于表示测量误差的放大倍数,简称几何精度因子。几何精度因子可以由卫星导航系统定位解算方程的线性化模型推导得到。如果考虑测量误差,那么定位解算的线性化方程可以写为

$$G \begin{bmatrix} \Delta x + \varepsilon_x \\ \Delta y + \varepsilon_y \\ \Delta z + \varepsilon_z \\ \Delta \delta t + \varepsilon_{\delta t_u} \end{bmatrix} = b + \varepsilon_\rho \tag{2.74}$$

式中：ε_x、ε_y、ε_z 和 $\varepsilon_{\delta t_u}$ 为由测量误差所引起的定位、定时误差；$\boldsymbol{b}$ 可以表示为

$$\boldsymbol{b} = \begin{bmatrix} r_1 - \rho_1 - \delta t_u \\ r_2 - \rho_2 - \delta t_u \\ \vdots \\ r_n - \rho_n - \delta t_u \end{bmatrix} \tag{2.75}$$

假设可见卫星有 n 颗，则 $\boldsymbol{G}$ 可以表示为 $n \times 4$ 的矩阵，即

$$\boldsymbol{G} = \begin{bmatrix} a_{x1} & a_{y1} & a_{z1} & 1 \\ a_{x2} & a_{y2} & a_{z2} & 1 \\ \vdots & \vdots & \vdots & \vdots \\ a_{xn} & a_{yn} & a_{zn} & 1 \end{bmatrix} \tag{2.76}$$

式中：(a_{xi}, a_{yi}, a_{zi}) 是从线性化点指向第 i 颗卫星位置的单位矢量。

$\boldsymbol{\varepsilon}_\rho$ 为测量误差矢量，可表示为

$$\boldsymbol{\varepsilon}_\rho = \begin{bmatrix} -\varepsilon_\rho^{(1)} & -\varepsilon_\rho^{(2)} & \cdots & -\varepsilon_\rho^{(n)} \end{bmatrix} \tag{2.77}$$

式（2.74）的最小二乘解为

$$\begin{bmatrix} \Delta x + \varepsilon_x \\ \Delta y + \varepsilon_y \\ \Delta z + \varepsilon_z \\ \Delta \delta t + \varepsilon_{\delta t_u} \end{bmatrix} = (\boldsymbol{G}^\mathrm{T} \boldsymbol{G})^{-1} \boldsymbol{G}^\mathrm{T} \boldsymbol{b} + (\boldsymbol{G}^\mathrm{T} \boldsymbol{G})^{-1} \boldsymbol{G}^\mathrm{T} \boldsymbol{\varepsilon}_\rho \tag{2.78}$$

根据式（2.78），可得

$$\begin{bmatrix} \varepsilon_x \\ \varepsilon_y \\ \varepsilon_z \\ \varepsilon_{\delta t_u} \end{bmatrix} = (\boldsymbol{G}^\mathrm{T} \boldsymbol{G})^{-1} \boldsymbol{G}^\mathrm{T} \boldsymbol{\varepsilon}_\rho \tag{2.79}$$

式（2.79）表明了测量误差与定位误差之间的关系。为了简化定位误差的理论分析，对测量误差的模型做两点假设。

（1）各个卫星的测量误差 $\varepsilon_\rho^{(i)}$ 均呈相同的正态分布，其均值为 0，方差为 σ_{URE}^2，即

$$E(\varepsilon_\rho^{(i)}) = 0 \tag{2.80}$$

$$V(\varepsilon_\rho^{(i)}) = \sigma_{\mathrm{URE}}^2 \tag{2.81}$$

式中：$i = 1, 2, \cdots, n$。

这样测量误差矢量 $\boldsymbol{\varepsilon}_\rho$ 的均值为

$$E(\boldsymbol{\varepsilon}_\rho) = \begin{bmatrix} 0 & 0 & \cdots & 0 \end{bmatrix}^\mathrm{T} = \mathbf{0} \tag{2.82}$$

（2）不同卫星间的测量误差互不相关。这样，测量误差矢量 $\boldsymbol{\varepsilon}_\rho$ 的协方差矩阵 $\boldsymbol{K}_{\varepsilon_\rho}$ 为对角阵，即

$$
\begin{aligned}
\boldsymbol{K}_{\varepsilon_\rho} &= E((\boldsymbol{\varepsilon}_\rho - E(\boldsymbol{\varepsilon}_\rho))(\boldsymbol{\varepsilon}_\rho - E(\boldsymbol{\varepsilon}_\rho))^\mathrm{T}) = \\
&\quad E(\boldsymbol{\varepsilon}_\rho \boldsymbol{\varepsilon}_\rho^\mathrm{T}) = \\
&\begin{bmatrix}
\sigma_{\mathrm{URE}}^2 & 0 & \cdots & 0 \\
0 & \sigma_{\mathrm{URE}}^2 & \cdots & 0 \\
\vdots & \vdots & & \vdots \\
0 & 0 & \cdots & \sigma_{\mathrm{URE}}^2
\end{bmatrix} = \sigma_{\mathrm{URE}}^2 \boldsymbol{I}
\end{aligned}
\tag{2.83}
$$

式中：$\boldsymbol{I}$ 为 $n \times n$ 的单位矩阵。

尽管上述假设在现实中并不总是一定成立，如在某些时刻，根据电离层延时模型校正后的电离层时延误差会主导接收机对各颗卫星的测量误差，而不同卫星之间的电离层模型校正误差却存在很高的相关性，于是不同卫星间的测量误差会彼此相关。

以上两个假设可以极大地简化对定位误差协方差矩阵的推导，由式（2.79）、式（2.80）和式（2.83）可得

$$
\begin{aligned}
\mathrm{cov}\left(\begin{bmatrix} \varepsilon_x \\ \varepsilon_y \\ \varepsilon_z \\ \varepsilon_{\delta t_u} \end{bmatrix}\right) &= E(((\boldsymbol{G}^\mathrm{T}\boldsymbol{G})^{-1}\boldsymbol{G}^\mathrm{T}\boldsymbol{\varepsilon}_\rho((\boldsymbol{G}^\mathrm{T}\boldsymbol{G})^{-1}\boldsymbol{G}^\mathrm{T}\boldsymbol{\varepsilon}_\rho)^\mathrm{T}) = \\
&\quad (\boldsymbol{G}^\mathrm{T}\boldsymbol{G})^{-1}\boldsymbol{G}^\mathrm{T}E(\boldsymbol{\varepsilon}_\rho\boldsymbol{\varepsilon}_\rho^\mathrm{T})\boldsymbol{G}(\boldsymbol{G}^\mathrm{T}\boldsymbol{G})^{-1} = \\
&\quad (\boldsymbol{G}^\mathrm{T}\boldsymbol{G})^{-1}\sigma_{\mathrm{URE}}^2 = \\
&\quad \boldsymbol{H}\sigma_{\mathrm{URE}}^2
\end{aligned}
\tag{2.84}
$$

式中：$\boldsymbol{H}$ 为权系数阵，是一个 4×4 的对称矩阵，定义为

$$\boldsymbol{H} = (\boldsymbol{G}^\mathrm{T}\boldsymbol{G})^{-1} \tag{2.85}$$

从式（2.84）可以看出，测量误差的方差 σ_{URE}^2 被权系数阵 $\boldsymbol{H}$ 放大后转变成定位误差的方差。因此，几何精度因子可从权系数阵 $\boldsymbol{H}$ 中得到，式（2.84）的左边是定位误差协方差矩阵，其对角线上的元素分别是相应各个定位误差分量的方差，即 σ_x^2、σ_y^2、σ_z^2 和 $\sigma_{\delta t_u}^2$。如果 D_{ii} 代表权系数阵 $\boldsymbol{H}$ 的对角元素，其中 $i = 1,2,3,4$，那么式（2.84）中等号左右两边的对角元素存在如下关系：

$$\begin{bmatrix} \sigma_x^2 & & & \\ & \sigma_y^2 & & \\ & & \sigma_z^2 & \\ & & & \sigma_{\delta t_u}^2 \end{bmatrix} = \begin{bmatrix} D_{11} & & & \\ & D_{22} & & \\ & & D_{33} & \\ & & & D_{44} \end{bmatrix} \sigma_{\mathrm{URE}}^2 \qquad (2.86)$$

从式(2.86)可以看出,定位误差各个分量的方差被 $\boldsymbol{H}$ 中相应的对角元素放大。例如,三维空间定位误差的标准差为

$$\sigma_P = \sqrt{\sigma_x^2 + \sigma_y^2 + \sigma_z^2} = \mathrm{PDOP} \cdot \sigma_{\mathrm{URE}} \qquad (2.87)$$

式中:PDOP 为位置精度衰减因子,且有

$$\mathrm{PDOP} = \sqrt{D_{11} + D_{22} + D_{33}} \qquad (2.88)$$

即定位误差 σ_P 是测量误差 σ_{URE} 放大 PDOP 倍后的值。

同理,可得到水平精度衰减因子(HDOP)、垂直精度衰减因子(VDOP)、钟差精度衰减因子(TDOP)、GDOP 分别定义如下:

$$\mathrm{HDOP} = \sqrt{D_{11} + D_{22}} \qquad (2.89)$$

$$\mathrm{VDOP} = \sqrt{D_{33}} \qquad (2.90)$$

$$\mathrm{TDOP} = \sqrt{D_{44}} \qquad (2.91)$$

$$\mathrm{GDOP} = \sqrt{D_{11} + D_{22} + D_{33} + D_{44}} \qquad (2.92)$$

在海事导航领域,通常更关注 HDOP。

在卫星导航定位中,卫星的几何分布情况与前面描述的测距定位遵循类似的规律,仅是由二维平面扩展至三维空间。因此,当卫星分布在用户接收机的四周时,卫星的几何分布情况良好,相应的 GDOP 值较小;否则,当卫星集中在一处或者在一条直线上时,卫星的几何分布较差,相应的 GDOP 值较大[5]。

2.4.3　定位误差

接收机的定位误差同时依赖于测量误差和卫星的几何分布情况,在现实中由于测量误差不可避免,需要同时考虑测量误差和卫星几何分布对卫星定位误差的影响。

根据式(2.86)和式(2.88)~式(2.92)。定位误差各分量的标准差可以表示为

$$\sigma_P = \sqrt{D_{11} + D_{22} + D_{33}}\, \sigma_{\mathrm{URE}} = \mathrm{PDOP} \cdot \sigma_{\mathrm{URE}} \qquad (2.93)$$

$$\sigma_H = \sqrt{D_{11} + D_{22}}\, \sigma_{\mathrm{URE}} = \mathrm{HDOP} \cdot \sigma_{\mathrm{URE}} \qquad (2.94)$$

$$\sigma_V = \sqrt{D_{33}}\, \sigma_{\mathrm{URE}} = \mathrm{VDOP} \cdot \sigma_{\mathrm{URE}} \qquad (2.95)$$

$$\sigma_{\delta t_u} = \sqrt{D_{44}}\, \sigma_{\mathrm{URE}} = \mathrm{TDOP} \cdot \sigma_{\mathrm{URE}} \qquad (2.96)$$

$$\sigma_G = \sqrt{D_{11} + D_{22} + D_{33} + D_{44}}\,\sigma_{URE} = GDOP \cdot \sigma_{URE} \tag{2.97}$$

由式(2.93)~式(2.97)可以看出,定位误差受以下两方面因素影响。

(1)测量误差:测量误差的方差σ_{URE}^2越大,定位误差的方差也越大。

(2)卫星的几何分布:矩阵$\boldsymbol{G}$和$\boldsymbol{H}$完全取决于可见卫星的数量及其相对于用户的几何分布情况,而与信号的强弱或接收机的好坏无关。由矩阵$\boldsymbol{H}$计算得到的DOP值越小,测量误差被放大成定位误差的程度越低。

因此,为了提高卫星导航系统的定位精度,需要从减小测量误差和改善卫星的几何分布两个方面入手。

参考文献

[1] 杨元喜. 卫星导航的不确定性、不确定度与精度若干注记[J]. 测绘学报,2012(5):646-650.

[2] 吴苗,朱银兵,李方能,等. 无线电导航原理与信号接收技术[M]. 北京:国防工业出版社,2015.

[3] JIANG Y, HU Q. Analysis of positioning error for two-dimensional location system[J]. Mathematical Problems in Engineering, 2013(4):1-8.

[4] 黄智刚. 无线电导航原理与系统[M]. 北京:北京航空航天大学出版社,2007.

[5] 谢钢. GPS原理与接收机设计[M].北京:电子工业出版社,2014.

[6] 寇艳红. GPS原理与应用[M].北京:电子工业出版社,2007.

第 3 章　卫星导航海事标准

随着全球卫星导航系统的发展,卫星导航产业已逐步演变为一种世界性的高新技术产业,不仅使航海、测绘等传统产业的工作方式发生了根本性的转变,而且开拓了移动位置服务等全新的信息服务领域。目前,全球卫星导航系统已经深入世界各国经济、安全等领域,成为现代高新技术民用应用的成功典范。为了更好地规范卫星导航产业的发展,相关国家和组织制定并发布了大量关于卫星导航的应用标准,本章主要对现有的卫星导航系统在国际和国内海事领域的应用标准进行了分析。目前得到 IMO 认可的全球卫星导航系统包括 GPS、GLONASS、北斗系统和 Galileo 系统。e - 航海系统的基石是 PNT,而 GNSS 作为 PNT 信息的主要提供手段,在通常情况下其提供的民用定位精度基本可以满足船舶在大洋、沿海和港口入口海域的一般导航需求[1]。

3.1　国际海事组织标准

与卫星导航系统标准化相关的国际组织主要有国际标准化组织(ISO)、国际电工委员会(IEC)、国际电信联盟(ITU)等。此外,在国际海事领域,IMO、国际航标协会(IALA)、国际海事无线电技术委员会(RTCM)和国际卫星搜救(COSPAS - SAR-SAT)组织作为该领域的重要国际组织也参与制定和发布了卫星导航技术海事应用相关标准。其中:IMO 主要负责规则、政策、法律等方面问题,起总体指导作用;ITU和 IEC 主要负责具体技术标准的制订。IALA 为 IMO、ITU 和 IEC 提供具体技术支持,完成其议题具体技术细节的研究。

3.1.1　相关国际组织简介

1) ISO

ISO 成立于 1947 年,是世界上最大的非政府性标准化专门机构,是国际标准化领域中非常重要的组织,负责目前信息技术、交通运输等众多领域的标准化活动。其主要任务是:制定、发布和推广国际标准;协调世界范围内的标准化工作;组织各成员国和技术委员会进行信息交流;与其他国际组织共同研究有关标准化问题等。ISO的宗旨是在全世界促进标准化及有关活动的发展,以便于国际物资交流和服务,并扩大知识、科学技术和经济领域中的合作。中国是 ISO 的常任理事国,代表中国参加

ISO 的国家机构是国家标准化管理委员会。2018 年 3 月,国家标准化管理委员会被划入国家市场监督管理总局,但对外机构名称保留。

2) IEC

IEC 成立于 1906 年,是世界上最早成立的国际性电工标准化机构,总部设在瑞士日内瓦,负责有关电气工程和电子工程领域的国际标准化工作。目前,IEC 的工作领域已由最初的单纯研究电气设备、电机的名词术语和功率等问题,扩展到了电子、电力、通信、视听、机器人、信息技术等电工电子技术的各个方面,其标准涉及世界市场中 50% 以上的产品。IEC 的宗旨是促进电工、电子工程领域中的标准化及有关如认证等事项方面的国际合作,以增进国家间的相互了解。IEC 标准的制定与修订工作,均由其下设的各技术委员会(TC)和分技术委员会(SC)负责进行。到目前为止,IEC 共有 100 个 TC 和 77 个 SC。其中,TC 80 即第 80 技术委员会,称为海上导航与无线电通信设备及系统技术委员会,其工作范围是为利用电工、电子、电声、光电及数据处理技术的海上导航与无线电通信设备及系统制定标准。中国也是 IEC 的常任理事国,代表中国参加 IEC 的国家机构也是国家标准化管理委员会。

此外,在信息技术方面,ISO 与 IEC 成立了第一联合技术委员会(JTC)专门负责制定信息技术领域中的国际标准,秘书处由美国标准学会(ANSI)担任,它是 ISO 和 IEC 中最大的技术委员会。然而,由 ISO 和 IEC 制定的标准都是推荐性的而非强制的。这意味着,这些标准必须能给工业和服务业带来收益,必须足够先进,各个领域才会自觉使用这些标准。

3) ITU

ITU 成立于 1865 年,是主管信息通信技术事务的联合国机构,负责分配和管理全球无线电频谱与卫星轨道资源,制定技术标准以确保网络和技术的无缝互联,为发展中国家提供电信援助,促进全球电信发展。ITU 的宗旨是:维持和扩大国际合作,以改进和合理地使用电信资源;促进技术设施的发展及其有效地运用,以提高电信业务的效率,扩大技术设施的用途,并尽量使公众普遍利用;协调各国行动,以达到上述目的等。ITU 的实质性工作由国际电联无线电通信部门(ITU-R)、国际电联电信标准化部门(ITU-T)和国际电联电信发展部门(ITU-D)三大部门承担。ITU-R 负责确保所有无线电通信业务,包括利用卫星轨道的无线电通信业务,合理、平等、有效和经济地利用无线电频谱,并就无线电通信事宜开展研究和批准建议书。ITU-T 负责制定 ITU-T 建议书的国际标准,这些国际标准是全球信息通信技术基础设施的定义要素。ITU-D 通过提供技术援助以及在发展中国家建设、发展和完善电信和信息通信技术(ICT)设备和网络,促进国际合作、加强团结。

ITU-R 第 5B 工作组(WP5B)专门负责与水上移动业务有关的研究,包括全球海上遇险与安全系统(GMDSS),航空移动业务和无线电测定业务(如无线电定位和无线电导航业务)。它研究水上移动和航空移动业务的通信系统,以及用于无线电测定业务的雷达和无线电定位系统。

4）IMO

IMO 作为联合国的下属机构,总部设在英国伦敦,专门负责海上航行安全和防止船舶造成海洋污染。该组织最早成立于 1959 年 1 月 6 日,原名为"政府间海事协商组织",1982 年 5 月更名为"国际海事组织"。IMO 的宗旨是促进各国间的航运技术合作,鼓励各国在促进海上安全,提高船舶航行效率,防止和控制船舶对海洋污染方面采取统一的标准,处理有关的法律问题,以合作推进安全、安保、环境友好、高效可持续的航运。IMO 由大会、理事会、委员会、分委员会和秘书处等机构组成。

（1）大会是 IMO 的最高权力机构,它由全体会员国的代表组成,通常每两年召开一次例会,如有必要,可以召开特别大会。其主要职责是选举理事国组成理事会,审议批准工作计划、财务预算和财政安排,审议通过公约、技术性决议和其下属机构提交的其他决议等。IMO 公约一般为原则性规定,具有法律效力,各缔约国政府必须采取公约所规定的措施,以承担其履约义务,如国际海上人命安全公约（SOLAS 公约）、国际海上避碰规则公约等。IMO 大会决议编码一般表示为 A.＊＊＊（＊）,其中,A 表示 IMO 大会,"."后的阿拉伯数字表示决议编号,括号内则表示 IMO 大会届数,早期的大会届数以罗马字表示,从第 13 届开始,大会届数以阿拉伯数字表示。例如:A. 512（XII）表示第 12 届 IMO 大会通过的 512 号决议;A. 819（19）表示第 19 届 IMO 大会通过的 819 号大会决议。此外,在大会决议编码中,用 ES 表示特别举行的大会。例如,A. 317（ES. V）表示第 5 届 IMO 特别大会通过的 317 号决议。

（2）理事会是 IMO 的执行机构,在大会的领导下负责管理该组织的工作,在大会休会期间作为权力机构行使 IMO 的所有职能。理事会由 40 个理事国组成,它是 IMO 内唯一通过选举产生的机构,任期为两年。理事会成员分为 A、B、C 三类。其中:A 类理事是指在提供国际航运服务方面具有最大利益关系的航运大国,共 10 个;B 类理事是指在国际海上贸易方面具有最大利益关系的海上贸易大国,共 10 个国家;C 类理事是指代表世界主要地理区域的,在国际航运方面具有特别利益关系的重要海运国家,共 20 个国家。2017 年 12 月 IMO 理事会第 119 次会议上,中国交通运输部国际合作司张晓杰副司长当选为理事会主席。2019 年 11 月,在 IMO 第 31 届大会上,中国以最高票当选该组织 A 类理事国,这是中国第 16 次连任 A 类理事国。中国是航运大国,各类运输船舶及渔船众多,作为 IMO 大家庭的一员,中国一直认真履行保障海上航行安全、保护海洋环境等方面的国际责任。

（3）IMO 的全部技术工作由其下属的五个委员会进行,分别为:海上安全委员会（MSC）,简称海安会;海上环境保护委员会（MEPC）,简称环保会;法律委员会（LEC）,简称法委会;技术合作（TC）委员会,简称技合会;便利运输委员会（FAL）,简称便运会。这些委员会都由会员国的代表组成。

MSC 和 MEPC 都包括 IMO 的所有会员国。MSC 是 IMO 的最高技术机构,其主要职责是研究 IMO 范围内有关助航设备、船舶建造和装备、船员配备、避碰规则、危险货物装卸、海上安全、航道信息、航海日志、航行记录、救助救生、海上事故调查以及直接影响海上安全的任何其他事宜。MSC 还负责审议与海上安全有关的海安会决议、海安会通函等。海安会决议编码一般表示为 MSC.＊＊＊(＊)，其中，MSC 表示 IMO 海安会，"．"后的阿拉伯数字表示决议编号，括号内阿拉伯数字表示海安会届数。例如，2016 年第 97 届海安会决议的编码为 MSC.409(97)至 MSC.420(97)。海安会通函一般表示为 MSC/Circ.＊＊＊，其中，MSC/Circ. 表示 IMO 海安会通函，阿拉伯数字表示通函编号。例如，MSC/Circ.982 表示 MSC 第 982 号通函。而 MEPC 负责审议 IMO 范围内有关预防和控制船舶污染的相关事项，负责批准和修订公约，并通过其他条例和措施以确保公约的执行。环保会的决议、通函编码可参照海安会。

(4) 2013 年 12 月 31 日之前，IMO 设有 9 个分委员会，即培训值班标准(STW)分委员会，船旗国履约(FSI)分委员会，船舶设计与设备(DE)分委员会，消防(FP)分委员会，稳性、载重线和渔船安全(SLF)分委员会，无线电通信与搜救(COMSAR)分委员会，航行安全(NAV)分委员会，散装、液体和气体(BLG)分委员会，危险品、固体货物和集装箱(DSC)分委员会。2013 年 12 月第 28 届 IMO 大会通过了分委员会改革方案，对原有的 9 个分委员会的职责进行了合并重组[2]，具体包括：将原有的 STW 分委员会更名为人为因素、培训和值班(HTW)分委员会；原有的 FSI 分委员会更名为国际海事组织公约实施(III)分委员会；原有的 DE 分委员会、FP 分委员会和 SLF 分委员会进行重组，形成两个新的分委员会，即船舶系统与设备(SSE)分委员会和船舶设计与建造(SDC)分委员会；原有的 COMSAR 分委员会和 NAV 分委员会重新组合为航行、通信与搜救(NCSR)分委员会；原有的 BLG 分委员会和 DSC 分委员会重新组合为污染防治和响应(PPR)分委员会和集装箱及货物运输(CCC)分委员会。从 2014 年 1 月 1 日起，MSC 和 MEPC 下设 7 个分委员会协助其工作，分别为 HTW 分委员会、III 分委员会、SSE 分委员会、SDC 分委员会、NCSR 分委员会、PPR 分委员会、CCC 分委员会。

(5) IMO 秘书处由秘书长和大约 300 名国际工作人员组成，总部设在伦敦，主管国际海事组织行政事务。

5) IALA

IALA 是一个民间、非营利的国际组织，成立于 1957 年。它为来自世界各地区的航标管理当局、生产厂商和咨询机构提供一个平台，其主要目标是通过相应的技术措施，促进助航设备的不断改进，保证船舶安全航行，减少运营成本，保护海洋环境[1]。IALA 把世界上与航标或其他助航设备相关的单位组织起来，鼓励各单位，包括国家航标部门、港口当局、助航设备制造商、咨询单位、科学和培训机构等共同努力，并为其提供交流经验和成果的机会。此外，IALA 还与 IMO、ITU、IEC 等其他国际组织保持着密切的联系，特别是为 IMO 提供咨询服务，在导航设备方面向其提供建议，并且以组织研讨会、专题研讨会等方式向发展中国家提供援助和建议。IALA 下设 4 个技术委员，包括航标需求与管理(ARM)委员会、e-航海委员会、助航工程与可持续发展（ENG）委员会和船舶交通服务（VTS）委员会。

6）COSPAS-SARSAT 组织

COSPAS-SARSAT 组织是一个以 COSPAS-SARSAT 系统计划协定为基础的非营利性政府间人道主义合作组织,由 43 个国家和 2 个机构共同组成,总部位于加拿大魁北克蒙特利尔。COSPAS-SARSAT 的宗旨是提供准确、及时和可靠的遇险警报和位置数据,以帮助有关部门向遇险人员提供搜救服务。COSPAS-SARSAT 系统计划协定最早由加拿大、法国、美国和苏联于 1979 年联合提出;1988 年 7 月,上述四国作为缔约方正式签署了国际 COSPA-SARSAT 系统计划协定,正式组建成政府间组织;俄罗斯于 1992 年 1 月代替苏联成为四个缔约方之一。我国于 1985 年以用户的身份加入 COSPAS-SARSAT 组织,1998 年成为“地面设备提供国”,交通运输部海事局是对口联系单位,中国交通通信信息中心负责地面设备的运维管理。

COSPA-SARSAT 组织的主要职能部门包括理事会和秘书处。理事会由各缔约方派 1 名代表组成,以执行有关政策,协调各方活动,履行职能,每年至少举行 1 次公开会议,理事会的决定必须由缔约方代表一致同意。秘书处作为行政机构,主要任务是协助理事会执行其所有职能,以支持计划协定的运行管理。秘书处工作人员向参与国、参与组织以及用户提供技术和业务支持,包括系统状态、系统规格和性能要求,遇险信标类型批准和信标注册,空间和地面部分的运行以及警报数据分发等。此外,COSPA-SARSAT 组织还通过联合委员会、专家工作组、任务工作组等架构开展工作。其中,联合委员会会议是国际搜救卫星组织参加代表最多、会期最长、讨论议题最广泛、最深入的年度例行会议,会议一般采取全体大会、运行工作组会议、技术工作组会议和分组会议 4 种方式进行,会议讨论结论将提交理事会审议后正式发布。

COSPAS-SARSAT 组织致力于检测和定位遇险人员、飞机或船只激活的无线电信标,并将此警报信息转发给可以采取行动的救援当局。但是 COSPAS-SARSAT 组织既不会制造或销售信标,也不会承担搜救行动。具体的搜救行动由世界不同地理区域负责搜救责任的国家管理机构承担,COSPAS-SARSAT 组织只是向这些管理机构提供警报数据。此外,COSPAS-SARSAT 组织还与 IMO、ITU 等其他国际组织合作,以确保 COSPAS-SARSAT 组织提供的遇险警报服务,与国际社会需求、国际标准和适用建议的兼容性。

3.1.2　卫星导航系统国际海事标准

卫星导航系统应用范围非常广,国内外涉及卫星导航系统的标准也非常多,大致可归纳为卫星导航系统标准、卫星导航应用基础标准、电子地图标准、接收设备数据格式标准、差分技术标准、接收设备性能要求与检测方法标准六类[3]。

1）卫星导航系统标准

卫星导航系统标准主要包括系统接口标准和系统性能标准,一般是指各卫星导航系统研制国公布的官方接口控制文件和系统技术性能指标,例如 GPS、GLONASS、

Galileo 系统、北斗系统发布了相应的公开服务信号接口控制文件（ICD）。根据北斗系统的建设和应用进展，北斗自 2011 年起逐步对外发布了空间信号 B1I、B1C、B2a、B3I、B1I 和 B2b 的 ICD，这是北斗提供公开服务的具体表现。

2）卫星导航应用基础标准

卫星导航应用基础标准主要包括术语标准、时空系统标准等方面的内容，为卫星导航系统的应用提供依托作用。例如：ISO 19018 规定了船舶和海上技术中的导航术语、缩写、图形符号和概念等相关的要求；IEC 61162 规定了海上导航及无线电通信设备和系统系列标准。

3）电子地图标准

作为卫星导航系统应用的重要外围配合技术，电子地图无疑是导航和位置服务类产品的核心，国际上的相关组织以及各国从事电子地图研制的主流企业都积极参与了相关标准的制定。电子地图在海事领域的具体体现为电子海图，因此，这里的电子地图标准主要是指电子海图相关标准。例如：IEC 61174 规定了电子海图显示和信息系统（ECDIS）的操作和性能要求、测试方法和要求的结果；IEC 62376 规定了电子海图系统（ECS）的操作和性能要求、测试方法和要求的结果；海事无线电技术委员会（RTCM）制定了专门的电子海图系统 RTCM 10900 系列标准。

4）接收设备数据格式标准

接收设备数据格式标准是卫星导航系统应用的基础。由于早期 GPS 应用最为广泛，卫星导航接收设备多为 GPS 接收机。但随着 GLONASS、北斗系统等其他卫星导航系统的应用推广，GPS 的垄断地位逐渐被打破。特别是自 GNSS 的概念提出以来，卫星导航接收设备的数据格式标准逐渐从仅适应于 GPS 数据格式向兼容各卫星导航系统的 GNSS 数据格式发展。

接收设备的数据格式一般是由各应用协会自行制定，目前海事领域广泛应用的数据格式标准是由美国国家海洋电子协会（NMEA）发布的海洋电子设备接口标准 NMEA-0183。它起初是作为一种船用电子设备之间的数据传输标准，后来逐步扩展至陆地应用，目前已在全世界 GNSS 接收机产品市场中得到了广泛应用。NMEA-0183 规定了海用和陆用接收设备输出的位置数据、速度信息、时间、卫星状态、接收机状态等信息。NMEA-0183 随着技术的发展也在不断地发展变化，先后经历了 2.00、2.10、2.30、2.40、3.00、3.01、4.00 等多个版本的演进，还发布了针对 38.4kbit/s 的 High Speed 版本，目前最新的为 NMEA-0183 4.10 版本和 NMEA-0183 High Speed 1.01 版本。NMEA-0183 数据标准解决了不同品牌、不同型号的 GNSS 接收机之间任意连接的接口问题。

5）差分技术标准

差分技术是提高导航系统定位精度的常用手段，其标准主要是针对增强导航精度所采用的差分技术和格式的标准。有关海事领域差分技术相关标准的详细说明参见 3.2 节。

6）接收设备性能要求与检测方法标准

该类标准主要是针对各类接收机制定的相关标准。船载无线电导航接收机设备性能标准是由 IMO 负责修订并不断完善。单模卫星导航系统船载无线电导航接收机性能标准包括船载 GPS 接收机设备的性能标准 IMO MSC. 112（73）决议"Revised performance standards for shipborne global positioning system（GPS）receiver equipment"、船载 GLONASS 接收机设备的性能标准 IMO MSC. 113（73）决议"Performance standards for shipborne GLONASS receiver equipment"、船载 Galileo 接收机的性能标准 MSC. 233（82）决议"Performance standards for shipborne Galileo receiver equipment"、船载北斗接收机设备性能标准 MSC. 379（93）决议"Performance standards for shipborne BeiDou Navigation Satellite System（BDS）receiver equipment"。多模卫星导航系统船载无线电导航接收机性能标准 IMO MSC. 401（95）决议"Performance standards for multi-system shipborne radio navigation receivers"。有关导航接收设备性能要求的详细说明参见 3. 3 节。

有关导航接收设备检测方法，在海事领域采用的主要标准是 IEC TC 80 制定的 IEC 61108 "Maritime navigation and radiocommunication equipment and systems—Global navigation satellite systems（GNSS）"，即海上导航和无线电通信设备与系统——全球卫星导航系统。该标准共分为五部分：第一部分"Global positioning system—Receiver equipment—Performance standards, methods of testing and required test results"，规定了 GPS 接收设备的性能要求、测试方法和要求的测试结果；第二部分"Global navigation satellite system—Receiver equipment—Performance standards, methods of testing and required test results"，规定了 GLONASS 接收设备的性能要求、测试方法和要求的测试结果；第三部分"Galileo Receiver equipment—Performance standards, methods of testing and required test results"，规定了 Galileo 接收设备的性能要求、测试方法和要求的测试结果，目前仍在制定完善过程中；第四部分"Shipborne DGPS and DGLONASS maritime radio beacon receiver equipment—Performance requirements, methods of testing and required test results"，规定了船载差分 GPS 和差分 GLONASS 无线电指向标接收设备的性能要求、测试方法和要求的测试结果；第五部分"BeiDou navigation satellite system（BDS）—Receiver equipment – Performance requirements, methods of testing and required test results"，规定了北斗接收设备的性能要求、测试方法和要求的测试结果。可见，IEC 61108 分别对船用 GPS 接收设备、船用 GLONASS 接收设备、船用 Galileo 接收设备、船载差分 GPS 和差分 GLONASS 接收机设备、船用北斗接收设备的最低性能标准、试验方法和要求的试验结果进行了规定。上述标准已分别于 2000 年、2006 年和 2014 年由 IMO MSC 委员会决议通过，分别与 IMO MSC. 112（73）决议、IMO MSC. 113（73）决议、IMO MSC. 114（73）决议、MSC. 233（82）决议和 MSC. 379（93）决议相对应。

在国际海事领域,IMO GNSS 相关标准见表3.1。

表 3.1　IMO GNSS 相关标准

标准编号	标准名称	发布日期	备注
Resolution A. 819(19)	船载全球定位系统(GPS)接收机设备的性能标准 (Performance standards for shipborne global positioning system (GPS) receiver equipment)	1995-11-23	已由 MSC.112(73)修订,但 2003 年 7 月 1 日前的设备需满足该标准
Resolution MSC 53(66)	船载 GLONASS 接收机设备的性能标准 (Performance standards for shipborne GLONASS receiver equipment)	1996-05-30	已由 MSC.113(73)修订,但 2003 年 7 月 1 日前的设备需满足该标准
SN/Circ. 182	承认 GPS-SPS(标准定位服务)为世界无线电导航系统之一 (Recognition of GPS-SPS as a component of the world-wide radio navigation system)	1996-06-05	—
Resolution MSC. 64(67) (ANNEX 2)	用于船载 DGPS 和 DGLONASS 海事无线电指向标接收机设备的建议 (Recommendation on performance standards for shipborne DGPS and DGLONASS maritime radio beacon receiver equipment)	1996-12-04	由 MSC.114(73)、MSC.192(79)修订
SN/Circ. 187	承认 GLONASS 为世界无线电导航系统之一 (Recognition of GLONASS as a component of the world-wide radio navigation system)	1996-12-04	—
Resolution MSC. 74(69) (Annex 1)	船载组合的 GPS/GLONASS 接收机的设备性能标准建议 (Recommendation on performance standards for shipborne combined GPS/GLONASS receiver equipment)	1998-05-12	—
Resolution MSC. 112(73)	修订版船载 GPS 接收机设备的性能标准 (Adoption of the revised performance standards for shipborne global positioning system (GPS) receiver equipment)	2000-12-01	修订 A. 819(19)
Resolution MSC. 113(73)	修订版船载 GLONASS 接收机设备的性能标准 (Adoption of the revised performance standards for shipborne GLONASS receiver equipment)	2000-12-01	修订 MSC 53(66)
Resolution MSC. 114(73)	修订版船载 DGPS 和 DGLONASS 海事无线电指向标接收机设备的性能标准 (Adoption of the revised performance standards for shipborne DGPS and DGLONASS maritime radio beacon receiver equipment)	2000-12-01	修订 MSC. 64(67)

（续）

标准编号	标准名称	发布日期	备注
Resolution MSC. 115(73)	修订版船载组合的 GPS/GLONASS 接收机的设备性能标准（Adoption of the revised performance standards for shipborne combined GPS/GLONASS receiver equipment）	2000 - 12 - 01	修 订 RESOLUTION MSC. 74(69)
Resolution A. 915(22)	修订版全球卫星导航系统（GNSS）的海事政策和需求（Revised maritime policy and requirements for a future global navigation satellite system（GNSS））	2002 - 01 - 22	替 代 A. 860（20），A. 880(21)
Resolution MSC. 192(79)	修订版无线电设备性能标准（Adoption of the revised performance standards for radio equipment	2004 - 12 - 06	修 订 A. 477（XII），A. 820 （19），MSC. 64（67）
Resolution MSC. 233(82)	船载 Galileo 接收机设备的性能标准（Performance standards for shipborne Galileo receiver equipment）	2006 - 12 - 05	—
Resolution A. 1046(27)	世界无线电导航系统（Worldwide radio navigation system）	2011 - 12 - 20	替代 A. 953(23)
Resolution MSC. 379(93)	船载北斗导航接收机设备的最小性能标准（Performance standards for shipborne BeiDou satellite navigation system receiver equipment）	2014 - 05 - 16	—
SN. 1/Circ. 329	承认北斗卫星导航系统为世界无线电导航系统之一（Recognition of the BeiDou satellite navigation system as a component of the world-wide radionavigation system）	2014. 11. 21	—
Resolution MSC. 401(95)	船载多系统无线电导航接收机性能标准（Performance standards for multi-system shipborne radio navigation receivers）	2015 - 06 - 08	—
SN. 1/Circ. 334	承认 Galileo 为世界无线电导航系统之一（Recognition of the Galileo global navigation satellite system as a component of the world-wide radionavigation system）	2016 - 05 - 20	—

3.1.3　北斗卫星导航系统国际海事标准

北斗卫星导航系统是中国正在实施的自主发展、独立运行的全球卫星导航系统。

它由空间段、地面段和用户段三部分组成,空间段包括 5 颗静止轨道卫星和 30 颗非静止轨道卫星,地面段包括主控站、注入站和监测站等若干个地面站,用户段包括北斗用户终端以及与其他卫星导航系统兼容的终端。

随着北斗卫星导航系统的建设发展,应用产业化水平也在不断提升,逐渐壮大的中国北斗产业为北斗卫星导航系统标准化工作的开展创造了良好的机遇和条件。2014 年 4 月 28 日,国家批准成立了中国北斗卫星导航标准化技术委员会(简称"北斗标技委"),主要工作包括北斗卫星导航系统管理、建设、运行、应用、服务等技术领域的国家和国际标准化工作,负责制定和修订北斗系统相关的基础、工程建设、运行维护、应用等国家和国际标准。下面简要论述北斗系统在国际海事领域的标准化发展历程。

2011 年 12 月 27 日北斗系统宣布正式投入试运行后,大连海事大学导航研究所张淑芳教授在中国卫星导航系统管理办公室和交通运输部海事局的支持下,主笔撰写了向 IMO 介绍中国北斗卫星导航系统的信息文件,并由交通运输部代表中国于 2012 年 1 月向 COMSAR 分委员会第 16 次会议提交并宣读了题为"Development of an e-navigation strategy implementation plan BeiDou—the new member of GNSS for e-navigation"的信息文件。在 COMSAR 分委员会向 MSC 提交的大会报告中提到了关于中国在发展北斗系统的内容。这是中国首次正式向 IMO 介绍北斗系统,也是北斗 IMO 国际标准化的里程碑文件,为后续北斗 IMO 国际标准化工作的顺利进行奠定了良好的基础。

2012 年 8 月,MSC 第 91 次会议审议了中国提交的提案"Proposal for a new unplanned output on the application of BeiDou in the maritime field"(MSC 91/19/5 号文件),其中建议认可北斗为世界无线电导航系统(WWRNS)的构成部分,并为船载北斗导航接收设备制定性能标准,MSC 同意在 NAV 分委员会 2012—2013 年双年度议程和第 59 次分委员会临时议程中纳入一项关于"海事领域中北斗卫星导航系统的应用"的输出,要求目标完成年度为 2014 年,NAV 分委员会并决定为该议题建立专门工作组。

2013 年 5 月,中国就该议题向 NAV 第 59 次分委员会提交了提案"Preliminary review of BeiDou satellite navigation system",对北斗的技术问题做了进一步的说明,同时提交了船载北斗导航接收设备的最小性能标准草案"Proposed draft performance standards for shipborne BeiDou receiver equipment"[4]。NAV 第 59 次分委员会在成立专门工作组的基础上,进一步明确了工作组的任务,即研究船载北斗导航接收设备的最小性能标准,对北斗卫星导航系统作为 WWRNS 构成部分进行全面评价。

2014 年 5 月,经过 NAV 分委员会工作组的工作,MSC 第 93 次会议审议通过了第 379 号决议"Performance standards for shipborne BeiDou satellite navigation system receiver equipment",即北斗船载接收机设备的最小性能标准。其中:第一部分介绍了北斗系统及其提供的开放服务;第二部分介绍了对于北斗接收机设备的要求;第三部分介绍了北斗接收机设备的性能标准;第四部分介绍了北斗接收机设备应具有的完好性检测、故障警告和状态指示等功能。

2014 年 11 月,MSC 第 94 次会议审议通过了航行安全第 329 号通函"Recognition of the BeiDou satellite navigation system as a component of the world-wide radionavigation system",IMO 对北斗系统予以了认可,正式承认北斗系统为 WWRNS 的组成部分,标志着北斗正式成为了继 GPS、GLONASS 后第三个被 IMO 认可的全球卫星导航系统,取得了面向海事应用的国际合法地位,可以向世界航海用户提供服务[5]。至此,北斗系统得到了 IMO 的全面认可,是北斗卫星导航系统国际标准化工作的重要里程碑。

在北斗卫星导航系统海事标准化的同时,2014 年 3 月由奥地利、比利时等 27 个欧盟国家和英国以及欧盟委员会,联合向 MSC 提交了信息文件"Proposal for a new unplanned output on the adoption of the Galileo GNSS into the WWRNS—Annex 1: Information note on compelling need"。在此之前,Galileo 系统的船载接收机最小性能标准已经在 2006 年 MSC 第 82 次会议通过,但是始终没有履行 WWRNS 的程序。在中国北斗工作的启示下,欧洲也启动了该工作程序,并在 NCSR 第 2 次会议"Recognition of Galileo as a component of the WWRNS"的议题下,提交了第 2 份信息文件"Galileo GNSS status update and next steps"。该文件为使 Galileo 系统被 IMO 认可成为 WWRNS 的一部分提供了 Galileo 系统的性能和状态信息。在 2016 年 5 月 IMO 召开的第 96 次 MSC 会议上批准了航行安全第 334 号通函"Recognition of the Galileo global navigation satellite system as a component of the world-wide radionavigation system",IMO 正式承认 Galileo 系统为 WWRNS 的构成部分。截至目前,共有 4 个卫星导航系统成为海上 WWRNS 的成员,即 GPS、GLONASS、北斗系统、Galileo 系统。2017 年 3 月在 NCSR 分委员会第 4 次会议上,将北斗系统写入海事应用的 PNT 导则,北斗国际海事应用领域取得了又一重大进展。

2017 年 10 月,在加拿大蒙特利尔的第 31 届 COSPAS-SARSAT 组织联合委员会会议上,同意将北斗系统写入 COSPAS-SARSAT 组织中轨搜救卫星系统框架文件,这标志着北斗系统为加入 COSPAS-SARSAT 系统迈出了第一步。2018 年 2 月,国际 COSPAS-SARSAT 组织第 59 届理事会批准北斗卫星搭载搜救载荷纳入国际中轨道搜救卫星系统发展规划,标志着北斗系统在加入 COSPAS-SARSAT 系统进程中迈出了关键一步。同年,北斗卫星搜救载荷与 Galileo 卫星搜救载荷下行频率协调特别工作组会议在法国召开,确定了北斗卫星搜救载荷在 COSPAS-SARSAT 框架下独立的频点资源,为北斗系统加入 COSPAS-SARSAT 系统奠定了坚实基础。2019 年 6 月,在卡塔尔多哈的第 33 届 COSPAS-SARSAT 组织联合委员会议上,中国提交了 3 类 6 份关于北斗中轨搜救卫星系统的提案,具体包括 2 份北斗搜救载荷入网启用测试报告,3 份关于北斗问题对技术系列文件的修订议案,具体涉及中轨系统空间载荷设备、空间段设备和地面接收系统,以及1份北斗返向链路概念文件。

2018年5月,在英国伦敦召开的IMO MSC第99次会议接受了北斗系统加入GMDSS的申请,正式揭开了北斗加入GMDSS后续一系列认证工作的序幕。2020年1月,IMO NCSR第7次会议上,我国北斗报文服务系统根据A.1001(25)号决议对系统进行了自评估,用以证明北斗报文服务系统具有提供GMDSS服务的能力,中国北斗报文服务系统的自评估报告在全会上得到了普遍支持,会议提请国际移动卫星组织(IMSO)对中国北斗报文服务系统加入GMDSS服务提供商开展正式的技术和操作评估。中国北斗报文服务系统自评估报告的通过,标志着北斗向加入GMDSS服务提供商迈出了重要坚实的一步。

2020年3月,IEC发布了首个北斗船载接收设备检测标准——IEC 61108-5。该标准是世界各国船级社对北斗设备上船型式认可的依据,也是全球卫星导航海用产品制造商设计、生产和测试的依据。该标准的发布促进了北斗系统在海事导航领域的广泛应用,对维护北斗接收机的自主产权,保障我国工业界利益,具有重要意义。

◢ 3.2 RTCM 标准

在船舶航行、海洋开发、海上搜救、海洋测绘及海事监管等领域都需要高精度导航定位服务,因此,差分增强技术是卫星导航系统不可或缺的补充[6]。在差分增强标准方面,一些标准化组织也制定了相应的标准,这些标准大部分是基于接收设备而制定的,其中应用最广泛的是RTCM系列标准。

3.2.1 RTCM 简介

RTCM是一个国际非营利性科学、专业和教育组织,成立于1947年。其最早是美国政府咨询委员会,后来发展成为从事技术标准研究的独立组织。RTCM不仅参与了ISO、IEC、IMO、欧洲电信标准化协会(ETSI)、国际罗兰协会(ILA)等多个机构或组织的标准研究、制定和修订工作,与ITU、国际海道测量组织(IHO)、IALA、美国的NMEA等机构或组织也保持着紧密联系,已逐渐发展成在航海和陆地导航、无线电技术等方面具有重要影响力的技术研究与标准制定修订机构。RTCM成员由非政府组织和政府机构组成,目前有超过130个组织成员,主要包括无线电导航通信设备的制造商、系统解决商、标准制定/修订机构、船主、教育学术界、销售服务商、政府代表等。RTCM下设多个专业委员会(SC),专业委员会由RTCM成员组成,负责相关领域内的标准制定与修订工作。专业委员会设主席和秘书岗位,主席由会员内知名专家担任,由RTCM成员提名并经RTCM主席批准。所有RTCM成员均有资格以邮件和与会方式参加所有专业委员会的活动。RTCM采取年度会员制,每年需要交纳一定的会费,由此获得对提案和标准草案讨论和投票表决权。目前,RTCM中的专业委员会及其研究方向如表3.2所列。

表 3.2 RTCM 中的专业委员会及其研究方向

序号	专业委员会	研究方向
1	第 101 专业委员会	数字选择性呼叫(DSC)
2	第 104 专业委员会	差分全球卫星导航系统(DGNSS)
3	第 109 专业委员会	电子海图
4	第 110 专业委员会	紧急示位标
5	第 112 专业委员会	船舶雷达
6	第 117 专业委员会	海事甚高频(VHF)干扰
7	第 119 专业委员会	海事救生定位设备
8	第 121 专业委员会	船舶自动识别系统(AIS)和数码通信
9	第 123 专业委员会	海事频段数字信息服务
10	第 127 专业委员会	增强罗兰
11	第 128 专业委员会	卫星紧急通告设备(SEND)
12	第 129 专业委员会	船显导航相关信息的描绘
13	第 130 专业委员会	光电成像系统
14	第 131 专业委员会	船载多系统导航接收机
15	第 132 专业委员会	电子视觉遇险信号装置
16	第 133 专业委员会	移动设备导航相关应用数据交换
17	第 134 专业委员会	高精度应用的完好性监测
18	第 135 专业委员会	用于实时 DGNSS 应用的无线电层
19	第 136 专业委员会	信标类型批准
20	第 137 专业委员会	位于船载无线附近的 LED 器件和其他元素发射装置的电磁兼容性要求

各个专业委员会针对不同技术专题设立了多个工作组(WG)开展研究。RTCM 成员可申请成立或加入各工作组,每个工作组也设有主席、副主席(或秘书),由专业委员会成员推选,并向专业委员会主席负责。

RTCM 各专业委员会提供的文件和报告通常将形成 RTCM 推荐标准。目前,专业委员会以 RTCM 推荐规范形式输出的文档已被全世界广泛接受,RTCM 各专业委员会定期更新这些推荐规范,以适应不断变化的技术现状。RTCM 制定的标准如表 3.3 所列。

表 3.3 RTCM 制定的标准

分类	标准代号	说明	发布时间	备注
DGNSS 相关标准	RTCM 10402.3	差分 GNSS 服务推荐标准,2.3 版本修订版	2010 年 5 月	适用于全世界的差分卫星导航系统,包括海事和陆地
	RTCM 10403.3	差分 GNSS 服务推荐标准,3.3 版本	2016 年 10 月	效率更高的 RTCM 10402.3 的替换版本

（续）

分类	标准代号	说明	发布时间	备注
DGNSS 相关标准	RTCM 10401.2	差分 GPS 参考台和完好性监测（RSIM）标准	2006 年 12 月	强调播发 DGNSS 校正数据设备的性能要求
	RTCM 10410.1	基于互联网的 RTCM 网络传输协议（NTRIP）标准,2.0 版修订版	2011 年 6 月	是在互联网上进行 GNSS 数据流传输的应用级协议
	RINEX 3.03	接收机自主交换格式	2015 年 7 月	包含观察数据、导航电文、气象数据三个 ASCII 文件
海事导航设备相关标准	RTCM 10900.7	电子海图系统（ECS）RTCM 标准	2017 年 5 月	定义了对不符合 SOLAS 公约的电子海图系统的要求,并包括航行数据记录功能
海事通信相关标准	RTCM 10150.0	具有 DSC 和 GNSS 定位功能的 VHF-FM 便携式船用无线电话设备标准	2012 年 7 月	定义了具有 DSC 和 GNSS 功能的 VHF-FM 便携式船用无线电话的最小功能和技术性能
	RTCM 11701.0	在高水平电磁环境中安装的海上 VHF 无线电话设备操作标准	1999 年 10 月	定义一个测试程序,以验证安装的 VHF 无线电在可能受到其他无线电频率设备（如寻呼机）干扰的区域中得到令人满意的操作
	RTCM 11702.0	在高水平电磁环境中便携式海事 VHF 无线电话设备操作标准	2006 年 4 月	定义一个测试程序,以验证便携式海事 VHF 无线电话设备在可能受到其他无线电频率设备（如寻呼机）干扰的区域中得到令人满意的操作
	RTCM 12301.1	VHF-FM 数字短消息服务（VDSMS）标准	2009 年 7 月	定义了 VHF-FM 数字短消息服务的最低功能和技术要求。VDSMS 旨在提供从船到船,岸到船和船到岸的短消息
紧急报警设备相关标准	RTCM 11000.4	406MHz 卫星紧急无线电示位标（EPIRB）标准	2016 年 7 月	参照美国联邦通信委员会规则,并对美国注册船泊上使用的 EPIRB 的性能要求进行了规定
紧急报警设备相关标准	RTCM 11010.2	406MHz 卫星个人示位标（PLB）标准	2016 年 7 月	定义了 406.0～406.1MHz 极地轨道卫星和地球静止卫星系统 PLB 的功能和技术性能的最小要求
	RTCM 11020.1	使用全球卫星搜救（COSPAS-SARSAT）系统的船舶安全报警系统（SSAS）标准	2009 年 10 月	通过 COSPAS-SARSAT 系统在 406MHz 频段运行的水上卫星 SSAS 的功能要求和技术性能的最低要求
	RTCM 11901.1	海事救援定位设备（MSLD）标准	2012 年 6 月	说明人员落水设备可以运行的几种方式
	RTCM 12800.0	卫星紧急通告设备（SEND）标准	2014 年 6 月	除 COSPAS-SARSAT 以外的任何卫星系统上运行的 SEND 的功能和技术性能的最低要求

RTCM 基本的工作机制概述如下：

（1）提案提交：任何成员都可以提交提案，但必须以工作组名义。也就是说，若要提交北斗相关提案，必须先成立北斗工作组；在提案提交前最好在工作组中进行充分讨论，才能确保提案的顺利通过；专业委员会接受提案后即可进入讨论环节。

（2）提案讨论：通常以邮件的形式进行，并在每年三次的会议中进行充分的讨论。

（3）提案表决：委员会按照每个正式成员一票，超过半数则通过的方式进行提案表决。表决可以采取网络投票和现场投票两种方式。而对于一般性的提案，如成立工作组和设立专题等，则由专业委员会主席现场征求专家意见，决定通过与否。

（4）标准发布：提案表决通过后，委员会会根据修订意见，对版本进行升级，形成修订稿，并正式发布实施。一般每年可能提出 2 次或 3 次的修订稿，每两年升级一次版本。从成员提出提案到加入到修订稿，大概需要半年到一年的时间。

3.2.2　卫星导航系统 RTCM 标准

为了在全球推广运用差分 GNSS 业务，RTCM 组织于 1983 年设立了与卫星导航相关的 RTCM 第 104 专业委员会（RTCM SC‑104），负责 DGNSS 相关推荐标准的制定和修订工作，并于 2011 年开始参与接收机自主交换格式（RINEX）标准的制定和修订工作。RTCM SC‑104 下设实时动态（RTK）网络、GLONASS、Galileo 系统、RINEX、北斗系统等多个工作组。其每年召开三次会议，一般分别在每年的 1 月、5 月和 9月，会议地点不固定。

由表 3.3 可以看出，RTCM 104 系列标准包括三种类型和四个标准，涉及卫星导航差分和高精度应用等方面，是目前卫星导航高精度接收机所必须遵循的一类标准，具体包括 RTCM 10402. X 差分服务标准、RTCM 10403. X 差分服务标准（高效版）、RTCM 10401. X RSIM 差分参考台和完好性监测标准、RTCM 10410. X NTRIP 差分电文互联网传输协议标准。随着 GNSS 技术的发展，相关标准也在不断地演进和完善，目前海用和陆用的 GNSS 差分系统均采用此数据格式。

由 RTCM SC‑104 负责制定和修订的差分 GNSS 服务标准是 RTCM 104 系列标准中最重要的标准，包含规范差分数据计算、编码、解码和数据接口等内容，主要功能是为差分参考台站的设备制造、终端制造、差分服务、各类差分应用等提供统一的数据接口协议，保证台站设备之间、终端设备之间以及台站软硬件的兼容性[7]。随着导航定位需求的变化和定位技术的发展和革新，差分 GNSS 服务标准相继发布了 1.0、2.0、2.1、2.2、2.3、3.0、3.1、3.2、3.3 等多个更新版本，逐渐增加了 RTK、GLONASS、GPS 天线定义、网络 RTK 和 GNSS 等内容，具体论述如下。

1）RTCM 10401. X 标准

RTCM SC‑104 最早于 1985 年公布了 RTCM 10401.0 标准，该版本主要描述了GPS 差分信息，差分定位精度为 8 ~ 10m，在早期的差分 GPS 应用和服务中发挥了重要作用。

2）RTCM 10402. X 标准

在经过大量试验研究的基础上，RTCM SC-104 于 1990 年 1 月发布了 RTCM 10402.0 标准，即第二个版本的数据格式标准。该版本提高了差分改正数的抗差性，增大了可用信息量，差分定位精度提高到了 5m，通常情况下可达到 2～3m[8]。但该版本的协议主要用于导航服务，仅提供伪距差分信息，没有载波相位信息。为了适应载波相位差分 GPS 的需要，RTCM SC-104 于 1994 年公布了 RTCM 10402.1 标准，该版本的基本数据格式没有改变，仅增加了几个支撑 RTK 的新电文，即电文 18～21。1998 年发布的 RTCM 10402.2 标准，主要增加了对俄罗斯 GLONASS 的差分导航信息的支持，同时在相应的信息中增加了区分 GPS 卫星和 GLONASS 卫星的标志[9]。2001 年又发布了 RTCM 10402.3 标准，增加了电文 23 和 24，即天线参考类型，通常情况下差分定位精度能达到 1～3m；此外，此版本能够更好地支持 RTK 定位，它的实时动态定位精度优于 5cm[9]。目前市面上销售的测量型接收机必须支持该版本标准。但该版本是以 GPS 为核心的，支持 GLONASS，但均不包含北斗系统和 Galileo 系统的差分电文。随着北斗系统和 Galileo 系统的发展，按照其 63 条电文设计容量，低速率差分电文无法从根本上满足未来 GNSS 的应用需求。RTCM SC-104 在 RTCM 10402.3 版本标准的基础上，对电文资源进行了整合优化，增删了部分电文。具体包括拟停用 17 条涉及伪距差分、载波相位、信标台信息的差分电文，增加 4 条通用差分电文，以支持多系统多频率的伪距差分和载波相位差分电文，并于 2013 年 7 月形成了 RTCM 10402.4 版本标准，目前处于征求意见阶段[10]。

现行标准 RTCM 10402.3 一共定义了 63 种类型的电文[11]，具体的电文类型定义如表 3.4 所列。

表 3.4　RTCM 10402.3 标准中的电文类型

电文类型	电文内容
1	DGPS 数据：L1-C/A 码伪距改正数及距离变化改正值
2	DGPS 数据变化率：L1-C/A 码伪距改正数和距离变化改正数变化率
3	GPS 基准站参数
4	专为测地用户设置，现用电文 18～21 取代
5	GPS 卫星星座的健康工作状况
6	GPS 空帧
7	DGPS 信标历书：播发 DGPS 数据的无线电信标台位置、频率、识别号、服务范围和工作状态
8	伪卫星历书：播发 DGPS 的伪卫星名称、位置、识别号、服务范围和工作状态
9	部分 GPS 较正数据：电文 1 用于分组发送的数据格式
10	DGPS 数据：L1-P 码和 L2-P 码伪距改正数及其变化率
11	DGPS 数据：L2-C/A 码伪距改正数及其变化率，以及 DGPS 数据变化率

（续）

电文类型	电文内容
12	伪卫星基准站的相关参数
13	DGPS 数据发射机的位置和概略距离
14	GPS 星期内时间
15	电离层、对流层时延改正模型参数
16	GPS 专用 ASCII 电文
17	GPS 卫星的星历和历书
18	未较正的 GPS 载波相位测量观测值
19	未较正的伪距测量观测值
20	RTK GPS 载波相位测量改正值
21	RTK 伪距测量改正值
22	扩展的参考台参数
23	天线类型定义记录
24	天线参考点
25,26	扩展的信标历书
27	扩展的信标历书
28 ~ 30	未定义
31	差分 GLONASS 数据
32	GLONASS 基准站参数
33	GLONASS 星座健康情况
34	部分 GLONASS 较正数据
35	GLONASS 空帧
36	GLONASS 专用信息
37	GNSS 系统时间偏差
38 ~ 58	未定义
59	专属信息
60 ~ 63	其他用途信息

3）RTCM 10403. X 标准

自 20 世纪 90 年代推出 RTCM 10402. X 以来,RTCM 格式已广泛用于测绘、施工、运输、规划等多个领域,用于传输差分 GNSS 数据。但在使用过程中发现 RTCM 10402. X 在一些结构设计上存在缺陷,例如检验位设置对带宽造成的浪费,检校码之间彼此不独立等问题。为了克服 RTCM 10402. X 的这些缺陷,RTCM SC-104 于 2004 年推出了 RTCM 10403.0 格式标准[12]。该版本和 RTCM 1040 2. X 版本相比,在电文结构、校验规则等方面进行了较大的改动,提供了包括伪距和载波相位观测值、天线参数和辅助系统参数这些用于支持 GPS 和 GLONASS RTK 作业的信息,传输速率较 RTCM 10402.3 提高了近 1 倍,数据的有效性更强。2006 年又发布了 RTCM 10403.1 标准,该版本新增了 GPS 网络差分改正信息、GPS 星历信息、GLONASS 星历信息、用于提供文本信息的统一编码信息以及为经营商预留的用于为特殊用途提供专有服务的一系列电文类型[13]。RTCM 10403.1 主要是应用于网络 RTK 环境中,是一种更高效、简洁且容易适用于新环境的数据格式,已经通过可靠性与实用性测试,出现新的内容只需要修改保留位信息而不会影响已经定义了的数据字段,因此有很强的实用性[14]。为了更好地适应北斗系统和 Galileo 系统的发展,现有 GPS 的升级改造,以及地区性广播差分增强系统的应用等,2013 年 2 月 RTCM SC-104 在 RTCM 10403.1 版本标准的基础上进行了必要的扩展,发布了 RTCM 10403.2 标准。在该版本中定义了多信号信息组(MSM)和 GLONASS 偏差信息[15];后续又对该版本进行了两次修订,新增了北斗 MSM、Galileo F/NAV 卫星星历数据以及准天顶卫星系统(QZSS)的星历数据和 MSM。2016 年 10 月,RTCM SC-104 又发布了 RTCM 10403.3 标准,为以前采用的 GPS、GLONASS、Galileo 系统和 QZSS 消息增加了基于卫星的增强系统的 MSM,为北斗系统和 Galileo 系统增加了新的星历数据。

现行 RTCM 10403.3 标准中的电文类型及内容如表 3.5 所列。

表 3.5　RTCM 10403.3 标准中的电文类型及内容

电文类型	电文内容
1001	GPS L1 频段 RTK 观测值
1002	GPS L1 频段扩展 RTK 观测值
1003	GPS L1/L2 频段 RTK 观测值
1004	GPS L1/L2 频段扩展 RTK 观测值
1005	无天线高基准站三维坐标
1006	带天线高基准站三维坐标
1007	天线说明(不带序列号)
1008	天线说明(带序列号)
1009	GLONASS L1 频段 RTK 观测值
1010	GLONASS L1 频段扩展 RTK 观测值
1011	GLONASS L1/L2 频段 RTK 观测值
1012	GLONASS L1/L2 频段扩展 RTK 观测值
1013	系统参数
1014	网络辅助站数据信息
1015	GPS 电离层差分改正
1016	GPS 几何差分改正
1017	GPS 电离层与几何差分改正

（续）

电文类型	电文内容
1018	电离层差分改正电文保留
1019	GPS 星历
1020	GLONASS 星历
1021	Helmert/Abridged Molodenski 转换参数
1022	Molodenski-Badekas 转换参数
1023	残差,椭球面网格表示
1024	残差,平面网格表示
1025	除朗伯正形圆锥投影和斜轴墨卡托之外投影类型的投影参数
1026	朗伯正形圆锥投影的投影参数
1027	斜轴墨卡托投影的投影参数
1028	为全球 Plate-Fixed 转换保留
1029	Unicode 字符串
1030	GPS 网络 RTK 残留消息
1031	GLONASS 网络 RTK 残留消息
1032	物理参考站位置信息
1033	接收机和天线描述
1034	GPS 网络面积校正参数(FKP)梯度
1035	GLONASS 网络 FKP 梯度
1037	GLONASS 电离层差分改正
1038	GLONASS 几何差分改正
1039	GLONASS 组合几何与电离层差分改正
1042	北斗卫星星历数据
1044	QZSS 星历表
1045	Galileo F/导航卫星星历数据
1046	Galileo I/导航卫星星历数据
1057	GPS 轨道校正状态空间表示(SSR)
1058	GPS 时钟校正 SSR
1059	GPS 码偏移 SSR
1060	GPS 轨道和时钟的组合校正 SSR
1061	GPS 用户测距精度(URA)SSR
1062	GPS 高速率时钟校正 SSR
1063	GLONASS 轨道校正 SSR
1064	GLONASS 时钟校正 SSR

（续）

电文类型	电文内容
1065	GLONASS 码偏移 SSR
1066	GLONASS 轨道和时钟的组合校正 SSR
1067	GLONASS URA SSR
1068	GLONASS 高速率时钟校正 SSR
1070,1078~1080,1088~1090,1098~1100, 1108~1110,1118~1120,1128,1129	保留的 MSM
1071~1077	GPS MSM1~GPS MSM7
1081~1087	GLONASS MSM1~GLONASS MSM7
1091~1097	Galileo MSM1~Galileo MSM7
1101~1107	SBAS[①] MSM1~SBAS MSM7
1111~1117	QZSS MSM1~QZSS MSM7
1121~1127	BeiDou MSM1~BeiDou MSM7
1230	GLONASS L1 和 L2 码相位偏差
4001~4095	专有信息
①SBAS—星基增强系统	

需要特别说明的是,由于 RTCM 10403.X 与 RTCM 10402.X 不兼容,且目前许多接收机都采用的是 RTCM 10402.X 版本,因此,RTCM SC-104 保持 RTCM 10402.X 和 RTCM 10403.X 两个现行版本的标准。

此外,在国际海事领域,其他国际组织发布的与差分 GNSS 相关的标准如表 3.6 所列。

表 3.6　海事领域其他差分 GNSS 相关标准

标准编号	标准名称	发布时间
ISO 17123-8	光学和光学仪器·大地测量和地质勘测仪器的现场试验程序·第 8 部分:实时动态差分的 GNSS 现场测量系统 (Optics and optical instruments—Field procedures for testing geodetic and surveying instruments—Part 8:GNSS field measurement systems in real-time kinematic (RTK))	2015 年
ITU-R M.823-3	为工作在第一区 283.5~315kHz 和第二区及第三区 285~325kHz 频带水上无线电信标全球卫星导航系统的差分传送技术特性 (Technical characteristics of differential transmissions for global navigation satellite systems from maritime radio beacons in the frequency band 283.5~315kHz in Region 1 and 285-325 kHz in Regions 2 and 3)	2006 年
IEC 61108-4	海上导航和无线电通信设备与系统·全球卫星导航系统(GNSS)·第 4 部分:船载 DGPS 和 DGLONASS 海上无线电信号接收设备.性能要求、测试方法和要求的测试结果 (Maritime navigation and radiocommunication equipment and systems-Global navigation satellite systems(GNSS)-Part 4:Shipborne DGPS and DGLONASS maritime radio beacon receiver equipment-Performance requirements,methods of testing and required test results)	2004 年

3.2.3　北斗卫星导航系统 RTCM 标准

北斗卫星导航系统的海上应用在北斗系统的推广应用中占据了非常重要的作用,正如 3.1.3 节所述,北斗已经获得了 IMO WWRNS 的认可。目前北斗在增强系统的数据格式标准化方面也取得了重要进展,发展历程具体叙述如下:

2013 年初,中国卫星导航系统管理办公室组织启动了推动北斗系统进入国际标准的工作,有关 RTCM 数据格式标准研究和国际对接工作也全面展开。2013 年 9 月,在美国田纳西州纳什维尔市举行的 RTCM SC-104 会议上,武汉导航与位置服务工业技术研究院(简称武汉导航院)成为该委员会的正式成员,其成立北斗工作组的提议获得了委员会的通过。由此,北斗工作组成为 RTCM 内首个由中国企业主导的标准制定与修订工作组,全面负责北斗 RTCM 国际标准的相关工作,由武汉导航院担任北斗工作组主席单位,北斗专项应用推广与产业化专家组专家韩绍伟博士任北斗工作组主席[10]。此次会议是推动北斗进入 RTCM 104 系列标准的重要环节,不仅对后续工作的开展具有实质性的推动作用,同时也促进了国内差分技术标准与 RTCM 国际差分技术标准的接轨,为北斗系统开拓国际市场奠定了基础。

2013 年 2 月发布的 RTCM 10403.2 标准中增加了 MSM,可扩展信息格式,能够包含 GPS、GLONASS、Galileo 系统和北斗系统,因此该版本相比其他版本更有效、更实用且更易于应用于新的卫星导航系统。尤其值得强调的是 MSM 电文组对北斗的支持,对北斗的高精度差分定位服务具有重要意义[16]。

2014 年 1 月,RTCM SC-104 会议在美国加利福尼亚州圣迭戈市召开,来自全球 20 多个 GNSS 高精度知名企业机构和重要用户单位的专家代表与会。在交通运输部海事局的支持下,武汉导航院代表中国企业向委员会提交了北斗 RTCM 10402.4 和北斗 RTCM 10403.2 差分电文提案,获得了委员会的接受,并进入后续讨论环节。这标志着北斗加入 RTCM 国际标准的相关工作进入了实质推进阶段,北斗应用国际化迈上了新的台阶。

2014 年 5 月,RTCM SC-104 会议在德国黑森州达姆斯达德市的欧洲空间操作中心召开,来自全球 20 多个 GNSS 高精度知名企业机构和重要用户单位的 40 多位专家代表与会。武汉导航院代表中国企业,向 SC-104 委员会提交了有关北斗 RTCM 10410.2 NTRIP 提案、北斗 RTCM 10401.3 RSIM 提案和北斗 NMEA-0183 提案,获得了委员会的接受并进入了讨论环节。此外,还受到委员会委托完成了两项与北斗应用中技术问题有关的工作任务,促进了北斗国际标准的制定和修订工作。此次会议充分展现了国际卫星导航界对北斗发展和应用的高度关注和高涨热情,同时也标志着在 RTCM 国际标准的制定和修订过程中,中国企业正在由跟踪模仿逐渐转变为主导创新,这对于北斗国际标准化工作具有重要意义。

2014 年 9 月,RTCM SC-104 全体会议在美国佛罗里达州坦帕市会议中心召开,来自全球 20 多个 GNSS 高精度知名企业机构和重要用户单位的 30 多位专家代表与会。中国方面由武汉导航院和上海司南卫星导航技术有限公司组团参加。在委员会全体会议上，武汉导航院韩绍伟博士代表北斗工作组汇报了北斗 NH 码的处理方法，澄清了国际社会对 NH 码实现过程中因符号规则理解差异造成的 RTK 差分解算失效、接收机无法兼容等问题的误解，并给出了解决方案，获得了委员会的一致通过。另外，韩绍伟博士代表北斗工作组就北斗导航电文数据组识别符的研究进展进行了汇报，对其组成、产生、判别方法等进行了探讨，该识别符是北斗实现可靠实时差分应用的重要因素，也是北斗进入 RTCM 差分标准的关键参数。此次会议标志着以中国企业为主体推动的北斗加入 RTCM、RINEX、NMEA 等国际通用数据标准工作得到了国际认可，显示了国际社会对北斗高精度全球应用的期待和信心，加速了北斗进入国际通用数据格式系列标准工作。

2015 年 5 月，RTCM SC-104 全体会议首次在中国陕西省西安市举办，大会就北斗导航星历电文、北斗导航星历的星历数据期号（IODE）字段制订、北斗 RINEX 制定与修订三项与北斗相关的提案达成了一致，并决定进一步推动并加快与北斗相关的包括定位结果通用数据格式标准 NMEA-0183 在内的 GNSS 标准修订和兼容性测试进程。本次会议的成功举行，标志着国际社会对中国卫星导航界的接纳，更是对中国导航实力的认可；标志着 RTCM SC-104 北斗相关标准的制定、修订工作进入了一个新的阶段，揭开了北斗走向国际化的新篇章。

2016 年 1 月，RTCM SC-104 全体会议在美国加利福尼亚州蒙特雷市召开，会议发布了首个全面支持北斗的 RINEX 3.03 版本。该标准对之前版本中北斗 B1 观测值代码与 RINEX 不一致等问题进行了纠正，同时充分考虑了北斗等卫星导航系统单独运行时的独立性，兼顾了北斗电离层参数的特点，使得 RINEX 标准得以更加完善的支持 GNSS 数据采集和记录。该次会议标志着北斗完整进入了 RINEX 标准。同年 10 月在正式发布的 RTCM 10403.3 版本标准中增加了北斗星历电文，并支持北斗载波相位差分应用[17]。至此，北斗国际通用数据格式标准化工作取得了重要的阶段性成果。

2017 年 5 月，RTCM SC-104 全体会议在美国佛罗里达州克列尔伍尔特市召开，来自 Trimble、Topcon、国际 GNSS 服务（IGS）、美国海岸警卫队等多个 GNSS 企业机构和重要用户单位的 25 位专家代表参会。北斗工作组在会上汇报并讨论了由中国提交的北斗 RTCM 10402.4 修订提案和标准兼容性测试报告，获得了与会代表的认可与支持。按照 RTCM 的工作机制，全面支持北斗的 RTCM 10402.4 标准还需向委员会提交并进行投票表决，通过后即可正式发布。本次会议标志着继北斗 IODE 字段问题解决后，北斗进入 RTCM 差分标准取得实质性进展。

2018 年 2 月，RTCM SC-104 全体会议在澳大利亚新南威尔士州悉尼市举行，来自全球 10 余个 GNSS 高精度知名企业机构成员、观察员等 20 多位专家代表与会。北斗工作组在委员会全体会议上汇报了北斗三号全球系统建设的进展情况，得到了与会者的关注和积极讨论。

2018 年 5 月，RTCM SC-104 全体会议在中国黑龙江省哈尔滨市举行，来自 Trimble、Novatel、Topcon 等全球多个 GNSS 高精度知名企业机构成员、观察员等 20 多位专家代表与会。这是继 2015 年在中国首次举办 RTCM SC-104 全体会议后，再次成功举办 RTCM SC-104 全体会议。此次会议对北斗三号全球系统新信号尽快进入接收机国际通用数据标准具有积极的推动作用，同时也彰显了国际社会对北斗全球应用的期待和信心。

2020 年 12 月，全面支持北斗全球新信号的 RINEX 3.05 版本经过 RTCM 与 IGS 联合成立的 RINEX 工作组批准并发布，标志着北斗全球新信号完整进入 RINEX 标准，北斗全球新信号数据格式标准推进工作取得阶段性重要成果。

◢ 3.3　船载无线电导航接收机标准

船载无线电导航接收机是全球卫星导航系统在海事领域应用的最直接形式，可直接为船舶提供位置信息，也可作为其他船载设备的位置源。随着各国卫星导航系统的发展，船载无线电导航接收机也逐渐由单模向多模转变。

3.3.1　性能标准

为了确保在整个航程中能够为船舶提供适应性强的定位设备，IMO 一直在不断补充、完善、修订船载无线电导航接收机设备性能标准。其中，单模的卫星导航系统船载无线电导航接收机性能标准要求如下：2003 年 7 月 1 日前安装的 GPS 接收机的性能应至少满足 IMO A.819(19) 决议"Performance standards for shipborne global positioning system (GPS) receiver equipment"，即船载全球定位系统(GPS)接收机设备的性能标准；GLONASS 接收机的性能应至少满足 IMO MSC.53(66) 决议"Performance standards for shipborne GLONASS receiver equipment"，即船载 GLONASS 接收机设备的性能标准。2003 年 7 月 1 日后安装的 GPS 接收机的性能应至少满足 IMO MSC.112(73) 决议"Revised performance standards for shipborne global positioning system (GPS) receiver equipment"，GLONASS 接收机的性能应至少满足 IMO MSC.113(73) 决议"Performance standards for shipborne GLONASS receiver equipment"，船载 Galileo 接收机的性能应至少满足 IMO MSC.233(82) 决议"Performance standards for shipborne Galileo receiver equipment"，船载北斗接收机的性能应至少满足 MSC.379(93) 决议"Performance standards for shipborne Beidou Satellite Navigation System(BDS) receiver equipment"。

随着 GLONASS、Galileo 系统和北斗系统的发展，船载无线电导航接收机也逐渐由单模向多模转变，有关多模卫星导航系统船载无线电导航接收机性能标准要求如下：2003 年 7 月 1 日前安装的 GPS/GLONASS 接收机的性能应至少满足 IMO MSC.74(69) 决议中附录 1"船载组合的 GPS/GLONASS 接收机的设备性能标准建议"；2003 年 7 月 1 日后安装的 GPS/GLONASS 接收机的性能应至少满足 IMO MSC.115(73) 决议"修订版船载组合的 GPS/GLONASS 接收机的设备性能标准"。未来船载卫星导航接收机将会支持目前存在的四大卫星导航定位系统，实现四大卫星导航定位系统的融合，实现多模联合定位功能。

根据 IMO A.915(22) 号决议，海事领域未来 GNSS 应满足的通用导航性能要求如表 3.7 所列[18]，部分特殊海事领域性能要求如表 3.8 所列[19]。IMO 在 A.1046 (27) 号决议中指出，船舶在不同水域对 WWRNS 的导航需求可由单一无线电导航系统或多个无线电导航组合来满足。

表 3.7　海事领域 GNSS 通用导航最低性能要求

参数　　　　　　　　　不同水域	系统参数				服务参数			
	绝对精度	完好性			每 30 天的可用性/%	3h 以上的连续性/%	覆盖范围	定位间隔①/s
	水平精度/m	警报距离/m	告警时间①/(′)	完好性风险（每 3h）				
远洋水域	10	25	10	10^{-5}	99.8	—	全球	1
沿海水域	10	25	10	10^{-5}	99.8	—	全球	1
港湾入口及受限水域	10	25	10	10^{-5}	99.8	99.97	区域	1
港口	1	2.5	10	10^{-5}	99.8	99.97	局部	1
内陆航道	10	25	10	10^{-5}	99.8	99.97	区域	1
① 对于速度 30kn 以上的船舶，性能要求更高，1kn = 1.852km/h								

表 3.8　部分海事定位领域对 GNSS 的最低性能要求

参数　　　　　　不同水域		系统参数				服务参数			
		精度	完好性			每 30 天的可用性/%	3h 以上的连续性/%	覆盖范围	定位间隔①/s
		水平精度/m	警报距离/m	告警时间①/s	完好性风险（每 3h）				
运行	拖船	1（相对精度）	2.5	10	10^{-5}	99.8	99.97	局部	1
	破冰船	1（相对精度）	2.5	10	10^{-5}	99.8	99.97	局部	1
	自动避碰	10（相对精度）	25	10	10^{-5}	99.8	99.97	全球	1
	跟踪控制	10（绝对精度）	25	10	10^{-5}	99.8	99.97	全球	1
	自动入坞	0.1（绝对精度）	0.25	10	10^{-5}	99.8	99.97	局部	1
交通管理②	船到船协调	10（绝对精度）	25	10	10^{-5}	99.8	99.97	全球	1
	船到岸协调	10（绝对精度）	25	10	10^{-5}	99.8	99.97	区域	1
	岸到船交通管理	10（绝对精度）	25	10	10^{-5}	99.8	99.97	区域	1

（续）

参数		系统参数				服务参数			
		精度		完好性		每30天的可用性/%	3h以上的连续性/%	覆盖范围	定位间隔①/s
不同水域		水平精度/m	警报距离/m	告警时间①/s	完好性风险（每3h）				
交通管理②	搜索与救援	10（绝对精度）	25	10	10^{-5}	99.8	—	全球	1
	航道测量	1~2（绝对精度）	2.5~5	10	10^{-5}	99.8	—	区域	1
	海洋学	10（绝对精度）	25	10	10^{-5}	99.8	—	全球	1
海洋工程建筑	挖泥	0.1	0.25	10	10^{-5}	99.8	—	局部	1
	布设电缆管道	1	2.5	10	10^{-5}	99.8	—	区域	1
	建筑工程	0.1	0.25	10	10^{-5}	99.8	—	局部	1
	航标管理	1	2.5	10	10^{-5}	99.8	—	区域	1

① 对于速度为 30kn 以上的船舶，性能要求更高，1kn = 1.852km/s；
② 在某些海域（如波罗的海）的交通管理可能要求更高的精度

　　为了适应 GNSS 的发展趋势，2015 年 6 月 8 日 MSC 通过了 MSC.401（95）决议 "Performance standards for multi-system shipborne radio navigation receivers"，即多系统船载无线电导航接收机性能标准，并要求各国政府确保于 2017 年 12 月 31 日后要使船舶装载多系统船载无线电导航接收机，其性能指标不低于该决议给出的性能标准。在此标准中，仅关注于性能的最小要求，而对采用的具体方法没有限定。

　　多系统船载导航接收机性能标准的发布将允许当前的和未来的无线电导航系统组合使用，以确保船舶在海上航行时能获得可靠的位置、速度和时间（PVT）信息。其中的无线电导航系统包括天基无线电导航系统、陆基无线电导航系统和增强系统。

　　GNSS 属于天基无线电导航系统，能够在全球范围内提供 PVT 服务。GNSS 中的 GPS、GLONASS、北斗系统、Galileo 系统已被 IMO 认可为 WWRNS 的重要组成部分。每个 GNSS 空间段由布设在多个轨道的超过 30 颗卫星组成，卫星布设的原则要求世界范围内所有用户能够至少收到 4 个卫星信号以进行三维定位，要求位置精度因子小于 6 或者二维定位水平精度因子小于 4，以确保位置信息能够可靠地用于导航。

　　陆基无线电导航系统利用陆基发射台发射用于确定 PVT 信息的信号，接收机设备应至少接收到 3 个台站的信号以进行二维定位。

　　增强系统利用陆基或者天基的发射台提供增强数据，以改进定位的精确度和完好性服务。对于特殊的服务领域，例如港口入口、港口通道和沿岸水域，可利用增强系统来提高定位性能。

　　使用两个或者多个 GNSS 导航信号的多系统接收机，在利用或者不利用增强系统的条件下,能够提供改进的位置、速率和时间数据。当使用两个或者多个独立的,或者多频的无线电导航系统时,对有意和无意的无线信号具有抗干扰性。这样的组合方法也能够对单一系统提供冗余信息以减少损失。

接收机设备能够为速度不超过70kn的船舶进行导航,设备能够组合来自多个GNSS和一个可选的陆基无线电导航系统,可利用或者不利用增强系统,形成唯一可靠的PVT结果。多系统船载无线电导航接收机除满足决议 A. 694(17)"General requirements for shipborne radio equipment forming part of the global maritime distress and safety system and for electronic navigational aids",即作为 GMDSS 和电子导航辅助的船端设备通用要求,还要遵从最小性能标准,即至少要提供位置、对地航向(COG)、对地速度(SOG)和时间信息,这些信息可用于导航或作为船载其他系统的输入,且要求上述信息在船舶静态和动态条件下都应能够得到。

该性能标准允许应用不同的方法和技术来提供 PVT 数据和相应的完好性信息。凡是涉及 PNT 数据的协调提供以及 PNT 系统的完好性监测的在用设备和数据产品的指导方针中,若已经得到相关组织的认可,也要予以应用。

该性能标准中描述的多系统船载无线电导航接收机由接收机设备模块、操作和功能需求模块、接口和综合模块、文本模块四部分构成。

1)接收机设备模块

该性能标准规定的多系统船载无线电导航接收机设备包括的所有部件和单元是正常发挥预期功能的必备条件,接收机设备模块包括如下最小组成部分和功能:

(1)天线单元,能够接收所有的无线电信号,以支持接收机设备进行后续处理。此外,天线的设计应适合于放置在船上,能够为接收所有需要的无线电导航信号提供良好的环境。应考虑多径干扰和电磁兼容的影响。

(2)一个或多个接收机,一个或多个处理器,能够处理无线电导航信号,以支持接收机设备功能的实现。

(3)得到所计算 PVT 信息的手段和方法,如经/纬度、COG、SOG、时间、来源等信息的显示,以及当前导航的阶段。

(4)提供接收机数据控制和配置接口。

(5)显示单元。

(6)原始数据输出,如测距数据和 GNSS 卫星的导航数据等,用于提供辅助信息。

(7)向用户发布的 PVT 数据的质量和可靠性指示。

(8)当前所使用的向用户提供 PVT 信息的无线电导航系统的指示。

在接收机设备设计中还应考虑如下因素:

(1)减少带外干扰。

(2)能够为每个 PVT 源提供完好性监测,例如接收机自主完好性监测(RAIM);此外还应具有多系统的自主完好性监视,可在各个独立的 PVT 系统之间进行互检。

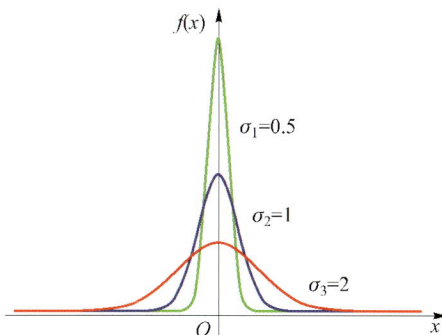

图 2.4　正态概率分布密度曲线族

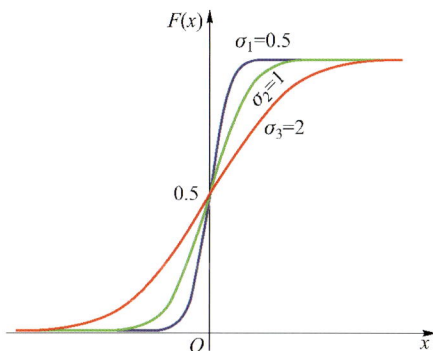

图 2.5　正态概率分布函数曲线族

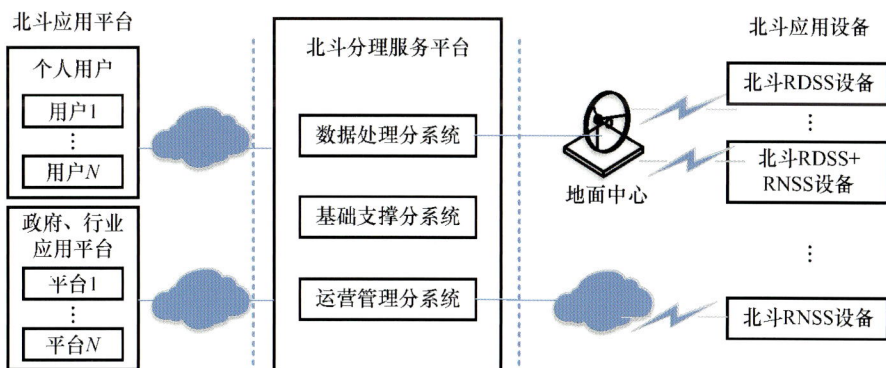

图 4.5　北斗民用典型应用系统架构

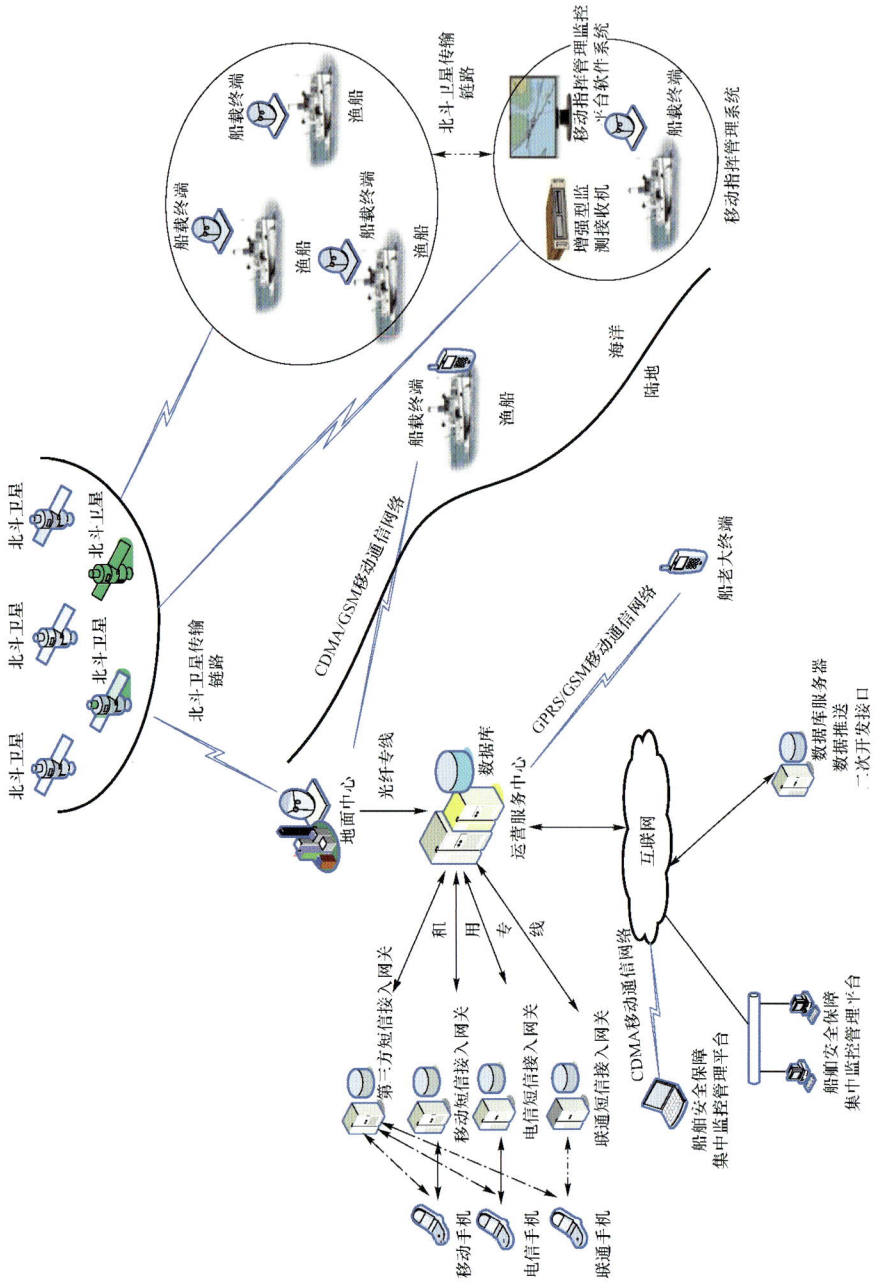

图4.6 北斗民用集团应用

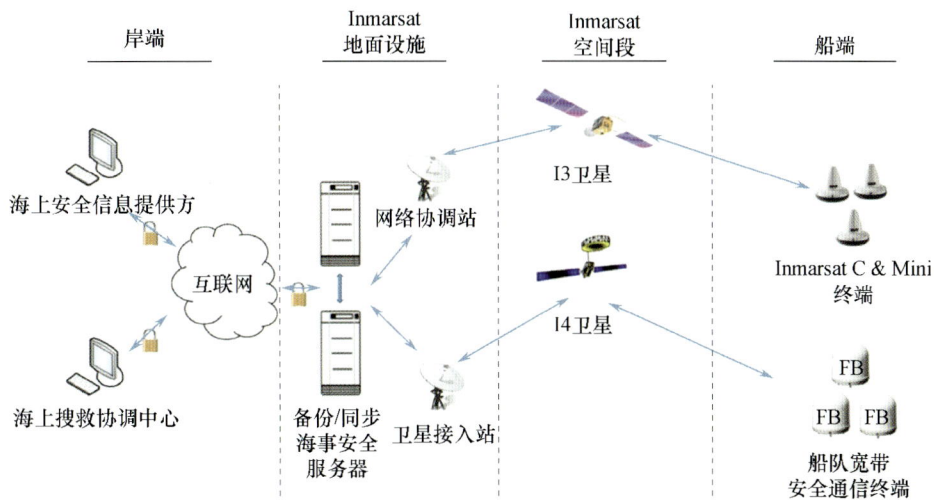

图 5.1　Inmarsat GMDSS 服务体系

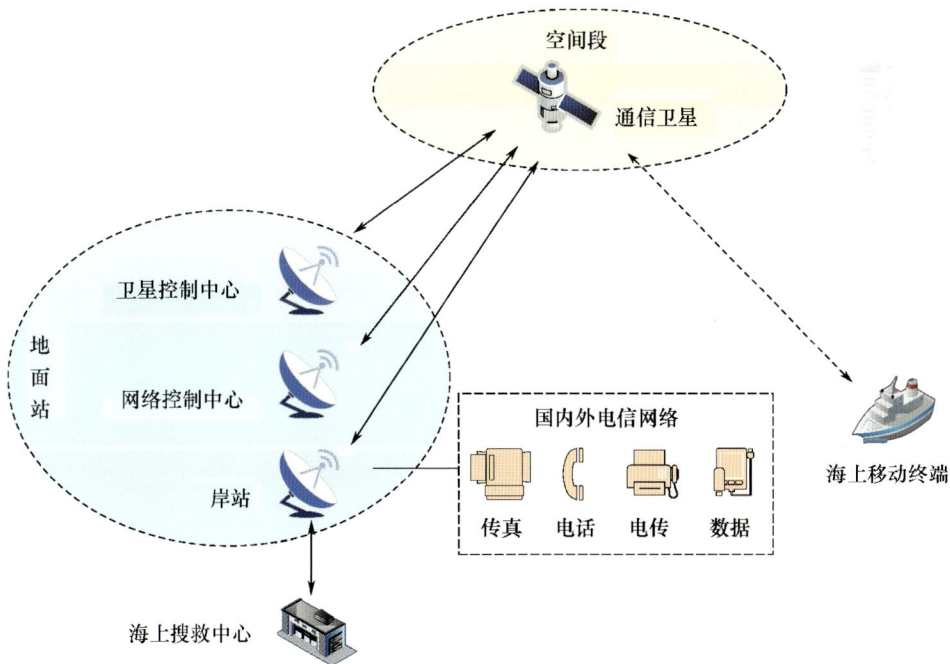

图 5.2　移动卫星通信系统组成

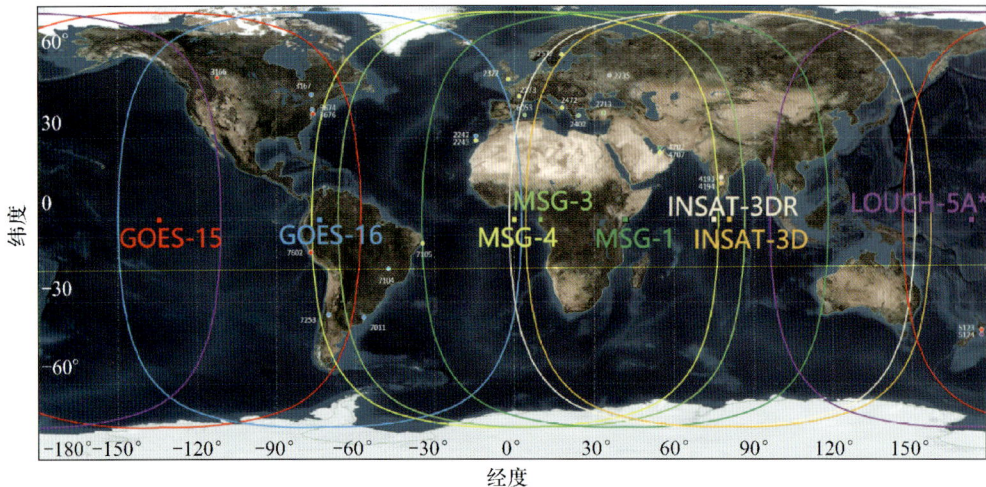

图 5.5　同步轨道卫星覆盖图

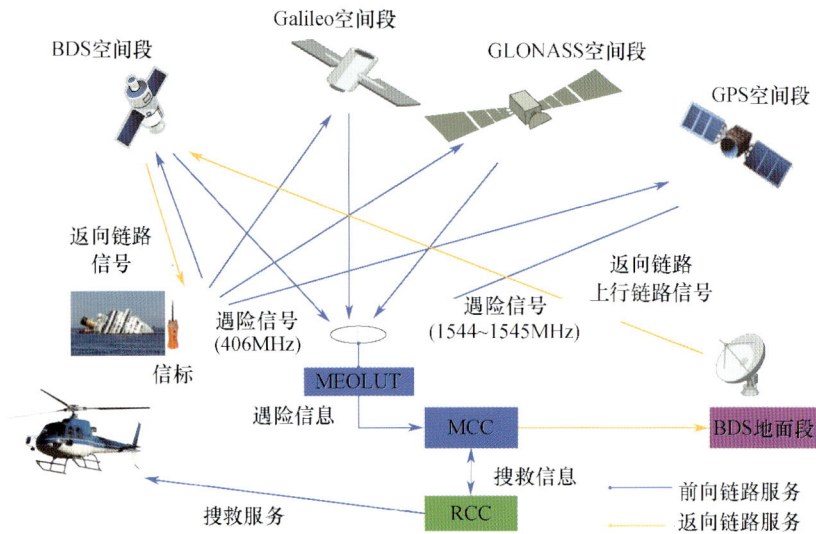

图 5.6　北斗国际搜救服务操作流程

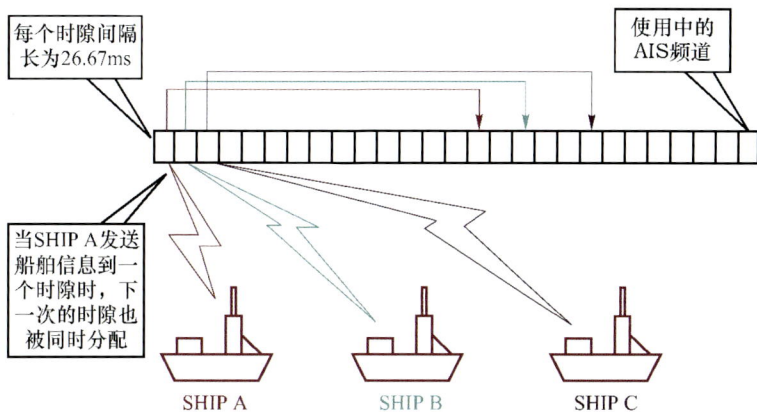

图 6.3　AIS 数据传输协议

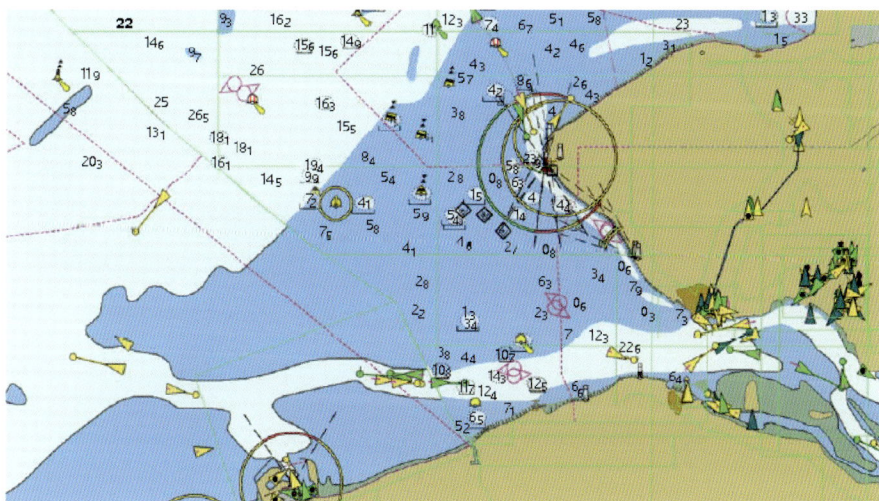

图 6.4　AIS 显示示例

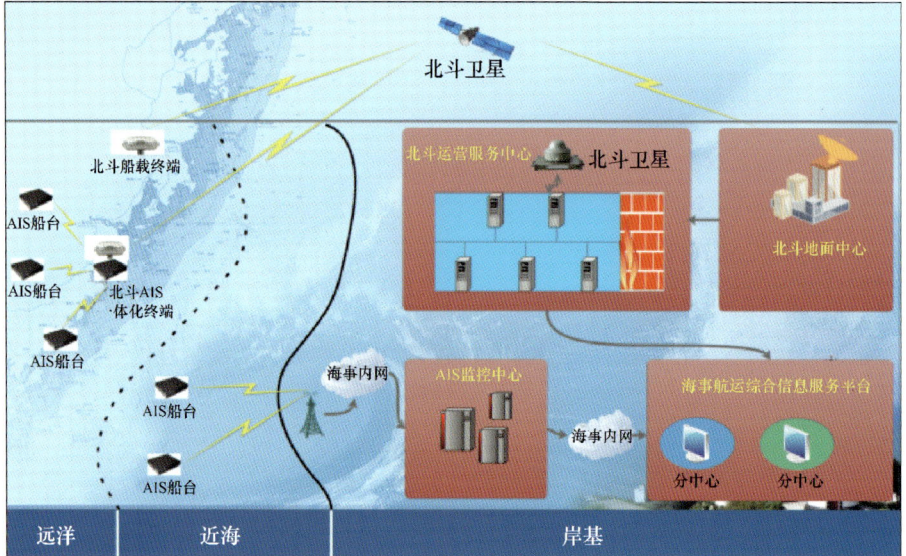

图 6.5　北斗/AIS 一体化应用

图 6.9　AIS 数据事发现场重构

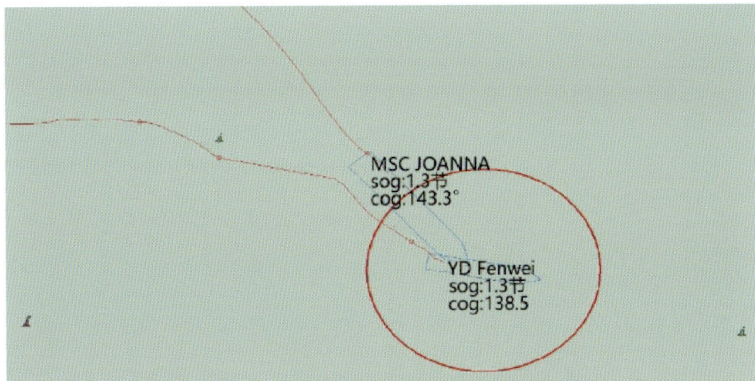

图 6.11 "地中海乔安娜"轮碰撞轨迹图

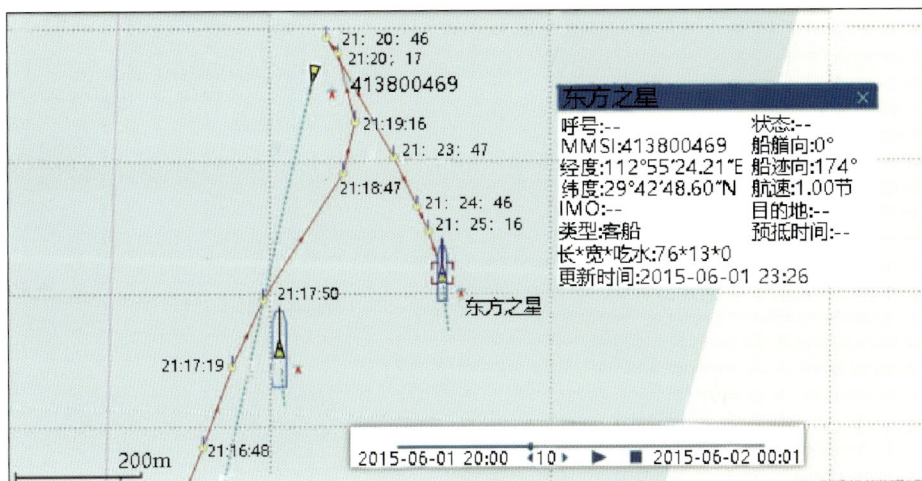

图 6.12 "东方之星"轮倾覆前轨迹

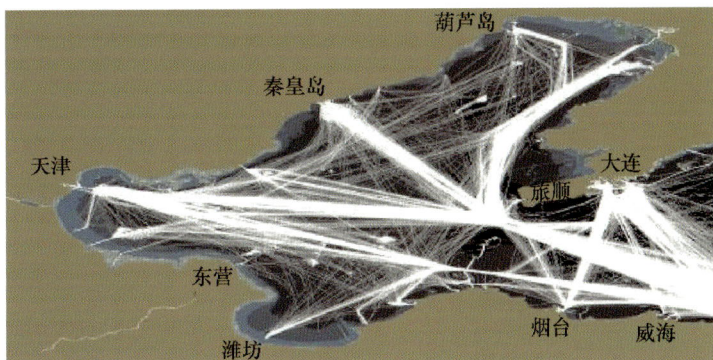

图 6.13 北方海区航道船舶流量轨迹示意图

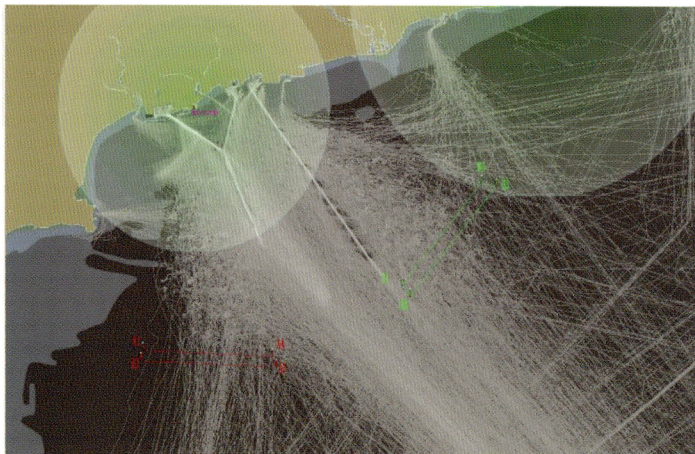

图 6.14 利用 AIS 船舶轨迹规划河北东西锚地

图 6.15 22 万吨级船舶进入曹妃甸港轨迹图

2）操作和功能需求模块

该模块应具有如下功能：

（1）至少使用两种独立的被 IMO 认可为 WWRNS 一部分的民用 GNSS 导航信号，这些信号使用空对地无线电导航卫星服务频段，并符合 ITU 的无线电规则。

（2）无论是直接应用于其他设备的输入，还是在综合导航系统中使用，提供的 PVT 数据应具有可用性和完好性的必要等级。

（3）当陆基无线电导航系统信号可用时，具有利用陆基无线电导航系统信号的能力。

（4）能够方便用户依照相关标准处理增强信号，如 ITU-R M.823 推荐标准、RTCM 10410 或者其他已有的或正在制定的用于的星基增强系统（SBAS）的相关标准。

（5）能够方便用户选择或取消无线电导航信号和增强信号。

（6）用户具有处理上述信号的能力，并且能够组合提供唯一的 PVT 解，包括：能够提供参照国际地球参考框架（ITRF）的经、纬度信息，例如 GPS 使用的 WGS-84（1984 世界大地坐标系）、GLONASS 使用的 PZ-90、Galileo 系统使用的 GTRF、北斗系统使用的 CGCS2000 均属于 ITRF，位置信息能够满足精度要求，最多保留 4 位小数；提供相对于真北向的 COG，以度为单位，达到 $0.1°$ 的精度；提供 SOG 信息，以节为单位，精度达到 $0.01kn$；时间信息以协调世界时（UTC）为基准，精确到 $0.1s$。

（7）能够在所规定启动时间内，按照 A.1046(27) 决议所要求的精确度提供 PVT 解，具体启动时间要求如下：① 在没有有效卫星历书数据时，即冷启动模式，启动时间为 $5min$；② 存在有效卫星历书数据时，即热启动模式，启动时间为 $1min$；③ 当断电或丢失信号小于 $60s$ 时，启动时间为 $2min$。

（8）能够提供 UTC。

（9）能够满足 A.1046(27) 决议给出的不同导航阶段下的要求。

（10）对于高速运载体（HSC）能够以至少 $0.5s$ 的更新率提供 PVT 解，对小于 $70kn$ 的常规船舶 PVT 解至少 $1s$ 更新 1 次。

（11）能够评估 PVT 解的性能是否满足不同导航阶段下的要求，如精确度和完好性。当不能进行评估时，应给出报警信号。

（12）每个导航阶段，当设备不能评估当前的性能，如 PVT 的精确性和完好性时，应给出警示。对于 HSC 应在 $2s$ 后给出警示，对于常规船舶应在 $3s$ 后给出警示。

（13）如果不能计算新的 PVT，对于 HSC 来说 $5s$ 后，对于常规船来说 $7s$ 后，应给出警告。在这种条件下，应给出上次的有效位置和时间，以及状态的明确说明，直到恢复正常运行。

（14）如果在规定的下一个更新时刻不能提供新的位置更新，则应输出上次有效的位置、SOG、COG 和时间，以及状态的明确说明，直至恢复位置更新。

（15）提供增强状态指示，包括：① 接收的增强信号；② 接收信号的有效性；

③ 在 PVT 解的位置中是否应用了增强信号;④ 不同增强信号的识别。

(16) 无论是最终的 PVT 解,还是需要显示的每个单独的导航源,都应以字母和数字组合的形式提供下面的信息给自身显示设备或者单独的显示接口:① 位置;② COG 和 SOG;③ 时间;④ 获得该 PVT 解的源系统;⑤ 评价性能是否满足不同导航阶段的要求;⑥ 位置解是否利用了增强信号的标识;⑦ 任何报警信息。

3) 接口和综合模块

该模块应满足如下要求:

(1) 提供的接口应满足相关国际标准,如 IEC 61162 系列标准:① 至少提供一个接口,以提供 WGS-84 下的 PVT 解,如包括位置信息、COG、SOG、时间、可用的和使用的 PVT 源、导航阶段性能是否满足要求的评估、增强信息等,提供将基于 WGS-84 计算的位置转换为所使用的导航图坐标兼容的数据参数;② 至少提供一个接口,该接口可提供所有可得到的导航源数据,如给出 WGS-84 下的 PVT 信息,提供给 INS 进行评估;③ 一个用于报警管理的接口,如船桥报警管理(BAM);④ 至少提供一个接收增强信号源的输入部件,具体参见 ITU-R M.823 推荐标准。

(2) 能够在来自于本船和外部的典型的电磁环境和无线电频谱干扰环境下,提供符合 A.694(17)决议要求的操作运行能力。

(3) 能够在天线或者其输入/输出意外短路或接地、设备的任何输入/输出的意外短路或接地等情况下,不产生永久损坏。

4) 文本模块

应提供设备的相关文档,最好是电子版,具体包括操作手册、安装手册、故障分析、相关材料等内容。

操作手册应包含如下功能:

(1) 多系统的概念,使用 GNSS、陆基无线电导航系统和增强系统的好处和限制,如 PVT 解的数据源。

(2) 具体说明使用了哪些 GNSS、陆基无线电导航系统和增强系统。

(3) 具体论述不同 PVT 源支持的不同导航阶段。

(4) 论述如何对接收机进行必要的调整以满足不同导航阶段的需求。

(5) 解释所使用的指示和门限设定的方法。

(6) 解释多系统的输入选择和融合处理。

(7) 描述可能出现的故障及其对接收机设备的影响。

安装手册应包括:

(1) 组成部件的详细信息,及它们之间的内部连接关系。

(2) 数据输入/输出接口和详细的连接情况及内部连接图。

(3) 配置选项和试运行指令。

(4) 供电和接地的要求。

(5) 推荐的设备物理布置图,包括装配的天线要求,必要的安装和维修空间。

功能层面的故障分析,应该论证设备是否采用了安全设计原则进行设计,论证设备是否包括"故障安全"机制。故障分析应该考虑所有失效模式的影响,如电气、部件、射频干扰或人为干扰等。

相关材料包括所有配置、功能、局限、控制、显示、报警、指示和设备的常规检查,以及其他维护设备所需的相关材料和信息。

3.3.2　检测标准

在制定性能标准的同时,相关国际组织也非常重视船载无线电导航接收机设备的检测工作,并制定了相关的检测标准,以保证接收设备的质量和性能,主要采用的标准是 IEC TC 80 制定的 IEC 61108 系列标准,详见 3.1.2 节。IEC 目前已发布 IEC 61108-5 "海上导航和无线电通信设备与系统　全球卫星导航系统(GNSS)系列标准——第 5 部分:北斗接收设备性能要求、试验方法和要求的测试结果"(BeiDou satellite navigation system(BDS)—Receiver equipment—Performance requirements,methods of testing and required test results)。

◢ 3.4　中国海事领域卫星导航相关标准

中国的卫星导航系统也制定了在海事领域的相关标准,如表 3.9 所列。现行标准大多是 2009 年前制定实施的,有些内容与当前行业应用发展水平已不太适应。目前,交通部等相关部门正在对现行标准进行统一梳理,并进行相关标准的制定修订工作。

表 3.9　中国卫星导航系统海事相关标准

标准号	标准名称
GB/T 30287.4—2013	卫星定位船舶信息服务系统——船用终端通用规范
GB/T 28444—2012	导航电子海图应用存储格式
GB/T 24955.3—2010	船舶和海上技术艏向发送设备(THD)第 3 部分:GNSS 原理
GB/T 17424—2009	差分全球卫星导航系统(DGNSS)技术要求
GB/T 12319—1998	中国海图图示
GB/T 15702—1995	电子海图技术规范
GB/T 15527—1995	船用全球定位系统(GPS)接收机通用技术条件
GB/T 12267—1990	船用导航设备通用要求和试验方法
GJB 5273—2004	舰载差分 GPS 海上设计鉴定试验规程
GJB 5273—2004	舰载差分 GPS 海上设计鉴定试验规程
JT 377—1998	沿海无线电指向标　差分全球定位系统播发标准
JT/T 766—2009	北斗卫星导航系统船舶监测终端技术要求

（续）

标准号	标准名称
JT/T 767—2009	北斗卫星导航系统船舶监测终端数据交换协议
JT/T 768—2009	北斗卫星导航系统船舶遇险报警终端技术要求
JT/T 732.1—2008	船舶卫星定位应用系统技术要求 第1部分:系统平台
JT/T 732.2—2008	船舶卫星定位应用系统技术要求 第2部分:船载终端
JT/T 625—2005	内河航运企业GPS/GSM&GPRS/GIS/NET系统技术要求
JT/T 219—1996	船用通信、导航设备安装、使用、维护、修理技术要求 全球定位系统(GPS)接收机
CB/T 3970—2005	船舶航速和操纵性的DGPS测试方法
SJ/T 11440—2012	卫星导航差分格式
SY/T 10019—2016	海上卫星差分定位测量技术规程

注:GB/T是国家推荐标准;GJB是国家军用标准;JT是交通运输行业标准;JT/T是交通部推荐性行业标准;
CB/T是船舶行业推荐标准;SJ/T是电子行业推荐标准;SY/T是石油天然气行业推荐标准

此外,在北斗应用方面,目前缺乏与现有行业检测类标准的结合及标准纳入,应积极开展有关研究并修订先行相关标准,或专门针对该技术方面研制终端产品和服务系统的检测类标准[20]。

参考文献

[1] JONAS M, OLTMANN J. IMO e-navigation implementation strategy-challenge for data modelling [J]. International Journal on Marine Navigation and Safety of Sea Transportation, 2013, 7(1): 45-49.

[2] 林德辉. IMO分委员会改革与2014年会议日程安排[J]. 船舶,2014(3): 113-114.

[3] 郭玉婷,黄飞炯,方杰. 国外卫星导航应用标准综述[J]. 卫星应用,2015(4):30-33.

[4] 康登榜,泉浩芳. 国际海事组织认可北斗的可行性分析(下)[J]. 卫星与网络,2014(3): 66-69.

[5] 齐中熙. 北斗导航系统获国际海事组织认可[N]. 新华每日电讯,2014-11-25.

[6] SPECHT C. Accuracy and coverage of the modernized polish maritime differential GPS system [J]. Advances in Space Research, 2011, 47(2): 221-228.

[7] 吴海玲,李作虎,刘晖,等. 卫星导航系统国际标准工作的现状分析与对策研究[J]. 地理信息世界,2014,21(6):35-42.

[8] 罗伟娟. 差分GPS信号解调解码技术研究[D]. 南昌:南昌大学,2017.

[9] 郭洪涛,任超. 差分GPS数据通讯格式RTCM3.0及应用发展[J]. 全球定位系统,2010, 35(3):63-65.

[10] 吴海玲,李作虎,刘晖. 关于北斗加入RTCM国际标准的总体研究[J]. 全球定位系统, 2014,39(1):27-33.

[11] 刘基余. RTCM SC-104 数据格式及其应用——GNSS 卫星导航定位方法之四[J]. 数字通信世界, 2016(S2): 1-4.

[12] 史小雨, 程鹏飞, 蔡艳辉, 等. 差分 GPS 数据通信格式 RTCM 3.1 及其解码算法的实现[J]. 测绘通报, 2012(6): 4-6, 67.

[13] 黄运乾. RTCM 电文编码和 COMPASS 电文类型预定义研究[D]. 北京: 中国测绘科学研究院, 2009.

[14] 朱静然, 潘树国, 孔丽珍. DGPS 数据格式 RTCM3.1 介绍及编解码方法[C]//中国卫星导航系统管理办公室, 等. 第四届中国卫星导航学术年会论文集-S1, 武汉, 2013.05.

[15] 陈振, 王权, 秘金钟, 等. 新一代国际标准 RTCM V3.2 及其应用[J]. 导航定位学报, 2014, 2(4): 87-93.

[16] 于晓东, 吕志伟, 王兵浩, 等. DGNSS 数据传输格式 RTCM3.2 的介绍及解码研究[J]. 全球定位系统, 2015, 40(3): 37-41.

[17] 周雁. 关于发布《北斗地基增强系统服务性能规范(1.0 版)》的公告[EB/OL][2017-07-27]. http://www.beidou.gov.cn.

[18] 康登榜, 泉浩芳. 国际海事组织认可北斗的可行性分析(上)[J]. 卫星与网络, 2013(12): 72-75.

[19] 汪陶胜. 北斗纳入国际海事组织全球无线电导航系统的可行性分析[C]//中国卫星导航系统管理办公室, 等. 第三届中国卫星导航学术年会, 广州, 2012, 6.

[20] 李冬航. 卫星导航标准化研究[M]. 北京: 电子工业出版社, 2016.

第4章　北斗无线电测定业务

北斗卫星导航系统是我国着眼于国家安全和经济社会发展需要,自主建设、独立运行的卫星导航系统,是为全球用户提供全天候、全天时、高精度的定位、导航和授时服务的国家重要时空基础设施。北斗通过卫星无线电测定业务(RDSS)和卫星无线电导航业务(RNSS)为我国及周边区域用户提供优良的定位、导航、授时及位置报告、短报文通信服务。其中,RDSS 是北斗的特色服务,也是北斗的独特优势。

◤ 4.1　RDSS 工作原理

4.1.1　工作流程

北斗卫星导航系统的 RDSS 主要是利用地球同步卫星对目标实施快速定位,同时兼有短报文通信、定时授时、位置报告等功能的有源卫星导航定位系统。

RDSS 由若干地球静止轨道(GEO)卫星、地面运控中心(简称地面中心)和北斗终端三部分组成,其中每颗 GEO 卫星有若干个波束,组成波束覆盖服务区。各部分通过出站链路(地面中心→卫星→终端)和入站链路(终端→卫星→地面中心)进行交互,如图 4.1 所示。

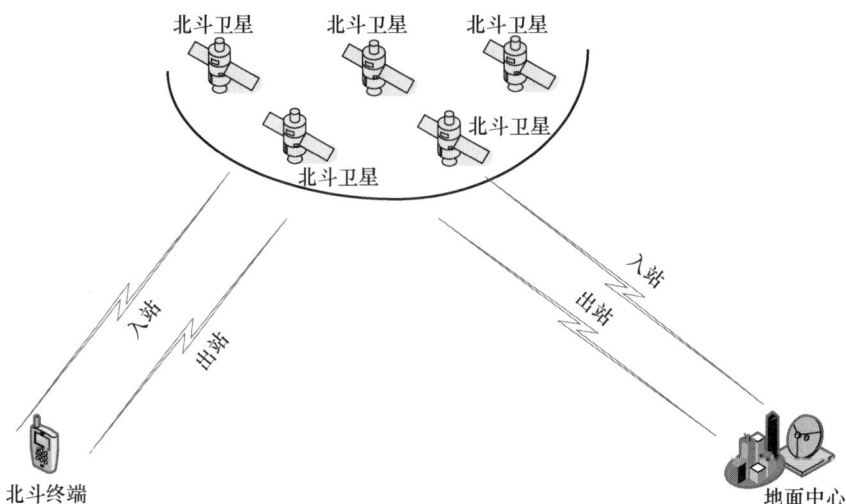

图 4.1　RDSS 系统交互示意图

RDSS 的工作过程:首先由地面中心形成包括询问标志的出站信号,通过卫星出站链路向用户广播。用户响应其中任意一颗卫星的询问标志,通过入站链路向地面中心发送服务请求。地面中心接收解调用户发送的信号,根据用户的申请服务内容进行相应的数据处理。地面中心随后在出站信号中将对应的服务结果返回给用户,北斗终端接收并解析相应的出站信号后完成一次交互服务。

系统出站信号包含询问标志、卫星广播信息、服务信息等。用户完成对卫星信号的锁定之后,即可进行各类服务的申请和接收。

北斗终端工作时一直处于接收数据帧和解析数据帧的状态中,如果需要申请服务,则将准备好的申请信息按入站信号格式编排,在下一帧参考时标启动后完成信号的发射。

对于定位申请,北斗终端一般根据信号强度自动选择响应的波束,必要时也可以指定响应波束进行入站申请。处于波束覆盖区的卫星把信号转发至地面中心,地面中心将从各个波束收到的入站信号进行配对,并计算相应的测距值,根据收到的多条测距结果,利用定位算法解算出用户的位置信息。用户入站时除了指定响应波束外,还可以将其他可以锁定的波束号写在入站信息中,形成冗余波束信息。用户信息出站时,如果响应波束繁忙,系统将根据该冗余波束信息安排从冗余波束中出站。该功能不仅可以有效缓解某些波束的出站压力,而且能改善用户的使用体验。

对于通信申请,具体的通信报文被北斗终端写在入站信号的数据段中,地面中心收到入站请求之后将提取通信内容,根据目的用户的 ID 从数据库中查找目的用户所在波束。目的用户的所在波束主要由用户最新一次入站的响应波束和冗余波束决定,数据库会实时为用户维护响应波束号。随后地面中心将通信内容置入对应波束的出站信号中,收信方通过解析出站信号得到对应的通信内容后,会自动向地面中心返回一个回执。如果本次通信最后系统始终没有收到目的用户的回执,地面中心就将把本条通信内容存入该用户所属的虚拟信箱中。

对于定时申请,地面中心将中心与各卫星之间的距离时延以及该路径上的电波修正模型参数在出站信号的广播信息中向用户发布。单向定时用户利用系统广播的卫星位置与电波修正模型,结合自身的位置信息,计算出卫星到用户的距离时延与该路径上的对流层、电离层折射修正值,获得出站信号帧到达的精确时间,并结合北斗终端自身本地钟的秒脉冲(PPS)信号即可获得准确的时差修正。若需要获得精度更高的定时信息,用户则需要进行双向的定时申请。双向定时用户通过从地面中心获得从中心到卫星、卫星到用户的准确时延修正,可以极大程度地降低用户利用广播信息造成的误差。

系统出站信号采用超帧与帧结构的多路传输体制,入站信号采用突发帧的传输体制,每一帧的数据段以数据形式传输电文信息,实现双向通信。定位、短报文通信和定时三项功能在同一信道中完成。

RDSS 具有如下三大基本功能:

（1）定位：快速确定用户所在点的地理位置。

（2）通信：用户与用户、用户与地面中心之间均可实现双向数字报文通信。

（3）定时：用户确定自己的准确时间，并与地面中心进行高精度的时间同步。

4.1.2 服务类型

RDSS 主要分为基本服务、指挥型服务、集团服务三种类型。

1）基本服务

RDSS 的基本服务为系统通用服务，基本服务的使用受注册频度的限制。如注册频度为 60s 的用户，两次请求服务间隔必须大于或等于 60s。如果间隔时间过短，系统将拒绝服务，不提供返回结果。基本服务主要包括快速定位、短报文通信、位置报告、时间服务、应急搜救。

（1）快速定位：用户在冷启动情况下，仅需要 3s 即可确定用户的位置信息，定位精度为 20m。相对于 RNSS 定位冷启动约 30s，RDSS 快速定位首次定位时间短的优势更加明显。

（2）短报文通信：用户只需输入要联系的用户 ID 号和通信电文，即可将短报文发送给目的用户，其中用户可以发送最长为 120 个汉字的信息。

（3）位置报告：分为带位置的位置报告和不带位置的位置报告。带位置的位置报告中的位置信息由用户自主确定，北斗终端可以选择采用 RDSS 定位或 RNSS 定位来获得位置信息并通过 RDSS 链路向指定用户进行位置报告；而不带位置的位置报告中位置信息是由地面中心计算获得的，并同时向指定用户推送。

（4）时间服务：分为单向与双向两种类型。单向定时用户只需要解析 RDSS 通过卫星每分钟播发的广播信息即可完成定时；双向定时用户则需要与地面中心完成一次交互来获得更为准确的路径传播时延信息。在定时精度方面，单向定时精度优于 50ns，双向定时精度优于 10ns。

（5）应急搜救：用户和搜救中心之间通过 RDSS 搭建了双向链路，用户向搜救中心发送应急搜救请求，搜救中心发送搜救响应。

2）指挥型服务

指挥型服务是指挥型用户的专属服务，包括通播、兼收、回执、通信查询和定位查询。指挥型用户与下属用户之间通过通播号来实现隶属关系，从而构建指挥体系。

（1）通播：指挥型用户可以利用通播功能向下属的所有用户群发信息。下属用户利用通播号即可解析出对应的群组信息。

（2）兼收：当指挥型用户与其下属用户处于一个波束覆盖区时，指挥型用户可以利用兼收功能获得下属用户的通信内容，完成对下属用户通信内容的共享。

（3）回执：一般情况下，收方用户在接收到相关的信息之后，将会向系统返回一个回执信息，回执信息本身并不占用通信频度。若发方用户为指挥型用户，则该回执信息会再经由地面中心发送给发方用户；否则，系统将不会把该回执信息反馈给用户。

（4）通信查询：用户可以向地面中心发送通信查询指令，获得虚拟邮箱中的通信信息。

（5）定位查询：指挥型用户可以通过定位查询功能获得下属用户的位置信息，系统会根据申请参数返回最近 1 ~ 3 次定位结果。

3）集团服务

集团服务为具有民用分理级服务资质的集团用户所专属，可以为其提供大容量的实时 RDSS 数据传送服务。

RDSS 数据在 RDSS 出站的同时，通过地面专线网络由地面中心的信息服务系统将数据实时传送给用户 ID 所属集团用户的信息平台。集团服务主要面向具有民用分理服务资质的用户，主要传输的业务类型包括上述的基本服务与指挥型服务内容。集团服务有助于突破原有的隶属关系限制，使得信息平台可以更大范围、更加有效地掌握用户的数据，为集团用户打造地理信息与指挥监视系统提供有力的数据支撑。根据当前系统架构，集团服务的数据传输时延一般小于 1 s，能够满足一般使用场景。

4.1.3　定位原理

定位功能是北斗系统 RDSS 的首要设计功能，其工作原理与 GPS、GLONASS 及 Galileo 系统等完全不同，其并非由用户自身完成导航电文的收集和位置计算，而是由地面中心完成用户定位所需的无线电导航参数的确定和位置计算。以这种工作模式得到的服务称为 RDSS。相应的，GPS 和 GLONASS 等提供的服务称为 RNSS。RDSS 与 RNSS 相比，其所有测距均由地面中心的测量控制中心（MCC）完成，不存在卫星钟差和测站钟差，这也是"测定"的含义所在。RDSS 系统通过高程库确定用户高程，与最少两颗卫星形成三球交会即可完成定位计算服务，俗称"双星定位系统"。其以低廉的成本，轻巧的体系结构设计，为我国国防建设和国民经济发展做出了突出贡献[1]。

RDSS 系统的最简构成包括一个 MCC、2 颗运行在 GEO 的转发式卫星。目前，用于 RDSS 系统服务的 GEO 卫星已达到 8 颗，但下面在详细介绍定位原理时仅以 2 颗为例。

MCC 通过 GEO 卫星 S_1、S_2 发射询问信号，当用户接收到该信号时，根据信号强度或终端设置锁定由其中一颗 GEO 卫星转发来的询问信号，并立即将收到询问信号的时刻标志、用户身份识别标识等有关信息调制成应答信号，经卫星 S_1、S_2 分别发送回 MCC，由 MCC 分别测量出由卫星 S_1、S_2 返回的信号时间延迟量。MCC 通过比较回传时刻以及回传帧号，计算用户到卫星、卫星到 MCC、MCC 到卫星、卫星到用户的四程测距。由于卫星 S_1、S_2 在各时刻的位置已知，在数据处理过程中，考虑上述信号传输过程中卫星 S_1、S_2 的相对运动及 MCC、卫星 S_1/S_2 转发器的传输延迟、用户终端的传输延迟和电离层、对流层的影响，从而可获得用户至两颗卫星之间的距离量，并结合用户所在点的大地高程数据,最终计算出用户坐标位置,并将定位结果通过 GEO 卫星播发给终端。图 4.2 给出了 RDSS 定位原理示意图。

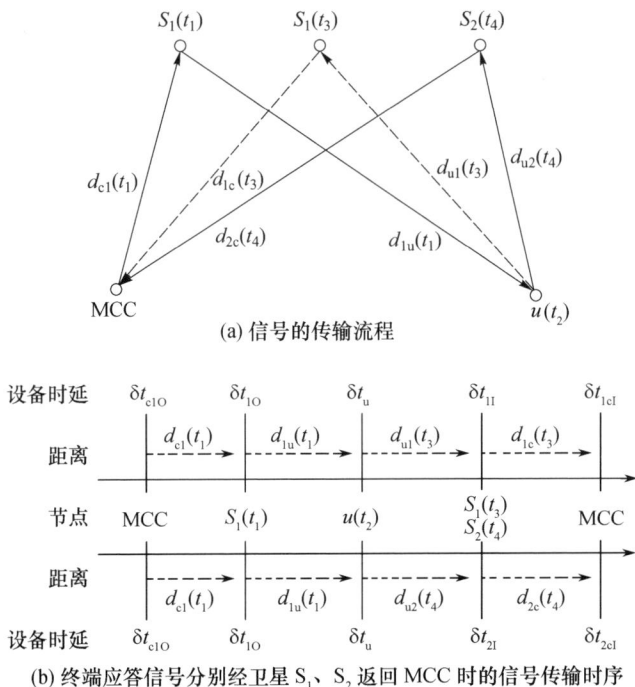

(a) 信号的传输流程

(b) 终端应答信号分别经卫星 S_1、S_2 返回 MCC 时的信号传输时序

图 4.2　RDSS 定位原理示意图

构成的基本观测量可用如下公式表示:

$$D_1 = c\delta t_{c1O} + d_{c1}(t_1) + c\delta t_{1O} + d_{1u}(t_1) + c\delta t_u + d_{u1}(t_3) + c\delta t_{11} + d_{1c}(t_3) + c\delta t_{1cI}$$

$$(4.1)$$

$$D_2 = c\delta t_{c1O} + d_{c1}(t_1) + c\delta t_{1O} + d_{1u}(t_1) + c\delta t_u + d_{u2}(t_4) + c\delta t_{21} + d_{2c}(t_4) + c\delta t_{2cI}$$

$$(4.2)$$

式中:D_1 为信号从 MCC 产生、卫星 S_1 转发、终端应答、卫星 S_1 转发、MCC 接收全过程的等效传输距离;D_2 为信号从 MCC 产生、卫星 S_1 转发、终端应答、卫星 S_2 转发、MCC 接收全过程的等效传输距离;t_1 为卫星 S_1 接收地面 MCC 询问信号并转发信号时刻;t_3 为卫星 S_1 转发终端应答信号时刻;t_4 为卫星 S_2 转发终端应答信号时刻;δt_{1O} 为卫星 S_1 出站转发器设备时延;δt_{11} 为卫星 S_1 的入站转发器设备时延;δt_{21} 为卫星 S_2 的入站转发器设备时延;δt_u 为终端转发信号时延;δt_{c1O} 为 MCC 至 S_1 出站链路设备时延;δt_{1cI} 为 S_1 至 MCC 入站链路设备时延;δt_{2cI} 为 S_2 至 MCC 入站链路设备时延;c 为光速;d_{c1} 为 MCC 至 S_1 的距离;d_{1c} 为 S_1 至 MCC 的距离;d_{2c} 为 S_2 至 MCC 的距离;d_{1u} 为 S_1 至终端的距离;d_{u1} 为由终端返回 S_1 的距离;d_{u2} 为由终端返回 S_2 的距离。

设备时延是缓变量,在一段时间内可视为常数,其数值可以精确测定并适时更新,所以对信号的接收与发射的时差为已知。考虑卫星的运动,信号经卫星出站再经用户入站的转发时刻在百毫秒量级。在图 4.2 中两颗卫星与 MCC、用户之间各距离表示式如下:

$$d_{u1}(t_3) = \left| \boldsymbol{R}_1(t_3) - \boldsymbol{R}_u(t_2) \right| + \varepsilon_{u1} \tag{4.3}$$

$$d_{1c}(t_3) = \left| \boldsymbol{R}_1(t_3) - \boldsymbol{R}_c \right| + \varepsilon_{1c} \tag{4.4}$$

$$d_{u2}(t_4) = \left| \boldsymbol{R}_2(t_4) - \boldsymbol{R}_u(t_2) \right| + \varepsilon_{u2} \tag{4.5}$$

$$d_{2c}(t_4) = \left| \boldsymbol{R}_2(t_4) - \boldsymbol{R}_c \right| + \varepsilon_{2c} \tag{4.6}$$

$$D_{c1}(t_1) = \left| \boldsymbol{R}_1(t_1) - \boldsymbol{R}_c \right| + \varepsilon_{c1} \tag{4.7}$$

$$D_{1u}(t_1) = \left| \boldsymbol{R}_1(t_1) - \boldsymbol{R}_u(t_2) \right| + \varepsilon_{1u} \tag{4.8}$$

式中:$\boldsymbol{R}$ 为卫星或者 MCC 或者用户在对应时刻的位置矢量;下标 c 表示 MCC,u 表示用户;ε 为测量误差,详细的误差分析将在定位精度中进行阐述。

MCC 位置已知,卫星位置可由预报轨道星历插值得到,因此可以根据原始观测量,建立关于用户经度、纬度和高程的方程。但是,在仅有两颗卫星的情况下,基本观测量仅能提供两个独立的方程,无法解算用户的三维坐标,因此 RDSS 系统定位需要依靠精准的数字高程库作为辅助信息确定用户位置[1]。

以上详细介绍了基于一个 MCC,2 颗转发式 GEO 卫星进行有源定位的基本原理,当 GEO 卫星多于 2 颗时,其定位原理不发生改变,但是增加了冗余信息,定位精度会有所提高。

1)定位精度

影响有源定位的基本要素与无源定位相同,仍然是测量数据的误差修正精度以及卫星星座的几何构型。

有源定位中卫星星座几何构型同样可以用 DOP 描述,但是由于有源定位中,高程方向有约束信息,因此不存在 VDOP,且 PDOP 和 HDOP 描述的是同一个量。在 5 颗 GEO 均可用的情况下,HDOP 约为 1.3,随着卫星数减少,HDOP 逐渐增大,仅 2 颗 GEO 可用时,HDOP 约为 4。

RDSS 测量误差主要包括电离层延迟、对流层延迟、轨道误差、硬件延迟的标校误差、数字高程库引入的高程误差以及测量噪声。其中,电离层延迟、对流层延迟、轨道误差均包括在式(4.3)~式(4.8)中的 ε_{u1}、ε_{1c}、ε_{u2}、ε_{2c}、ε_{c1} 和 ε_{1u}。系统建立了一系列监测站用来收集数据以进行修正。RDSS 系统电离层延迟改正精度为 1~2m,对流层延迟量级较电离层延迟更小,约为 1m,其修正精度约为厘米量级。轨道误差与卫星在不同情况下采用的不同定轨方法有关。平时非轨道机动期间,采用多星联合解算的动力学轨道预报方法,利用激光测距评估的预报轨道在径向误差约为 1m,轨道机动期间采用几何法定轨,轨道误差小于 20m。轨道机动结束后 4~72h,采用单星动力学法,其轨道预报径向误差约为 1.5m。为避免单颗卫星轨控期间影响用户定位精度,MCC 会自动优先选用轨道误差小的卫星相应测距数据参与计算。

MCC 计算用户高程首先需要计算用户粗略位置,根据粗略位置查询数字高程库,数据库存有精度为 10m 的高程值,根据粗略位置插值得到用户高程,从而实现用户三维位置确定。该确定过程通过不断迭代提高精度,最终得到的高程插值精度约为分米量级,因此总的高程误差约为 10m。

2)定位模式

RDSS 的定位模式分以下 4 种:

(1)无高程定位:是 RDSS 定位业务应用最广泛的定位模式,适用于用户在发送定位请求时不知道自身高程信息的情况。由于 RDSS 定位原理中高程信息是通过查询高程库获取的,而高程库中的高程指的是地面点的高程,实际测量中终端并非放在地面上,因此用户还需要输入终端至地面的天线高数值。无高程定位适用于自然地貌地区,若定位处实际高程与高程库中差异过大,则会导致查库迭代的误差放大,如高楼、空中用户,此时需使用有高程定位。

(2)有高程定位:如果用户已知自己的高程值,那么在发送定位请求时可以直接输入高程数据。此种定位方式适合具备自行测高功能的用户,如飞机、飞艇等空中用户使用。

(3)紧急定位:紧急定位允许用户单次突破频度限制进行服务请求,但是随后会受到 2 倍频度限制。同时,地面中心在处理紧急定位服务时默认采用无高程定位,并以高于普通服务的优先级安排出站。

(4)RDSS/RNSS 联合快速定位:是指能同时具备 RNSS 定位与 RDSS 定位及通信功能的多模用户终端,将收到的 RNSS 伪距信息通过 RDSS 入站链路发送到地面中心,地面中心综合利用其 RNSS 伪距和 RDSS 测距联合进行定位处理。这种定位模式摆脱了传统 RDSS 必须查询高程库的限制,在无高程数据支持的地区也能实现快速定位处理。

4.1.4 短报文通信

北斗卫星导航系统短报文通信是 RDSS 的一项重要功能,是北斗系统区别于其他卫星导航系统的重要特征。对于通信申请,用户终端 A 输入要联系的用户终端 B 的地址码和通信电文,随响应信号送入 MCC。MCC 收到用户终端 A 的响应信号后,译出用户终端 B 的地址和通信电文,将通信电文放入只允许用户终端 B 才能够解出通信码的信息中,随询问信息出站,用户终端 B 便可得到通信信息[2]。

4.1.5 位置报告

位置报告功能是卫星导航系统定位与通信相结合的典型应用。在 RDSS 中,位置报告有两种实现渠道,一种是用户终端与其所隶属的指挥机之间;另一种是两个没有隶属关系的用户终端之间。前者不需要定义专用的通信格式,指挥机能够自动接收并解码下属用户终端的位置信息,用户终端不需要指明接收位置信息的用户 ID;对于后者,用户终端必须明确指定接收位置信息的用户 ID。此外,前者只能使用 RDSS 定位模式获取位置信息,后者还可以通过 RNSS 定位模式获取位置信息。

4.1.6　时间服务

时间服务可以分为单向与双向两种方式。

1)单向定时

地面中心以每分钟一次的频度向 GEO 卫星发送广播信息,经卫星转发器向各自服务区内的用户广播,广播信息数据段内含有标准时间信号、发送时刻的卫星位置和卫星速度、地面中心至卫星的距离时延值以及用户所在服务区内的电波传播修正模型参数。用户根据这些参数,利用统一模型自行解算电波修正值以获得当前时间。

2)双向定时

当用户需要进行双向定时服务时,任意响应一颗卫星的询问信号,并向该颗卫星发送定时申请的入站信号。地面中心接收并解调用户发出的入站信号,计算出用户的时延修正值,将其放置在出站信号中,通过卫星转发给用户,用户可以据此调整本地时钟,完成双向定时。

4.1.7　应急搜救

应急搜救是一种特殊的定位报告,用户发送定位报告的同时携带搜救信息。应急搜救可使用 RDSS 定位报告、RDSS 广义定位报告、自主定位报告 3 种形式向地面中心发送位置,同时利用入站信号的剩余信息容量携带搜救信息,搜救信息包括搜救协议字段和通信内容字段。

地面中心收到用户的搜救信息后,需要进行位置解算(自主定位不需要),然后将用户位置信息和搜救信息通过地面专线传送至搜救中心,同时地面中心还需要向用户回复确认,否则用户会每隔一定间隔发送搜救信息。搜救中心收到地面中心发来的信息后,将回执信息以及地面救援力量准备情况返回地面中心,并由地面中心安排信息出站。应急搜救服务属于优先级较高的服务,地面中心会优先处理应急搜救请求,并安排搜救响应报文优先出站,从而确保应急搜救业务的时效性。

4.1.8　服务性能

《卫星导航系统用户指导手册区域短报文通信服务》(1.0 版)公布了服务设计性能指标,其中服务成功率≥95%,服务频度一般为 1 次/30s,最高 1 次/1s,响应时延≤1s,终端发射功率≤3W,服务容量上行、下行性能指标分别达到 1200 万次/h、600 万次/h,单次报文最大长度 1000 个汉字,RDSS 定位精度水平 20m,高程 20m,广义 RDSS 定位精度水平 10m,高程 10m,双向授时精度 10ns。

4.2 北斗 RDSS 民用服务管理体系

北斗导航民用服务由中国卫星导航定位应用管理中心(简称应用管理中心)统一授权管理。

应用管理中心对申请提供北斗导航民用服务的单位法人资格、专业技术能力、质量保证能力、财务资金状况、经营信誉、保密资格等情况进行审查,向通过审查的单位授予北斗导航民用服务资质,允许该单位从事北斗民用授权服务。北斗导航民用服务资质分为分理级和终端级两种服务资质。

应用管理中心对承担北斗导航产品质量检测工作的单位进行授权管理,只有经批准获得检测资质的质量检测机构才能开展北斗导航产品质量检测服务。

4.2.1 北斗导航民用分理级服务

北斗民用分理级服务是指分理北斗卫星导航定位、授时、位置报告和短信服务,开展获准的增值服务和应用项目开发。具有北斗民用分理服务资格的单位可以向应用管理中心进行用户卡申请,并且根据用户卡的使用场景,获得 60 ~ 300s 的服务频度。该单位也可以申请接入专线集团服务,获得服务数据的推送。

4.2.2 北斗导航民用终端级服务

北斗民用终端级服务是指开展北斗卫星导航型、定时型、测量型、位置报告/短报文型芯片、板卡、模块、整机等终端产品的生产活动。其中提供 RDSS 的单位,必须通过应用管理中心的资质审查,并取得北斗导航民用服务资质证书,否则不得向社会提供相应服务。

4.2.3 北斗卫星导航产品质量检测服务

北斗卫星导航产品质量检测服务是指授权检测机构按照相关技术规范或者标准要求的程序,对外出具产品检测报告,并在检测报告封面适当位置加盖北斗质检机构批准标志章。

北斗终端需要经过北斗卫星导航产品质量检测机构的检测,检测合格产品有对应的质量检测报告,如图 4.3 所示。通过入网测试,每一台终端都有一个唯一的北斗序列号作为北斗终端的唯一标识,如图 4.4 所示。在入网注册时北斗序列号将与北斗用户 ID 号一一对应,匹配绑定。

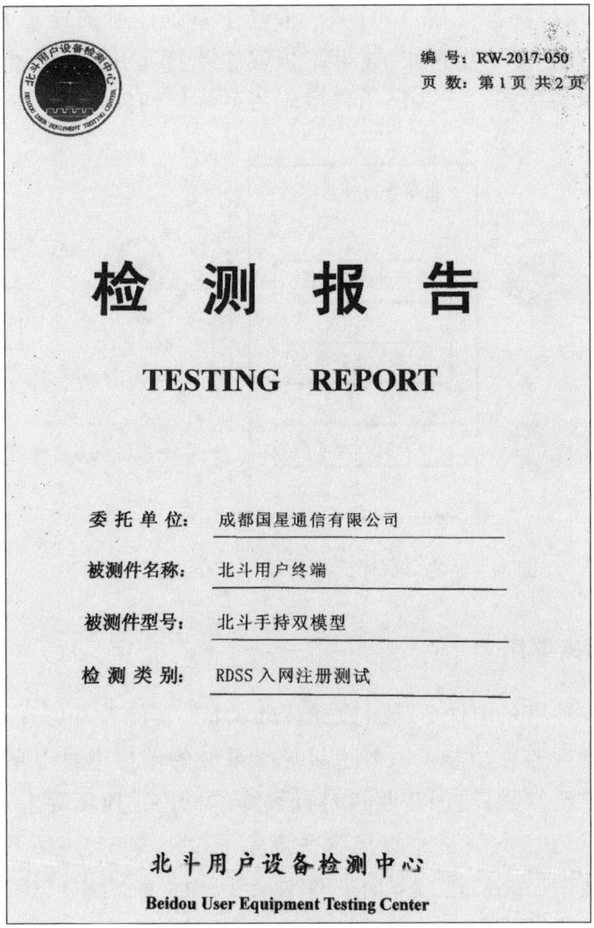
编 号：RW-2017-050
页 数：第1页 共2页

检 测 报 告

TESTING REPORT

委 托 单 位：成都国星通信有限公司

被测件名称：北斗用户终端

被测件型号：北斗手持双模型

检 测 类 别：RDSS入网注册测试

北斗用户设备检测中心

Beidou User Equipment Testing Center

图4.3　检测报告

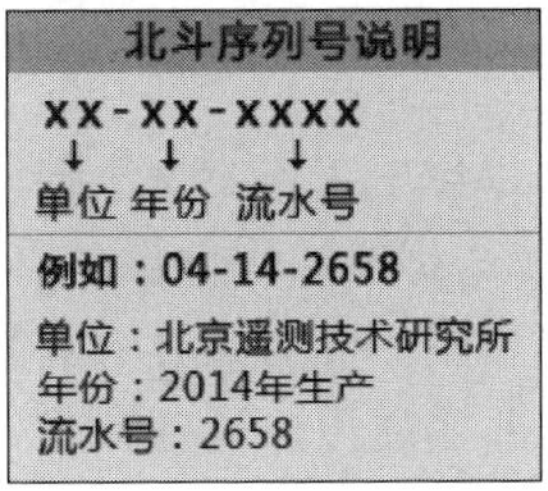

图4.4　北斗序列号

4.3　RDSS民用典型应用模式

当前，北斗民用典型应用模式根据应用的规模可以分为集群应用与集团应用两类。其中:集群应用以指挥型用户为核心,依赖于系统注册的隶属关系,规模一般较小;集团应用一般存在多个指挥集群,可不依赖于指挥型用户,通过专线实现更大规模下属用户的管理与指挥。北斗民用典型应用系统架构如图4.5所示。

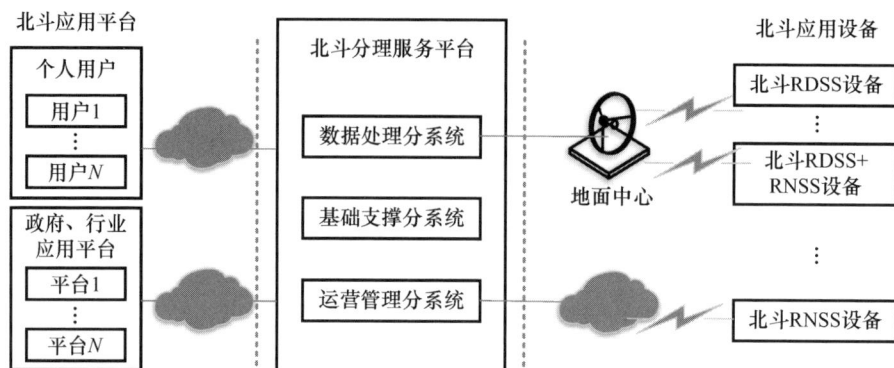

图4.5　北斗民用典型应用系统架构(见彩图)

4.3.1　集群应用

北斗系统具有独有的 RDSS 双向数据传输功能,它使北斗系统具备了其他系统无法独立实现的指挥监控功能。一般卫星导航系统的用户通过卫星播发的信号获得卫星位置和时间等已知量,再由接收机自行解算本机位置速度等未知量,也就是能够从系统获得"我在哪里"的信息。而北斗系统除了以上方式,使用 RDSS 的用户还可以通过卫星与地面中心之间进行双向的数据交互,由系统为用户解算出位置坐标,再通过卫星信号转发将结果发送给用户。系统不仅可以向用户发送本机的位置坐标,在需要的时候还可以发送其他用户的位置坐标,即告诉用户"其他人在哪里"。此外RDSS 还可以为用户间传递短信,因此多个北斗 RDSS 终端之间能够建立指挥集群,实现指挥监控功能。

RDSS 的指挥型服务功能可以原生实现小型集群的指挥管理。指挥集群由指挥类用户设备和普通用户设备组成。指挥类用户设备具有分级管理、实时监控下属用户、指挥关系调配和导航定位等功能。指挥类用户设备通过系统授权,与一定数量的普通用户设备构成指挥集群,这些普通用户设备就成为该指挥集群的下属用户。集群中的成员除进行相互通信之外,还可以向指挥设备报告自身的位置。指挥型用户设备可以和集群中的其他成员进行通信,并可以采用通播的形式进行群发短文,从而满足指挥、管理整个指挥集团的需求。基于兼收的功能,指挥型用户设备还可以兼收当前波束覆盖范围内所有下属用户的通信内容,完整掌握下属用户的活动行为。通过有效组合利用上述功能,可以快速便捷地实现集群组建,满足小规模用户设备的信息传输、位置信息共享、指挥管理等需求。

4.3.2　集团应用

一般的集群指挥依赖于用户卡在注册时获得的系统授权,仅能满足小规模的指挥管理,且依赖于具体的设备。随着应用规模的不断增长,集团可以拥有多个指挥关系。由于这些指挥关系本身是相对独立的,如果要扩大指挥规模,则需要突破原有的指挥关系,最终实现更大范围的信息共享与指挥管理。

扩大指挥关系的一种方法是将多个指挥型设备数据接入服务器,从终端完成数据的采集,在应用系统上完成数据的聚合。这种方法依赖于指挥型用户设备,需要将指挥型用户设备部署在相对固定的环境中,这不仅会影响指挥型服务的使用,而且会使整个系统的结构更加复杂,系统构建成本也相对较高。

另一种办法是用户通过分理服务资质单位申请接入北斗 RDSS 数据专线,并通过专线获得下属用户的所有服务数据。它打破了集群应用固有的限制,使得整个集团应用进一步扩展到社会生活中的各个方面。

北斗民用集团应用如图 4.6 所示,其往往具有多个不同类型的指挥集群,且独立指挥集群的使用并不受集群应用的影响,指挥型用户设备可以灵活部署,随着应用环境的变化而灵活机动。地面网专线传输的 RDSS 数据为构建集团信息服务系统提供了数据输入。通过部署其他通信的网关,完成 RDSS 数据向电信网络与互联网的互联互通。在此基础上,根据 RDSS 使用场景的不同可以实现多种指挥控制平台的构建。

4.3.3　RDSS 的典型应用

RDSS 在定位与通信方面的有机结合,使其不仅在指挥和位置服务方面具有独到的优势,而且通过与其他技术结合在国民经济各方面都发挥着重要作用。

1）北斗灯塔

为了提升航标管理与助航服务的智能化及信息化水平,现代灯塔一般安装有基于 GPRS/CMDA 的遥测遥控装置,但是 GPRS/CMDA 的基站覆盖范围有限,使得对于远离海岸和基站的灯塔遥测遥控功能受到影响。

北斗灯塔是利用北斗 RDSS 的定位和通信功能,实现将灯台采集的各类数据实时传输至航标管理部门进行决策。在原有的航标遥测遥控系统的基础上,通过增设北斗通信终端,实现了航标遥测遥控的全覆盖。目前已在中国黄海圆岛灯塔以及南海渚碧礁、美济礁等多个岛礁上的灯塔安装了北斗 RDSS 终端,实现了指挥控制的全覆盖。

2）北斗剖面浮标

北斗剖面浮标是使用北斗卫星系统进行数据传输和定位的自动剖面观测仪器设备,具有双向通信、搁浅保护等功能。浮标在海中可实现下潜—定深漂移—上浮—水面通信—下潜等循环工作。浮标通过携带的电导率-温度-深度传感器连续测量

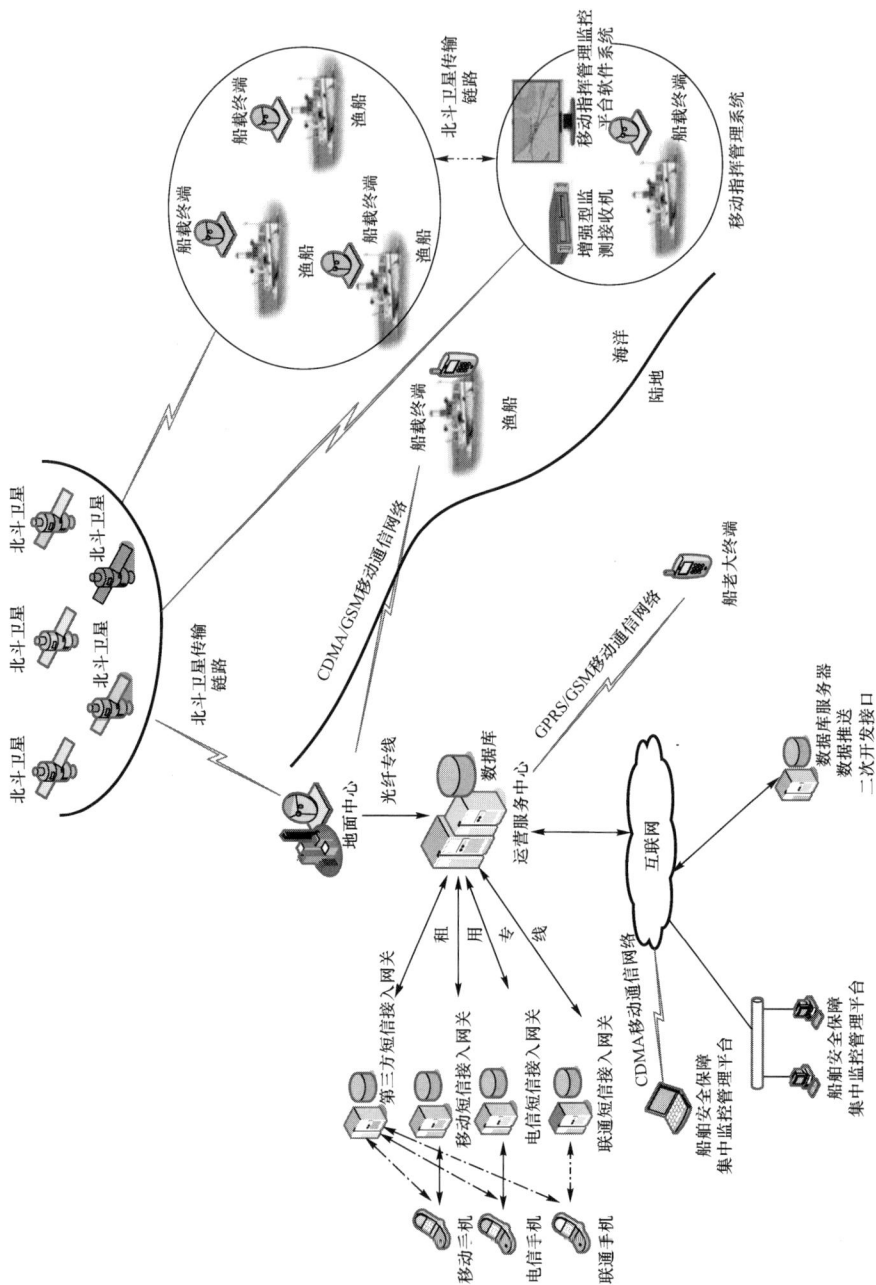

图 4.6 北斗民用集团应用（见彩图）

2000m 水深内的海水温度和盐度剖面资料,在海洋中连续工作 2~3 年。

借助 RDSS 实现了浮标采集数据的实时传输,保证浮标的位置信息可以被控制中心实时掌握,并能对浮标工作状态进行远程控制。

3）基于北斗数传的离岸水文信息采集系统

离岸水文信息采集系统是在远离海岸线和岛礁区域并且无法设置固定水文潮站的沿海或近海,通过抛设海洋浮标来定点观测水文资料等信息的系统。水下采集数据在浮标上集成后,采用北斗 RDSS 功能实现数据通信,实时采集水文信息,如图 4.7 所示。

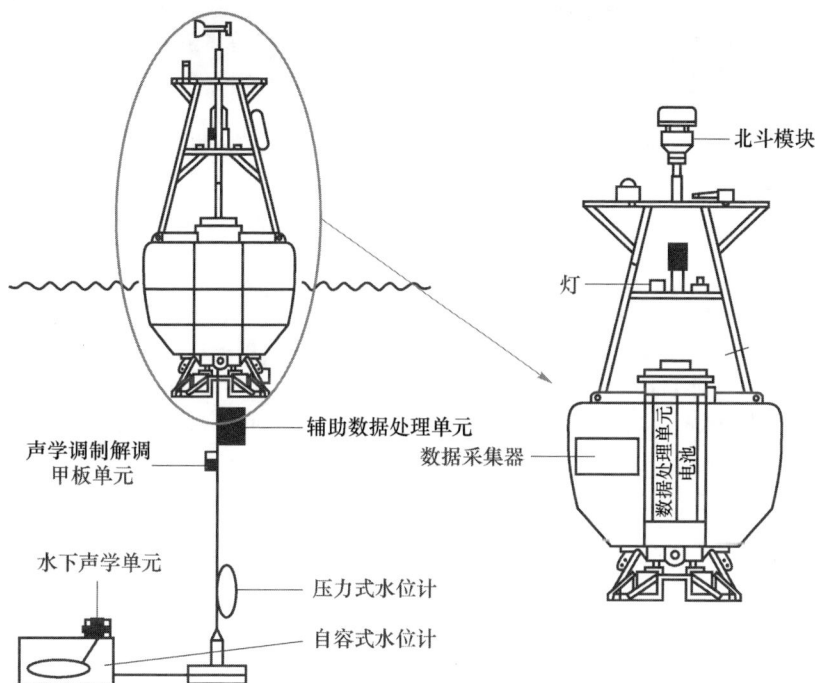

图 4.7　北斗海洋浮标

4）北斗个人海事设备

个人北斗海事设备如图 4.8 所示,配合应用程序可完成一般的定位通信功能,同时通过将设备注册至呼救信息中心。遇险进行呼救时,救援中心将其个人位置信息、呼救时间等通过移动公网发送至注册的家人、朋友、救援机构处。设备一般具有遇水自动呼救的功能,极大地保障了人员在海上的安全性。

5）北斗 WIFI 船载终端

目前中国的很多船舶上装备了各种各样的北斗终端,其中比较典型的是带有 WIFI 功能的北斗终端,如图 4.9 所示。这类终端一般内置北斗 RDSS 模块和 WIFI 模块,具有船舶位置上报、遇险报警以及渔业生产状态报告等功能;同时,通过 WIFI 功能,配合手机应用程序,可以方便地利用北斗 RDSS 短报文功能实现船岸间的手机短信互通,终端可接收控制中心通过单播、组播或通播下发的通知。

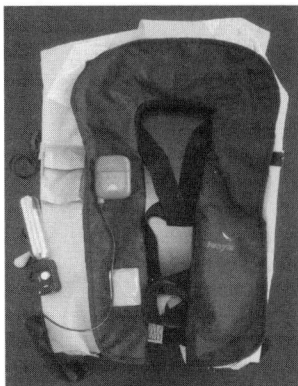

图 4.8　个人北斗海事设备

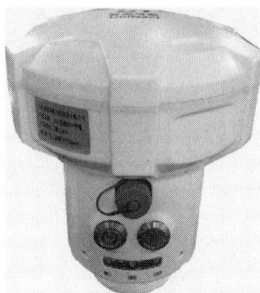

图 4.9　北斗 WIFI 船载终端

参考文献

［1］谭树森. 卫星导航定位工程［M］. 北京:国防工业出版社,2010.

［2］北斗网. 关于发布《北斗卫星导航系统空间信号接口控制文件——公开服务信号 B3I(1.0 版)》公告［EB/OL］.［2018-02-09］. http://m. beidou. gov. cn/yw/gfgg/201802/t20180209_14126. html.

第 5 章　全球海上遇险与安全系统

为了有效地执行海上搜救任务,保障海上人命和财产安全,需要建立高效可靠的海上无缝通信搜救网络,由 IMO 组织的 GMDSS 正是基于这一目的而开发运行实施的。它建立在现代电子技术、计算机技术和通信技术的基础之上,依赖于位置信息,在保障全球海上安全运输生产等方面都具有十分重要的作用。

随着航空、通信、导航及电子等技术的发展,IMO 于 2008 年在 COMSAR 分委员会第 12 次会议上首次提出了 GMDSS 现代化的战略需求。2012 年 COMSAR 分委员会第 16 次会议上确定了 GMDSS 复审和现代化的研究范围和任务。GMDSS 复审工作分为高级复审和详细复审两个阶段,已分别于 2014 年和 2016 年完成。从 2017 年开始,GMDSS 现代化进入实质性改革阶段,GMDSS 的组成与功能也在不断地发展和完善。而北斗系统除了能为 GMDSS 提供位置信息外,其特有的短报文通信服务和国际搜救服务也能更好地服务于 GMDSS。

近年来我国也一直在积极推进北斗加入 GMDSS 的相关工作。关于北斗短报文通信服务方面,2018 年 IMO MSC 第 99 次会议接受了北斗系统加入 GMDSS 的申请,正式揭开了后续一系列认证工作的序幕;2020 年 1 月,IMO NCSR 第 7 次会议上,我国北斗短报文服务系统根据 A.1001(25) 号决议对系统进行了自评估,证明了北斗短报文服务系统具有提供 GMDSS 服务的能力。关于北斗国际搜救服务方面,2018 年 COSPAS-SARSAT 批准北斗卫星搭载搜救载荷纳入国际中轨道搜救卫星系统发展规划,确定了北斗卫星搜救载荷在 COSPAS-SARSAT 框架下独立的频点资源;北斗三代将按照 COSPAS-SARSAT 相关标准,与其他卫星导航系统共同组成全球中轨搜救系统,服务全球用户;同时其提供的返向链路,将极大地提升搜救效率和服务能力。

△ 5.1　系 统 发 展

在 GMDSS 出现以前,原有的海上遇险与安全通信系统服从于 SOLAS 公约,并为了保持与 ITU 制定的无线电规则相一致,原系统包括莫尔斯无线电报系统和无线电话系统,海上的遇险、安全和常规通信主要在中频、高频和甚高频频段上进行。航行船舶在紧急和遇险的情况下,只能使用国际上规定的无线电报遇险报警频率 500 kHz 和无线电话遇险报警频率 2182 kHz/156.8 MHz 进行报警,并需要人工启动和人工操作,作用范围也只是中频或者甚高频无线电波所能覆盖的海域。因此,原系统的通信手段无论是在作用范围,还是在可靠性方面都具有一定的局限性。

20 世纪 70 年代,IMO 充分认识到改善和发展海上通信系统的必要性,并于 1973 年在 IMO 的全体会员国大会上通过了发展"全球海上遇险与安全系统"的决议。1979 年,IMO 在德国汉堡的会议上讨论了关于海上遇险和安全通信的议案,并通过了国际海上搜寻与援救公约(SAR 公约)。随着 SAR 的通过,IMO 正式确立了发展 GMDSS 的计划,当时称为未来全球海上遇险与安全系统(FGMDSS),其目的是建立一个有助于海上航行安全的全球性通信网,并服从于 SAR 公约。此后,IMO 及相关机构开展了大量的组织与研究工作,从而加速了系统实施的步伐。1986 年,IMO 将 FGMDSS 中的"F"去掉,正式称为 GMDSS。1999 年 2 月 1 日起 GMDSS 在全球范围内全面实施。2012 年,COMSAR 第 16 次会议上确定了 GMDSS 复审与现代化研究范围和任务。其中复审分为高级复审和详细复审,分别于 2015 年和 2017 年前完成。从 2017 年开始,GMDSS 现代化进入实质性改革阶段。其中,在 2020 年 NCSR 第 7 次会议上,重点讨论了 GMDSS 卫星服务的进展和海上安全信息系统的未来发展,我国北斗短报文服务系统根据 A.1001(25)号决议对系统进行了自评估,用以证明北斗短报文服务系统具有提供 GMDSS 服务的能力,并提请 IMSO 对我国北斗短报文服务系统加入 GMDSS 服务提供商开展正式的技术和操作评估;删除 SOLAS 公约 IV 章中"国际航行警告电传(NAVTEX)业务"的定义,且不再增加"NAVTEX"及"国内 NAVTEX 业务"的定义,这为未来增加新的地面通信系统进行海上安全信息的播发提供了可行性。

GMDSS 是一个用于全球海上遇险、紧急、安全通信和常规通信的综合通信系统,该系统能够最大限度地保障海上人命与财产安全,提升海上航行安全水平。它是对原有海上遇险和安全通信系统的发展和完善,是现代海上通信发展的客观需要[1]。

◢ 5.2 系 统 功 能

GMDSS 的功能主要体现在海上的遇险、安全和常规通信中。当船舶遇险时,通过使用 GMDSS 中的多种手段迅速有效地发出报警,岸上搜救机构或遇险船附近的其他船舶能够及时获得报警信息,从而以最快的速度、最有效的方式进行搜寻救助[2]。此外,GMDSS 还为在航船舶自动提供海上安全信息(MSI),以保证在航船舶的航行安全;同时 GMDSS 充分利用现代通信手段更好地满足了船舶运营等常规通信的需求,如话音、电传、视频及多种形式的数据通信,有效地提高了常规通信效率。

GMDSS 的功能具体如下:

(1)遇险报警。遇险报警是指遇险船舶向搜救协调中心(RCC)和附近的船舶迅速有效地发出遇险报警信息,RCC 收到报警后立刻采取有效措施,通过海岸电台或卫星地面站及时将报警信息转发到有关的搜救单位和遇险现场附近的其他船舶,并负责指挥协调救助[3]。遇险报警信息的内容主要包括遇险船的识别、遇险的位置、遇险的时间、遇险的性质以及有助于搜救的其他信息[4]。

（2）搜救协调通信。搜救协调通信是指 RCC 成功收到遇险报警后,与遇险船舶、参加救助的船舶、飞机或者陆上其他有关 RCC 之间进行的协调搜救活动的通信。由于 RCC 通常距离遇险发生现场相对较远,因此搜救协调通信不同于遇险报警只向某一方向传输特定信息,属于远距离双向通信。搜救协调通信可使用合适的海上遇险和安全通信频率,采用无线电话和无线电传等通信方式进行,主要取决于船舶的设备配备和遇险海域。

（3）救助现场通信。救助现场通信是指遇险船舶或救生艇与参与救助的各单位（如救助船舶、救助飞机等)间以及各救助单位间为向遇险船舶提供援助或为救助幸存者而进行的直接通信。救助现场通信通常采用无线电话或无线电传在中频和甚高频频段的海上遇险与安全通信频率上进行。现场通信属于近距离双向通信。

（4）救助现场寻位。在救助现场迅速找到遇险目标是实现及时救助的前提,救助现场寻位即指在救助现场寻找和发现遇险目标的过程,遇险目标包括遇险船舶、救生艇或幸存者。由于遇险船舶易受到复杂海况,如恶劣天气、海流等的影响,且遇险报警信息中的遇险位置也会存在一定偏差,参与救助的船舶仅凭收到的遇险报警信息往往难以准确及时地找到遇险目标。因此,救助船舶或救助飞机到达遇险发生现场后必须依靠寻位手段快速有效地找到遇险目标。GMDSS 中由遇险目标携带的搜救雷达应答器(SART)和救助船舶或救助飞机上的雷达所构成的寻位系统来完成这一功能。

（5）MSI 的播发与接收。为了保证船舶航行的安全,GMDSS 提供了有效的手段及时向在航船舶播发 MSI,包括航行警告、气象警报、气象预报以及其他有关航行安全的信息等。与此同时,船舶要按照要求配备相应的设备自动接收 MSI,为船舶航行提供预防性的安全措施。

（6）常规通信。常规通信是指遇险、紧急、安全通信以外的船舶业务,以及公众业务的通信。如船舶与陆上的管理部门,有关用户、港方等进行的有关管理、调度、货物及个人方面的通信。其中,某些通信从本质上也保证了船舶的航行安全,如引航和拖船要求、货物装卸情况、设备修理等。

GMDSS 不但能满足遇险、紧急、安全通信的要求,而且提供了有效合理的常规通信手段,使日常通信效率得到提高。随着 GMDSS 的发展和完善,还会有新的通信技术不断应用到海上通信中,使海上通信更加快捷高效。

（7）驾驶台间通信。驾驶台对驾驶台的通信是指船舶在狭窄水道或繁忙水道航行、进出港口时,采用 VHF 无线电话进行有关安全方面的通信,保证船舶航行安全。

综上所述,GMDSS 的各项功能都是基于船舶的航行安全,遇险报警是其中最基本、最重要的功能,因为只有成功的报警才能提供及时恰当的救助。遇险船舶能够被成功救助,除了它自身采用合理有效的报警手段之外,还依靠于岸上搜救部门的指挥决断和所提供的求助手段。为此,海岸电台或卫星地面站与 RCC 之间也要有畅通的岸基通信网。救助船舶或救助飞机能够迅速响应来自 RCC 的报警和指挥,对遇险目标展开及时有效的救助。因此,GMDSS 是一个技术先进、自动化程度和可靠性高的综合性通信系统,且随着通信技术的不断发展和海上通信需求的变化,GMDSS 也在不断地发展和改进。

⚠ 5.3 系 统 组 成

GMDSS 由地面通信系统和卫星通信系统两部分组成,GMDSS 的功能就是通过这两大通信分系统实现的。其中,地面通信系统主要包括中高频无线电话系统、VHF无线电话系统、DSC 系统、窄带直接印字电报(NBDP)系统、航行警告电传(NAV-TEX)系统和现场寻位系统;卫星通信系统主要包括移动卫星通信系统和全球卫星搜救(COSPAS-SARSAT)系统[5-6]。

根据 GMDSS 各种无线电通信系统的能力和特点,IMO 将全球海域按离岸距离远近分为 A1、A2、A3 和 A4 四类海区。A1 海区是可以使用甚高频频段海岸电台覆盖的区域,一般指距岸 25n mile 的海域范围;A2 海区是 A1 海区以外,由中波频段海岸电台所覆盖的海域,一般指距岸 25～150n mile 的海域范围;A3 海区是指除 A1 和 A2海区外,由对地静止轨道卫星系统所覆盖的区域,在南北纬 76°之间;A4 海区是指A1、A2 和 A3 海区以外的区域。

5.3.1 地面通信系统

地面通信系统主要用于近、中、远距离的遇险、紧急、安全和常规通信,主要工作在中频、高频和甚高频频段。地面通信系统由船舶电台、海岸电台和与岸台连接的国际/国内陆地公众通信网或专用通信网组成。其中,海岸电台相当于船舶电台与陆地通信网用户的接口,起到有线通信与无线通信的转接作用[7]。地面通信系统中的船用通信设备概述如下。

1) 中高频通信设备

中高频通信是地面通信系统的主体,用于实现船船间、船岸间的中远距离通信[8]。通信设备主要包括单边带无线电话、NBDP 设备、中高频 DSC 设备等。

NBDP 设备和 DSC 设备是地面通信系统的数字化通信终端。NBDP 终端采用自动通信技术,占用较窄的通信频带,在遇险、安全和常规通信中可通过中高频频段实现无线电传的自动收发。远距离的 MSI 是通过 NBDP 系统在 4209.5kHz 频段上播发的,船端采用 NBDP 设备在相应的频段上自动接收。DSC 终端设备与导航设备相连,实现船位信息的自动输入,船舶可采用 DSC 终端在中高频频段可实现遇险报警、遇险转发、遇险确认,同时它也是船与船之间、船与岸之间建立常规无线电通信的一种可靠呼叫手段。此外,DSC 终端也可工作在 VHF 频段。

2) VHF 通信设备

VHF 通信设备主要用于近距离的遇险、安全和常规通信,包括 VHF 无线电话、便携式 VHF 无线电话设备、VHF DSC 设备及 VHF EPIRB 等[9]。其中,便携式 VHF

无线电话设备用于救助现场的近距离无线电信通信,遇险时可由船舶、救生艇筏上的人员携带[10]。VHF EPIRB 可替代 VHF 频段的 DSC 设备,用于 A1 海区船对岸的遇险报警,也可用于船对船的近距离报警。

3）NAVTEX 接收机

NAVTEX 接收机用于接收 NAVTEX 系统播发的 MSI。沿海近距离的 MSI 是通过 NAVTEX 系统播发的,各国主管部门依据 IMO 的相关规定,设立相应的海岸电台,在 518kHz 的频率上向 400n mile 以内海域的船舶用英语按时播发 MSI,船端的 NAV-TEX 接收机自动接收并打印;也可在其他规定的频率上使用本国语言进行 MSI 的播发与接收。海上数字广播(NAVDAT)系统作为 NAVTEX 的改进系统,已被列为 GMDSS 现代化的组成部分。

4）SART

用于现场示位的 9GHz 的 SART 由遇险目标携带,可由人工或自动启动。当救助船舶或救助飞机上的雷达发射信号触发 SATR 后,SATR 将发出应答信号,并在救助船舶或救助飞机的雷达屏幕上显示出遇险目标的位置,从而对遇险者实现迅速救助[11]。

在地面通信系统中,船舶为了实现有效的遇险、安全和常规通信,应根据通信双方距离的不同,恰当地选择不同波段的无线电通信频率和通信手段,如电话、电传等,以达到最佳的通信效果。

5.3.2　卫星通信系统

目前的 GMDSS 含有两种卫星通信系统,即移动卫星通信系统和 COSPAS-SAR-SAT 系统[12],移动卫星通信系统主要为海事用户提供报文、语音、数据和广播服务等,COSPAS-SARSAT 系统主要为海事用户提供搜救服务。

1）移动卫星通信系统

Inmarsat 是一个运营全球卫星移动通信的国际合作组织,成立于 1979 年。中国在 1979 年以创始成员国身份加入了该组织。其主要职责是运营国际海事卫星通信系统(也称为 Inmarsat 系统),即通过卫星提供海事救援、安全通信和商业通信,为海上用户提供全球安全和其他通信服务。但随着通信业务由海上用户向陆地移动用户和航空用户扩展,1994 年 Inmarsat 更名为 IMSO。

1999 年,Inmarsat 系统的运营部分转制成为商业化公司,公司总部设在英国伦敦,在 IMSO 的监督下继续负责 GMDSS 卫星通信安全相关服务。因此,Inmarsat 也成为世界上第一家满足 IMO 和国际民航组织(ICAO)全球安全通信要求的卫星运营商,在 2020 年以前也是唯一一家 GMDSS 认可的卫星通信服务正式提供商。目前,Inmarsat 向陆、海、空等领域的 170 万个移动用户提供电话、传真、数据通信转接业务。

随着 GMDSS 现代化进程的推进,GMDSS 高级复审完成后,其中一项重要内容就是把"Inmarsat"修改为"认可的移动卫星通信服务"。2018 年,IMO MSC 第 99 届会议通过了 SOLAS 公约修正案,其中内容之一就是在 SOLAS 第 IV 章中纳入"认可的移动卫星业务"的定义,相应地将各条以及附录中有关"Inmarsat"术语都修订为"经认可的移动卫星业务"。上述 IMO 工作的完成使得能够为全球卫星移动通信服务的卫星通信系统进入 GMDSS 成为可能。

铱星(Iridium)系统为美国铱星公司运营的全球移动卫星通信系统,2013 年 6 月正式向 IMO 提出加入 GMDSS 的申请,2018 年 5 月被 IMO 认可纳入 GMDSS,与 Inmarsat 一起,成为 GMDSS 移动卫星通信系统的组成部分。

与此同时,我国的北斗卫星导航系统提供的北斗短报文服务也于 2018 年 5 月提出加入 GMDSS 的申请,2020 年 1 月提请 IMSO 对中国北斗短报文服务系统加入 GMDSS 服务提供商开展正式的技术和操作评估,是铱星后第二个接受评估的新的卫星服务提供商。如果评估通过,那么北斗短报文服务系统将成为 Inmarsat、铱星系统之后的第三个 GMDSS 卫星服务提供方,为全球海上遇险和安全通信贡献中国力量。

2)COSPAS-SARSAT 系统

COSPAS-SARSAT 系统是一个国际联合卫星搜救定位系统。该系统用于陆、海、空遇险事件的搜救业务,并向全球开放。遇险目标可利用其自身携带的卫星 EPIRB 自动或人工启动发射遇险报警信息,该系统根据接收到的报警信号迅速地确定出遇险目标的位置,从而提供及时有效的帮助。

COSPAS 译自俄文,意为搜寻遇难载体(船或飞机等)的空间系统;SARSAT 是英文 Search and Rescue Satellite Aided Tracking 的缩写,意为卫星辅助跟踪的搜救系统。二者相互结合,构成 COSPAS-SARSAT 系统。COSPAS-SARSAT 系统于 1982 年投入运行,目前拥有众多的用户,在 GMDSS 的遇险报警中发挥着不可替代的作用。

我国的北斗卫星导航系统已于 2017 年 10 月写入国际搜救卫星组织中轨搜救卫星系统框架,未来北斗三代提供的国际搜救服务将按照 COSPAS-SARSAT 相关标准与其他卫星导航系统共同组成 COSPAS-SARSAT 中轨搜救系统,同时其提供的返向链路也将极大地提升搜救效率和服务能力。

5.4 移动卫星通信系统

IMO 有两份重要文件对 GMDSS 移动卫星通信系统进行了详细的说明:一是 SOLAS 公约;二是 IMO A.1001(25)决议(简称 1001 决议)。作为全球范围内适用船舶航行时必须遵守的强制性公约,SOLAS 公约在其第四章中规定了船舶无线电设备的配备要求,其中特别规定 SOLAS 公约船必须配备经 IMO 认可的 GMDSS 卫星通信系统的设备。1001 决议则是 IMO 认可卫星通信系统提供 GMDSS 服务的依据,从卫星系统组成、运行能力、功能与服务、终端性能等方面提出了详细要求。随着卫星通信系统的发展和海上通信形势的变化,IMO 也开始对上述规则进行相应的调整和修订。目前,GMDSS 正处于现代化的过程中,SOLAS 公约第 4 章的修订趋近完成,1001 决议的修订也已提上议程,以引入新的 GMDSS 卫星通信系统[13]。

程序上,卫星通信系统想要加入 GMDSS,必须先通过国家政府向 IMO 的 MSC 提交正式申请。MSC 审议通过后,授权下设的 NCSR 分委员会开展技术和操作评估,并审议评估报告,从而决定是否满足相关要求。NCSR 审议通过后,再提交至下一次 MSC 会议审议,最终以发布 MSC 决议案的形式,正式认可该卫星系统加入 GMDSS。在正式开始提供 GMDSS 服务后,GMDSS 卫星通信系统还将长期接受 IMSO 的监管,以确保其持续提供可靠的 GMDSS 服务。

5.4.1　系统现状

自 2020 年 1 月起,共有两家 IMO 认可的 GMDSS 移动卫星通信服务提供商,分别为 Inmarsat 系统和铱星系统。目前,我国的北斗卫星导航系统加入 GMDSS 的申请已被 IMO 正式接受,正在开展系列评估工作,可以预见不久的将来我国的北斗卫星导航系统也将成为 GMDSS 的卫星通信服务的重要一员。

1)Inmarsat 系统

Inmarsat 系统首先将卫星移动通信引入人们的生活。该系统于 1979 年建立,1982 年正式投入运行,主要用于改善海上通信,尤其是保障海上安全。目前该系统的服务对象已由传统的海上用户扩展到航空用户、陆地移动用户和偏远地区用户,同时还在不断地开辟新的数据通信技术与领域。

Inmarsat 系统是在 GEO 上运行的卫星移动通信系统,通过其多个业务子系统提供报文、语音、数据和广播服务,其服务范围可覆盖全球除两极地区外的所有区域。目前,Inmarsat 系统的第 3 代星座(I3)已经接近退役(仅剩 1 颗卫星提供服务,其余卫星转为在轨备份卫星),主要业务由第 4 代星座(I4)和第 5 代星座(I5)承载,第 6 代星座(I6)也已经在部署中。Inmarsat 系统自 1982 年开始提供全球海事卫星服务,在引入并实施 GMDSS 以来即作为 GMDSS 卫星通信服务提供方,为全球海事用户提供海上遇险与安全通信。由于 SOLAS 公约规定适用船舶必须配备 GMDSS 终端,因此 Inmarsat 系统在海上卫星通信领域一直处于垄断地位。

Inmarsat 系统提供 GMDSS 服务的传统业务子系统包括 Inmarsat-A、Inmarsat-B、Inmarsat-C 和 Inmarsat-F/77。Inmarsat-A 系统于 1982 年开始提供服务,已于 2007 年 12 月 31 日终止服务。Inmarsat-B 系统于 2016 年 12 月 30 日终止服务。随着 I3 停止服役,Inmarsat-F/77 和 Inmarsat-C 系统现已全部切换至 I4 上运行。根据 Inmarsat 公司向 IMO 公布的信息,Inmarsat-F/77 系统已于 2020 年 12 月 1 日终止服务。由于 Inmarsat-C 系统的安全网(SafetyNet)业务为目前唯一通过卫星系统进行 MSI 广播的系统,预计 Inmarsat-C 系统短期内不会终止服务。

除上述传统业务子系统,在 2018 年 5 月召开的 IMO 第 99 届 MSC 会议上,基于 Inmarsat I4 的数据服务系统——船队宽带海上安全数据服务也正式被认可并纳入

GMDSS。相较于 Inmarsat-F/77 无法进行 MSI 广播,Inmarsat-C 只能提供报文通信和广播,海上安全数据服务集传统业务子系统的服务和功能于一身,可以更优的话音质量和更高的网络速率,全面实现遇险、紧急、安全、一般通信和 MSI 广播。目前,Inmarsat GMDSS 服务体系如图 5.1 所示。

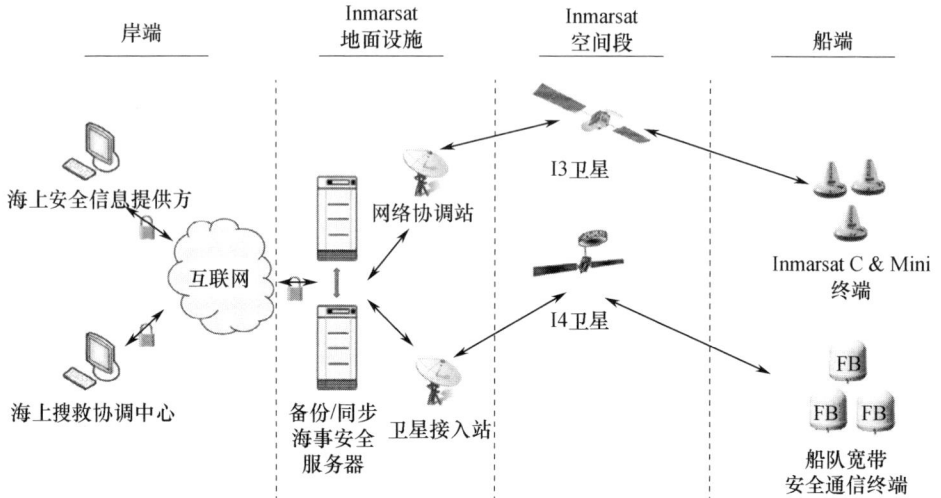

图 5.1 Inmarsat GMDSS 服务体系(见彩图)

　　Inmarsat 系统从起初的仅为海上用户提供服务到如今的面向陆、海、空全球范围内的用户提供通信服务,由起初的模拟通信已发展成全数字化通信和卫星多媒体通信,系统的信息处理方式和通信手段发生了巨大变化,高效、快捷、共享信息资源的卫星通信已经给各种不同服务需求的用户带来了巨大的方便和效益,也将继续得到更广泛的应用。

　　2)铱星系统

　　铱星系统为美国铱星(Iridium)公司运营的全球移动卫星通信系统,类似 Inmarsat 系统,铱星系统也可以提供报文、语音、数据和广播服务,其服务范围甚至覆盖两极地区,是真正意义上的全球卫星通信系统。铱星系统通过分布在由 6 个轨道面 66 颗低地球轨道(LEO)卫星组成的星座提供通信服务。星座部署有星间链路,每颗卫星可与同一轨道面内的 2 颗卫星及相邻 2 个轨道面的 1 颗卫星连接,即每颗卫星可通过 4 条星间链路完成与星座内所有卫星间的数据传输,因而无须在世界各地部署建设地面接续站。2019 年 1 月,"下一代铱星"(Iridium Next)卫星星座中的最后 10 颗卫星发射,正式完成全新星座系统的部署。"下一代铱星"星座由以同样结构分布的 66 颗在轨工作卫星、9 颗在轨备用卫星和 6 颗地面备用卫星组成。

　　与 Inmarsat 主要服务海事用户、逐步开发陆地和航空市场不同,作为一个纯商业服务系统,铱星系统一开始便面向全球的海、陆、空用户提供服务。然而,近年来随着陆地通信系统的扩张和发展,在维持核心的政府业务基础上,铱星系统已逐步将更多目光投向了航空和海事领域。根据铱星公司披露的数据,目前全球范围内共有超过 66 万铱星系统用户,其中海事用户超过 5 万。

为了在 Inmarsat 垄断多年的全球海上卫星通信领域占得一席之地,铱星系统于 2013 年 6 月正式向 IMO 提出加入 GMDSS 的申请,旨在参照 Inmarsat 的模式,通过成为船舶强制配备的设备达到扩大市场占有量的目的。对于现有 GMDSS 卫星通信来说,铱星系统的加入可提供多一种选择和手段,更重要的是能够有效地补充 Inmarsat 无法覆盖两极地区的不足,对于船舶主要航线在高北纬度地区的国家(如俄罗斯、挪威、芬兰等)是一大利好。尽管已经提供服务近 20 年,铱星系统在提交申请后,依然经过 4 年的改进完善,2 次 IMO MSC、NCSR 会议审议,并在美国政府政治影响力的帮助下,历经 5 年的时间,终于在 2018 年 5 月正式被 IMO 认可并纳入 GMDSS,打破了 Inmarsat 的垄断地位。由于 GMDSS 卫星通信系统的定位与职责,铱星系统需与其服务范围内的海上搜救协调中心(MRCC)和 MSI 提供方等实现互联互通,以实现遇险告警转发和 MSI 广播等功能。铱星系统至今尚未正式向全球海事用户提供 GMDSS 服务。

5.4.2 系统组成

移动卫星通信是指利用通信卫星作为中继站,在移动用户之间或移动用户与固定用户之间进行的通信。系统由空间段、地面站和海上移动终端组成,如图 5.2 所示。

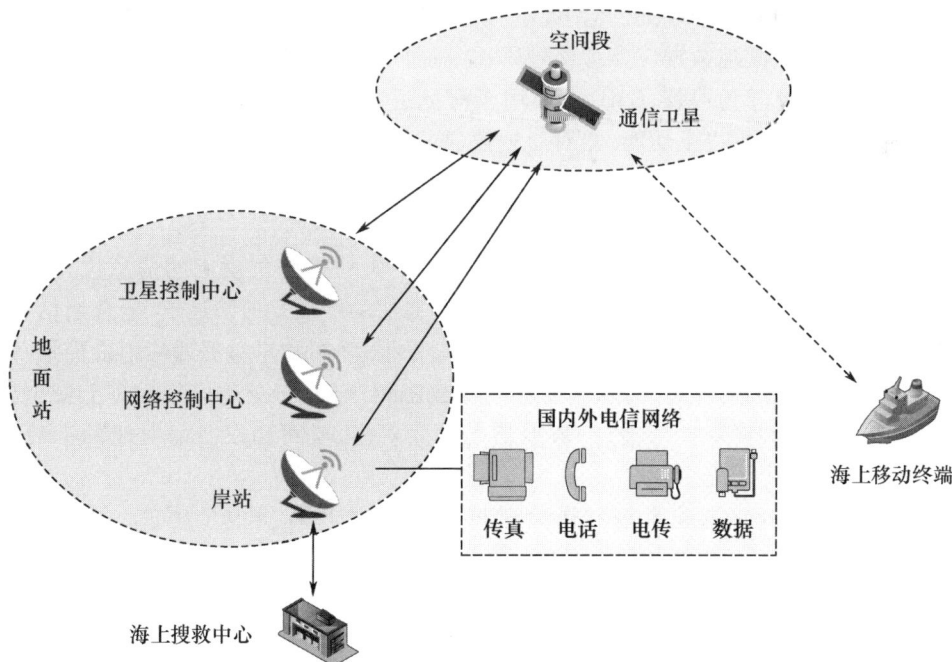

图 5.2 移动卫星通信系统组成(见彩图)

空间段主要是指通信卫星,按照卫星的轨道分布,可分为 GEO 卫星、MEO 卫星及 LEO 卫星。其作为中继站,提供移动终端与岸站(LES)之间的连接。空间段的可用性、备用卫星容量的提供和网络控制功能(网络可用性)应由 IMSO 监测,该组织应至少每年向本组织报告一次记录的系统可用性。同时,系统应提供事先准备好的备用卫星容量和安排,以确保在卫星发生部分或全部故障的情况下,其海上遇险和安全通信服务能够在故障发生后不超过 1h 恢复正常使用。在卫星发生故障时,应告知 IMSO 关于恢复服务的方法和安排。

地面站是承担通信接续处理的网关,提供卫星与国际/国内电信网的接口,实现移动用户与移动用户之间或移动用户与固定用户之间的呼叫转移。一般由 LES、网络控制中心(NOC)以及卫星控制中心(SCC)组成。其主要作用是将移动终端接入核心网、控制整个卫星通信网络的正常运营以及卫星的管理与控制。系统具有与一个或多个连接 RCC 的可靠通信链路,这些链路可以直接在 RCC 和地面站之间,或者在系统网络中的其他合适的点之间实现。地面站应处于连续运行状态,连接到相关的 RCC,并持续监视所有适当的卫星通信通道,以发送与接收系统所需的海上遇险和安全通信服务。地面站的其他相关部分应配备声光报警器,在 60s 内无法实现与 RCC 的自动连接时,向指定负责人发出警报。

海上移动终端是指通过卫星通信系统工作的任何无线电通信设备,它直接面向用户,由移动用户负责购买或租用。水上移动业务标识码(MMSI)应作为遇险警报的组成部分,并随警报一起提供给 RCC。所有与搜索和营救或起诉虚假警报有关的其他登记、调试或其他数据应参考该号码,并应要求提供给适当的 SAR 当局或 RCC。

根据 A.1001(25)决议,GMDSS 中用于海上遇险和安全通信服务的移动卫星通信系统应有能力提供以下功能:船对岸遇险警报/呼叫;岸对船遇险中继警报/呼叫;船对岸、岸对船和船对船搜救协调通信;海上安全信息的船对岸传输;海上安全信息的岸对船广播;船对岸、岸对船以及船对船的一般通信。

GMDSS 中的移动卫星通信系统应能根据 ITU 无线电条例规定的信息优先级处理海上遇险、紧急、安全和一般通信。处理这些通信的顺序是遇险通信、紧急通信、安全通信和一般通信。遇险通信包括船对岸遇险警报/呼叫和岸对船遇险中继警报/呼叫,紧急通信是指船对岸、岸对船和船对船搜救协调通信,安全通信包括海上安全信息的船对岸传输和岸对船广播,一般通信是指船对岸、岸对船以及船对船的一般通信。在执行这四个优先级别时:

(1)应优先处理遇险警报和遇险呼叫(1 级),立即提供卫星信道。设计用于 GMDSS 的任何卫星系统应能够识别四个优先级别,并为 RCC 或其他搜救机构发出的遇险、紧急和安全通信提供适当的船对岸和岸对船通信。

(2)除海上通信外,用于提供其他移动卫星通信的卫星系统应能够自动识别海上移动终端以及公认的对海事安全至关重要的实体,如在地面站注册的 RCC、水文和气象办公室、医疗中心等。此外,系统应优先处理 1～3 级的船对岸和岸对船方向的海上通信,优先于其他通信。

(3) 在处理海上遇险、紧急情况、安全和一般通信时,卫星系统和地面站应具备以下能力:自动识别船对岸的通信的报文或接入优先级;自动识别岸对船通信的报文或接入优先级,信息至少由地面站登记的对海上安全具有重要意义的公认实体提供;保留和转移优先权;在必要的情况下,通过预先处理日常优先级的通信,立即获取遇险警报和遇险呼叫;自动识别海上遇险通信,并自动将海上遇险警报和遇险呼叫直接发送给负责的 RCC;以所需的优先级处理船到岸和岸对船方向的海上紧急情况和安全通信,如果没有即时可用的频道,则分配第一个空闲频道。

(4) 海上移动终端对紧急和安全传输的消息或访问优先权的选择和使用最好是自动的,并应限于呼叫特别的、公认的实体,如在地球站登记的医疗中心、海事援助、水文和气象局等。地球站应自动将此类呼叫直接路由至相关实体。

5.4.3　北斗短报文通信服务

1) 发展概述

北斗短报文通信服务一直是北斗系统最大的特色。北斗短报文通信是指北斗地面终端和北斗卫星、北斗地面监控总站之间能够直接通过卫星信号进行双向的信息传递,通信以短报文为传输基本单位。从北斗一号开始,北斗就采用 RDSS 体制为用户提供短报文通信服务(参见第 4 章)。北斗二号继承了这一体制和服务,目前仍在役提供服务,注册用户数近 50 万,在海上应用和渔船领域发挥了重要作用。北斗三号在兼容现有 RDSS 体制的基础上,精化了服务类型设计,优化了运行模式设计,提升了系统性能和用户体验。随着北斗三号全球组网成功,已具备面向全球提供全球短报文通信服务,面向中国及周边地区提供区域短报文通信服务的能力。

2) 服务原理

北斗短报文通信服务分为区域短报文通信(RSMC)和全球短报文通信(GSMC)。其中,区域短报文通信(RSMC)是在 RDSS 的基础上发展起来的,使用北斗星座中的3 颗 GEO 卫星作为播发手段进行服务。具体服务原理分为广义 RDSS 体制和 RNSS+报文通信体制两种[14-15]。

广义 RDSS 体制的基本工作原理如图 5.3 所示。用户机接收一颗 GEO 卫星播发的 RDSS 信号和 RNSS1 信号,同时接收至少一颗 MEO 或 IGSO 卫星的 RNSS2 信号。用户机测量 RNSS2 相对 RNSS1 信号的时间差,然后将该参数通过 GEO 卫星发送给主控站。主控站利用这些参数可进行用户机位置计算和双向定时。用户机可通过 GEO 卫星与主控站进行双向报文通信。广义 RDSS 体制相对于 RDSS 体制,功能上完全相同。主要优点有两个:一是只需要一颗 GEO 卫星进行覆盖,在 GEO 卫星数量相同的情况下,可提升覆盖范围,并提升系统容量;二是利用了非静止轨道卫星的相对测量值进行位置解算,卫星空间几何结构相对更好,定位精度更高。

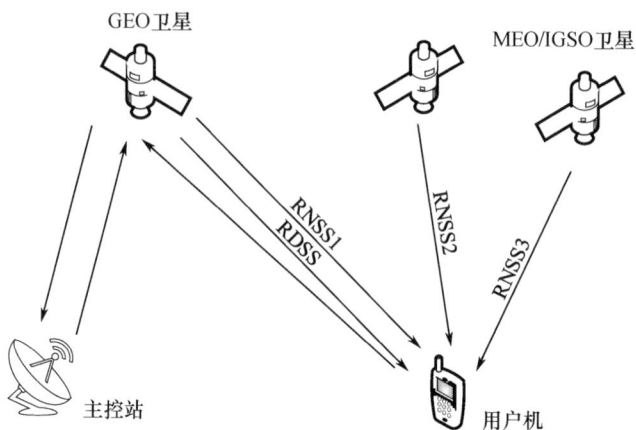

图 5.3　广义 RDSS 体制工作原理示意图

　　RNSS + 报文通信体制的基本工作原理如图 5.4 所示。利用北斗导航星座的 RNSS 信号进行用户位置解算以及单向授时,仅利用一颗 GEO 卫星的双向数据传输能力进行双向报文通信。采用较多的导航星座卫星的 RNSS 信号进行位置解算和授时,精度更高,可适应高动态用户使用。由于不需要用户机与主控站之间双向交互进行用户位置计算,因此一定程度上释放了系统容量。

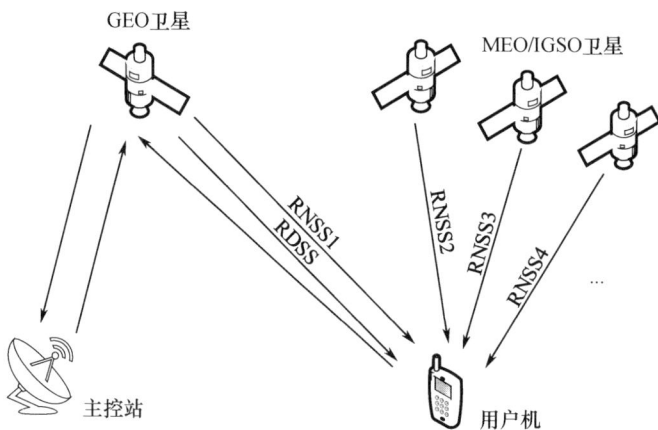

图 5.4　RNSS + 报文通信体制工作原理示意图

　　3）服务性能

　　北斗短报文通信作为一种天基通信方式,具备了卫星通信全天候、全域广覆盖、可靠性高等优点。北斗 RSMC 服务和 GSMC 服务的主要性能指标分别如表 5.1 和表 5.2 所列。特别值得一提的是,北斗短报文通信不仅可以提供点对点的双向通信,而且其特有的指挥机终端可进行一点对多点的广播传输,为各种应用场景提供极大的便利。

表 5.1 北斗系统 RSMC 服务主要性能指标

性能特征		性能指标
服务成功率/%		≥95
服务频度		一般 1 次/(30s),最高 1 次/(1s)
相应时延/s		≤1
终端发射功率/W		≤3
服务容量/(万次/h)	上行	1200
	下行	600
单次报文最大长度/bit		14000(约相当于 1000 个汉字)
定位精度(95%)/m	RDSS	20(水平),20(高程)
	广义 RDSS	10(水平),10(高程)
双向授时精度(95%)/ns		10
使用约束及说明		若用户相对卫星径向速度大于 1000km/h,则需进行自适应多普勒补偿

表 5.2 北斗系统 GSMC 服务主要性能指标

性能特征		性能指标
服务成功率/%		≥95
相应时延/min		<1
终端发射功率/W		≤10
服务容量/(万次/h)	上行	30
	下行	20
单次报文最大长度/bit		560(约相当于 40 个汉字)
使用约束及说明		用户进行自适应多普勒补偿,且补偿后上行信号到达卫星时的频偏需小于 1000Hz

◤ 5.5 COSPAS-SARSAT 系统

5.5.1 系统概述

COSPAS-SARSAT 系统是由加拿大、法国、美国和苏联等国联合开发的全球性卫星搜救系统,是 IMO 推行的 GMDSS 的重要组成部分。该系统使用低近极轨道卫星、GEO 卫星和 MEO 卫星搭载搜救载荷,探测 406 MHz EPIRB 发出的遇险报警信号,对该遇险报警信号进行变频、存储等处理并转发到地面,从而为包括极区在内的全球海上、陆上和空中用户提供遇险报警、定位、识别及寻位服务,以识别遇险者,使遇险者得到及时有效的救助。COSPAS-SARSAT 系统具有可靠、方便、免费使用等优点赢得了人们的青睐,不仅广泛应用于航海领域,而且对航空和陆地用户提供全球性的卫星搜救服务。

5.5.2 系统组成

COSPAS-SARSAT 系统由搜救卫星、地面段和遇险无线电信标三大部分组成。遇险无线电信标发出的信号经搜救卫星中继到地面段,通过地面段的本地用户终端(LUT)、任务控制中心(MCC)送至相应的 RCC,由 RCC 来开展组织救助工作。

1)搜救卫星

搜救卫星的主要作用是实现信号的变频、存储和转发功能,将接收到的信标发射信号转换成 1.5GHz 的下行频率信号。

在 COSPAS-SARSAT 系统中,搜救卫星包括:搭载低地球轨道搜索救援(LEO-SAR)载荷的低近极轨道卫星、搭载地球静止轨道搜救(GEOSAR)载荷的地球静止轨道卫星和搭载中轨道搜救(MEOSAR)载荷的中轨道卫星。因此,根据搜救卫星的不同,COSPAS-SARSAT 系统也划分为低近极轨道卫星搜救系统、同步轨道卫星搜救系统和中轨道卫星搜救系统三个分系统。

目前,COSPAS-SARSAT 低近极轨道卫星共有 5 颗。因为该系统的卫星轨道较低,所以单颗卫星覆盖地球的面积比地球同步静止卫星要小,覆盖直径约为 6000km 的圆形区域(该区域称为卫星共视区),随着卫星绕地球旋转,在地面上形成宽约6000km 的带状覆盖区域。

低近极轨道卫星的运行周期约为 100min。在目前卫星的工作情况下,中纬度地区两颗卫星飞越同一地区的时间间隔在 1h 之内,在靠近赤道地区最长时间间隔达1.5h。从地面上看,一颗卫星飞过的时间大约为 15min。因此,对于遇险目标来说存在一定的等待时间;同时,由于地面上 LUT 的分布有限,只有和 LUT 处在同一个卫星共视区内的遇险目标才能实现实时报警,而其他区域的报警将会出现一定的时延。但 LEOSAR 可以在不借助 GNSS 或其他导航信号的情况下,利用多普勒频移定位遇险信标。

目前,COSPAS-SARSAT 共有 10 颗同步轨道卫星处于工作状态。因为该卫星在地球同步轨道上,所以可以实现除南北极之外的全球覆盖,图 5.5 为同步轨道卫星的覆盖图。由同步轨道卫星构成的 COSPAS-SARSAT 分系统 GEOSAR 作为低近极轨道卫星搜救系统的补充,能够实现南北纬 75° 之间的实时报警,提高了报警的时效性。但由于卫星和遇险信标之间无相对运动,GEOSAR 不能利用多普勒频移原理对报警信号进行定位,因而无定位功能,需要人工注入或 GNSS 定位仪注入位置信息。

出于对全球覆盖性及其时效性的考虑,COSPAS-SARSAT 已由早期的主要利用LEOSAR、GEOSAR 为遇险用户提供服务,逐步发展利用 MEO 卫星来为遇险用户提供 MEOSAR 服务,并将成为 LEOSAR 和 GEOSAR 的重要补充,MEOSAR 将极大地提高遇险信标的检测速度和位置准确性。

COSPAS-SARSAT 中轨道卫星的轨道高度为 19000 ~ 24000km,目前国际四大全

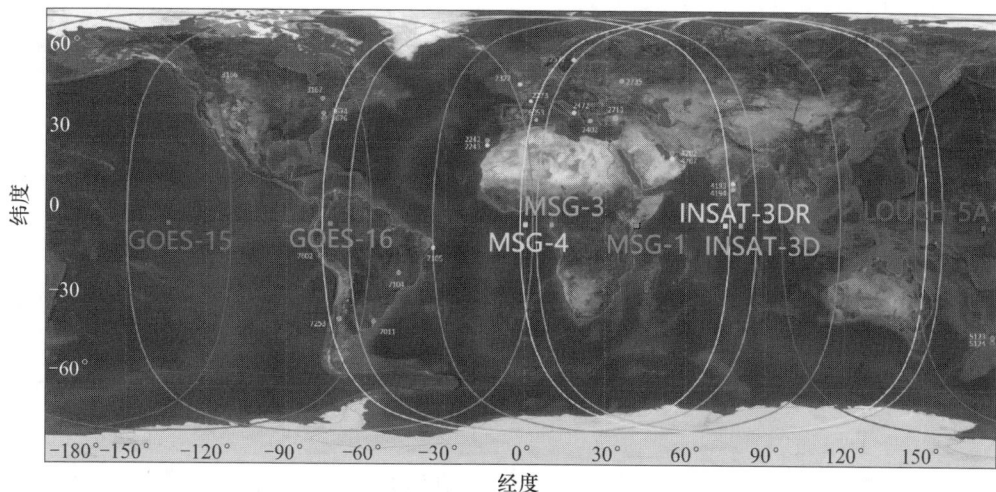

图 5.5　同步轨道卫星覆盖图(见彩图)

球卫星导航系统的部分卫星上均安装有 MEOSAR 载荷。MEOSAR 将同时提供遇险消息传输和独立的信标定位功能,并能实现近乎实时的全球覆盖范围。此外,部分 MEOSAR 还将具有返回链路功能,向遇险信标提供已收到遇险消息的确认。

2)地面段

地面段由 LUT、MCC 和 RCC 组成。

LUT 作为卫星地面接收站,其作用包括:跟踪搜救卫星并接收卫星转发下来的遇险示位标报警信号,解码计算,给出信标识别码和位置数据,把信标的报警数据和统计信息送给相应的 MCC。为了得到较高的定位精度,LUT 还同时承担实时修正卫星轨道参数的任务。根据搜救卫星种类的不同,LUT 可以分为 LEOLUT、GEOLUT 和 MEOLUT。

MCC 和 LUT 相连接,其主要作用包括:收集、整理、储存和分类从 LUT 及其他 MCC 送来的数据;分析数据的可信度,过滤虚假报警,解除模糊值;在 COSPAS-SAR-SAT 系统内与其他 MCC 进行信息交换;把报警和定位数据送到相应的 RCC 或搜救协调点(SPOC)。

COSPAS-SARSAT 为每个 MCC 按照其所属的地理区域位置划分了搜救服务区。MCC 在对每一个遇险无线电信标数据进行处理时,首先判定其发生报警的位置:如果报警发生在自己的搜救服务区内,那么 MCC 将把遇险信息转发给与其相关联的 RCC 或 SPOC;如果报警发生在自己的搜救服务区以外,将通过其所属节点的 MCC 将报警信息转发给遇险无线电信标所在搜救服务区的 MCC。

RCC 的任务是组织、协调、指挥救助工作。

3)遇险信标

遇险无线电信标实际上就是一台 406 MHz 的小型数字无线电发射机,其作用是发射遇险报警和在进行搜救作业时帮助确定幸存者位置。

遇险无线电信标按用途分为航空用示位标、EPIRB 和个人示位标（PLB）三种。目前，在 COSPAS-SARSAT 系统中各用途示位标的工作频率都是 406 MHz。遇险信标在紧急情况下可以自动激活或手动启动。

5.5.3 北斗国际搜救服务

北斗卫星导航系统提供的国际搜救服务是北斗三号系统的特色服务之一，具备 MEO 卫星提供的符合 COSPAS-SARSAT 标准的中轨卫星搜救服务，以及 MEO 卫星和 IGSO 卫星提供的基于 B2b 信号的返向链路服务等内容，可面向全球用户提供搜救服务。

1）服务原理

北斗国际搜救服务主要通过北斗 MEO 卫星、地面段以及遇险信标三部分提供搜救服务。北斗系统在 6 颗 MEO 卫星上安装了 SAR 载荷。SAR 载荷按照 COSPAS-SARSAT 标准研制，可与其他 GNSS 卫星上的 SAR 载荷共同为全球用户提供服务。

北斗国际搜救服务操作流程如图 5.6 所示。当飞机或者船舶等遇险时，遇险信标便会通过人工启动或自启动方式发出 406MHz 的遇险信号，携带用户标识等遇险信息，通过北斗 MEO 卫星上的 SAR 载荷转发后，由分布在世界各地的 LUT 进行多普勒测量定位，计算遇险目标的位置，并将这些信息发送给本地的 MCC。MCC 将这些信息发送给本地的 RCC 以及 SPOC。通常由本地 RCC 牵头协调救援实施。新一代信标标准也支持遇险信标利用 GNSS 确定自身的位置，该位置信息属于遇险信息的一部分[16]。

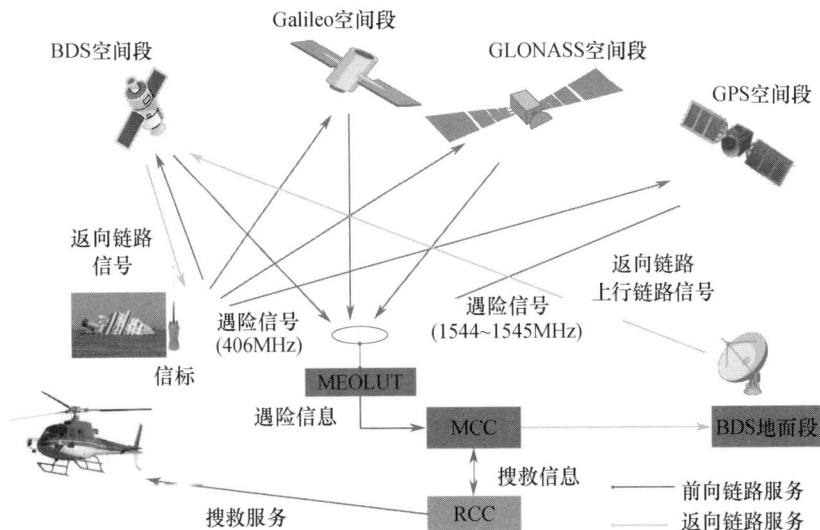

图 5.6　北斗国际搜救服务操作流程（见彩图）

2）返向链路

需要特别强调的是,北斗提供的国际搜救服务具有双向通信能力,即提供了返向链路特色方案。SAR 载荷仅能提供前向链路告警服务,存在较多的虚假告警信息。由于不能提供确认信息,使得搜救的效率低下。利用 MEO 卫星提供的返向链路服务,可为遇险用户提供遇险信息的确认消息,提升搜救效率,增加遇险用户的心理安慰,提升搜救成功率。目前国际搜救卫星组织已将返向链路作为一项先进功能,是国际搜救的热点方向。

北斗返向链路处理流程如图 5.6 所示。遇险用户通过遇险信标发射具备北斗返向链路请求的报警信号,本地搜救任务中心收到这些信息后,由其中的返向链路处理系统处理后生成返向链路信息,并经北斗任务控制中心上注后通过 B2b 导航信号将返向链路信息发送给遇险者。本地搜救任务中心也可接收救援中心发送的有关救援相关的信息。

目前,除北斗系统具备返向链路服务外,国际上仅 Galileo 和 GLONASS 支持该服务。北斗三号返向链路的特色主要体现在两个方面:一是北斗三号利用国内的地面站及星间链路就可支持返向链路信息全球传输,不需要像 Galileo 系统一样在全球范围建设数量众多的地面站来实现;二是采用支持确认等多种消息类型的 B2b(MEO/IGSO)导航信号播发返向链路信息,可与 Gaileo 系统和 GLONASS 的返向链路服务进行互操作。

▲ 5.6　GMDSS 搜救通信网

5.6.1　系统概述

GMDSS 最基本的功能是确保一旦任何履约船舶发生遇险,就能够迅速有效地利用多种手段向岸上 RCC 或救助分中心(RSC)和附近的其他履约船舶报警,收到报警的 RCC 或 RSC 能够迅速地对遇险搜救工作进行协调指挥,以便最大限度地减少海难损失,保障海上人命安全。

搜救通信畅通与否决定了遇险报警是否能够迅速有效,海事搜救工作是否能够顺利展开。为此,建立 RCC/RSC 与 LES 间、RCC/RSC 相互间畅通的搜救通信网至关重要。在搜救通信网的建设中,LES 的建设与改造是核心,因为它是船岸通信的枢纽,是 RCC/RSC 收集遇险报警信息的通道,又是 RCC/RSC 确认与转发的出口。

GMDSS 搜救通信网由地面通信网和卫星通信网相互结合构成。为了充分发挥卫星通信和地面通信相互配合的优势,GMDSS 中各 RCC 之间建立了有效的通信网络。该通信网络包括国际海上搜寻救助公约要求由 IMO 统一规划的各 RCC 之间的通信线路。另外,每个 RCC 同与其关联的海岸电台、移动通信卫星、COSPAS-SAR-SAT 系统的 MCC 之间还应提供迅速、高效的通信线路。各 RCC 之间的通信线路通常使用公众交换网或专用线路,要求系统的通信网络和相关的搜救程序要足够灵活,以便能够在搜救区内进行各种国际搜救协调工作,适应各搜救区及其搜救设施配备不同的情况,甚至能够适应某些特定区域不能提供任何设施和无人承担搜救职能的最差情况。

在 GMDSS 搜救通信中,EPIRB 是一种启动后能够自动发射无线电信号的信标,其利用本身发射的信号来表示自己的位置及状态,以便搜救单位准确的确定其位置,它是全球海上遇险和安全系统中重要的船对岸报警装置。国际海事组织规定,所有 300 总吨及以上的货船以及适用于 SOLAS 公约的船舶,无论航行在 A1、A2、A3 或 A4 哪个海区,除在 A1 海区可用 VHF EPIRB 代替外,在其余海区航行时都必须配备卫星 EPIRB。

目前,符合 GMDSS 要求的示位标有两种:

(1) VHF EPIRB,它使用 VHF CH 70 发射 DSC 遇险报警,其工作特点在 5.3.1 节中有所介绍。

(2) 工作在 406MHz,通过 COSPAS-SARSAT 搜救卫星进行中继的卫星 EPIRB,也称 406MHz EPIRB。有些 406MHz EPIRB 还同时含有用于航空搜救的载频为 121.5MHz 的寻位信号,但该信号并非强制使用。目前,406MHz EPIRB 在船舶上已广泛装配使用,并在全球范围内的搜救行动中起着不可替代的作用。

5.6.2　搜救协调操作流程

对于遇险目标的搜救行动应在能够提供帮助的各搜救主管部门的协调下完成,但地面系统和卫星系统的搜救协调工作程序有所不同。

如果船舶利用地面系统设备进行遇险报警,则离报告的事故地点最近的岸台应对遇险报警给予收妥确认。如果该最近的岸台因故没有应答,则收到报警的其他岸台应予以收妥确认。给予报警收妥确认的岸台在将其责任移交之前必须与遇险船舶进行沟通并保持有效的通信,同时,岸台会把遇险报警信息转发给与其相关联的 RCC。如果船舶利用卫星船站进行遇险报警,则需选择报警岸站,该岸站收到报警后会直接把报警信号转给与其相关联的 RCC;如果使用卫星 EPIRB 进行报警,则报警信号经卫星转发至 LUT,再通过 MCC 的处理和协调,最终转发给 RCC。

一个报警信号可能被多个岸台或岸站接收到,但与第一个给出收妥确认的岸台相联系的 RCC,或与遇险者所选择的报警岸站相关联的 RCC,才为组织协调的 RCC。若事故发生地不在本 RCC 救助区内或本 RCC 地理位置不利于搜救,则除非有另外一个其他地理位置有利于救助的 RCC 来承担责任,否则第一个 RCC 应承担起全部后续的搜救协调工作。若有多个岸台给予了收妥确认而无法确定哪个 RCC 为第一个 RCC 时,则相关的 RCC 之间必须尽快地商定出由哪个 RCC 承担起搜救协调工作,以便对事故做出最迅速的响应。

参考文献

［1］杜加宝,田乃清,苏文明.电子航海战略下 GMDSS 系统发展趋势展望［J］.航海技术,2013
(4):37-39.

［2］彭晓星.GMDSS 系统存在问题及应对措施［J］.上海海事大学学报,2008,29(1):37-40.

［3］胡建彪.遇险船舶的报警与通信［J］.航海技术,2011(1):40-43.

［4］宋浩然.GMDSS 遇险通信模拟系统的研究与设计［D］.大连:大连海事大学,2010.

［5］赵梁滨,杨家轩,尚斯年.基于 B/S 的 GMDSS 仿真系统设计与实现［J］.中国航海,2016,39
(4):61-65.

［6］中国国家标准化管理委员会.中华人民共和国国家标准全球海上遇险和安全系统(GMDSS)术
语［M］.北京:中国标准出版社,2009.

［7］丁方平.SAILOR 中高频组合电台模拟器研制与开发［D］.大连:大连海事大学,2009.

［8］戚善才.用于 GMDSS 培训的海上中短波通信模拟器研究［D］.大连:大连海事大学,2011.

［9］杨华.FURUNO FM-8800 VHF 模拟器 DSC 功能的设计与实现［D］.大连:大连海事大
学,2009.

［10］郭成雄.AIS-SART 的研究与实现［D］.大连:大连海事大学,2011.

［11］赵天.EPIRB 定位算法仿真［D］.武汉:武汉理工大学,2012.

［12］陈放,张国强.GMDSS 通信设备与业务［M］.大连:大连海事大学出版社,2015.

［13］刘法龙.GMDSS 卫星通信发展及形势分析［J］.卫星应用,2020,101(5):46-51.

［14］LI G,GUO S R,LV J,et al. Introduction to global short message communication service of BeiDou -
3 navigation satellite system［J］. Advances in Space Research,2021,67(5): 1701-1708.

［15］李罡.短报文之于北斗［EB/OL］.［2020-03-20］. https://zhuanlan. zhihu. com/p/
114608615/.

［16］李罡.北斗应用·北斗三号的国际搜救服务［EB/OL］.［2020-07-04］. https://zhu anlan. zhi-
hu. com/p/154105473? from_voters_page=true/.

第6章 船舶自动识别系统

船舶自动识别系统(AIS)是 GNSS 在海事领域的重要应用系统,对于保障船舶航行安全发挥了重要作用,是 IMO 强制船舶安装的系统。AIS 是一种集网络技术、现代通信技术、计算机技术、电子信息显示技术为一体的现代化数字助航系统。它不仅具有海上安全信息传输功能,还具有船舶避碰和导航功能。它的出现使海上数字通信技术产生了质的飞跃,并得到了快速的推广应用[1]。

AIS 由岸基系统和台站组成。AIS 台站在利用 GNSS 提供的位置数据的基础上,将台站的动静态信息按照相关国际标准协议封装成特定的电文,在海上甚高频(VHF)频段上以自组织时分多址(SOTDMA)方式向附近水域的岸站和台站进行广播,实现船-船、船-岸之间的信息交换。与此同时,AIS 岸基系统能够向 AIS 台站发布航行警告、气象警告以及其他安全信息,从而实现岸-船之间的信息交换。此外,AIS 岸基系统还可以收集 AIS 台站广播的动静态信息,作为航运经济发展的重要信息资源。相关管理部门也可以利用 AIS 岸站系统的功能,掌握其管辖水域内的船舶交通状况,疏通航道,以便及时开展遇险救助行动,确保水域内的交通通畅。

需要特别强调的是,AIS 完全依赖于 GNSS 提供的 PNT 信息,一旦 GNSS 不可用,AIS 即刻瘫痪,严重威胁海上航行安全,因此作为 GNSS 之一的北斗卫星导航系统在 AIS 中的应用将成为我国海上安全航行的重要保障。2014 年 11 月北斗系统成为了 IMO 认可的世界无线电导航系统之一;2020 年 3 月,IEC 发布了首个北斗船载接收设备检测标准,为北斗接收机作为部件集成于 AIS 进行全球化应用铺平了道路。目前北斗系统已开始提供全球服务,可以预见,利用北斗 PNT 信息的 AIS 在世界范围内推广应用将成为大势所趋。伴随着北斗系统全球化的推进,未来北斗系统也必能在 AIS 的升级系统甚高频数据交换系统(VDES)中得到广泛应用。此外,既具有 AIS 功能,又具有北斗位置报告功能的北斗/AIS 一体化终端也将成为北斗系统在 AIS 领域的应用亮点。

6.1 技术发展

作为海事领域一种重要的通信手段,AIS 一直是 e-航海战略发展的重点。IMO MSC 的 NCSR 分委员会和 HTW 分委员会每年的大会都有关于 AIS 的讨论议题;此外,IALA 的 ENAV 委员会也设有专门的工作组从事 AIS 相关研究[2]。

20 世纪七八十年代,随着雷达技术在航海领域的推广应用,船舶航行安全有了极大的提高。特别是自船舶 VTS 应用以来,港口船舶调度与管理效率得到了飞速发展。然而,尽管 VTS、船用雷达和自动雷达标绘仪(ARPA)能够及时发现船舶,却不能识别船舶,还需要配合 VHF 进行语音交流予以确认,效率不高,此外目标船舶还容易丢失。同时,由于语言沟通障碍问题造成的船舶碰撞事故也屡见不鲜。

为了解决上述问题,AIS 应运而生。在电子航海发展史上,AIS 技术的推广应用经过了多年的研究和讨论,尽管 AIS 的发展过程没有明确的时间界限,但总体而言可分为三个阶段:①用户需求产生和初始方案提出的萌芽阶段;②方案通过 IMO 认可后的快速发展阶段;③AIS 推广应用的成熟阶段。

6.1.1　萌芽阶段

20 世纪 80 年代至 1997 年是通用 AIS 概念的形成阶段。自 80 年代开始,欧美一些国家开始着手研发 AIS 技术,提出了多种技术方案和一系列提案,开启了 AIS 的发展征程。

由 ITU 确定的《无线电规则》附录 18"全球范围内水上移动业务 VHF 频段的频道划分",设立初期主要用于海上船船之间、船岸之间的调频语音通信。20 世纪 80 年代末,考虑 VTS 对船舶进行识别的迫切需求,ITU 提出了在 VHF 70 信道(156.525MHz)上开发试验 DSC 系统。IALA VTS 委员会对基于 DSC 技术的应答器进行了评估,确定了其发展优势,于是挪威、德国和荷兰等北欧国家开始了 VHF DSC 应答器设备的试制工作。DSC 系统是世界上第一个 VHF 频段数字通信系统。1989 年在 IMO NAV 分委会第 36 次会议上,提出了"采用 DSC 技术的应答器系统"的提案,并将其写入了 IALA、国际港口与港湾协会(IAPH)、国际航海学会(IAIN)、船长协会国际联合会(IFSMA)和国际海洋引航员协会(IMPA)的谅解备忘录中,提交给了 IMO MSC。同时,国际无线电咨询委员会(CCIR),即现在 ITU-R,最终形成了基于 DSC 技术应答器的 ITU-R M.825 建议案"Characteristics of a transponder system using digital selective calling techniques for use with vessel traffic services and ship-on-ship identification",即一种用于船舶交通服务与船舶识别的数字选择性呼叫技术应答器系统特性。1992 年 IMO NAV 分委会第 38 次会议通过了该提案,确立了 VHF DSC 技术,即在 VHF 70 信道上以 DSC 的方式自动发出询问信息,数字传输速率为 1200bit/s,采用 FSK 调制模式,船舶接收到该信息后,按照要求的信道,将本船的识别信息发送给询问方。这种方式的船舶识别过程形成了"点对点式"的船舶自动识别系统的雏形。

1994 年,瑞典、芬兰首次提出了"无线电 AIS"的概念。在该概念中,首次将 SOTDMA 技术应用于船舶自动识别系统中,相对于 VHF DSC 技术,大大增加了用户系统容量。1995 年,瑞典、芬兰联合在 IMO NAV 分委会第 41 次会议上首次提出将 SOTDMA 技术应用于自动应答系统的建议草案。同时,根据英国的提案,分委会确定了利用 VHF CH 70 的应答器性能标准。1996 年 9 月,在 IMO NAV 分委会第 42 次会议上研讨了 AIS 可采用的两种信息交换方式,即 VHF DSC 式和广播式,会上各方对未来船载 AIS 必须满足船舶间和海岸间不断增长的信息交换需求达成了共识。

与此同时,很多国家进行了 AIS 的相关试验。加拿大的海岸警备队和航运界船舶、西海岸 VTS 中心、引航站等合作进行了 AIS 试验。瑞典和北欧的一些国家,在舰船上利用 GPS 和通信系统也进行了大量的 AIS 试验。美国、加拿大、法国、丹麦和芬兰进行了广播式 AIS 试验。英国在沿岸设置了 VHF DSC 通信方式的 AIS,采用 DSC 式应答器系统,通报容量为每分钟 2000 个报告,并投入使用;在美国阿拉斯加州的巴尔法斯 VTS 也设置了 DSC 式应答器系统。瑞典、芬兰使用了基于 SOTDMA 的应答器系统,通报容量为每分钟 2250 个报告。南非也采用了同样的系统,通报容量为每分钟 1800 个报告[3]。

SOTDMA 的概念由瑞典科学家 Hakan Lans 提出,并在美国申请了专利,1996 年获得了许可。随后 Lans 将该专利出售给瑞典的 GP&C 公司,该公司后来被瑞典的 SAAB 公司收购。然而,美国 Motorola 公司宣称其在这之前也已经研发并应用了 SOTDMA 技术,并申请了相应的专利。此外,南非的 MDS 公司也已经在 Lans 提出 SOTDMA 概念之前进行了相关技术的研究,并申请了相应的专利。到 1997 年,SAAB、ROSS 和 MDS 公司均研究开发了基于各自 SOTDMA 技术的 AIS 产品。

SOTDMA 技术的核心是如何保持每个 AIS 设备的时间一致,并实现同步。SAAB 公司版本的 SODTMA 是基于 GPS 的秒脉冲(PPS),也就是说它通过 GPS 获得统一时间,并实现同步。MDS 公司的 SOTDMA 是采用一种优先级机制,即岸站和船舶将依照尺寸和类型进行排序,发送时隙的分配基于主从方式进行。也就是说,在一定海域内,若存在岸站,则岸站优先级最高,其他周围船舶按尺寸及类型依次排序。若没有岸站,则按最大或规定类型的船舶优先级为最高,其他周围船舶依次排序,发送信息的时间按排序依次进行。MDS 公司 SOTDMA 技术的优势在于其不依赖于绝对时间。ROSS 公司的 SOTDMA 是基于 UTC。该系统的优点在于 UTC 已被广泛认可,且该时间可以从许多时间服务提供者处得到,如 GPS、GLONASS 等。以上三家公司的 SOTDMA 技术各有优点,但是商业竞争阻碍了生产厂商之间的技术合作。20 世纪 90 年代初,Motorola 公司向 SAAB 公司提出专利侵权诉讼,经过 5 年的诉讼,最终私下达成协议:"Lans 先生同意不再卷入卫星通信系统中,而 Motorola 公司同意不再涉足 AIS 领域。"至此该争端告一段落[4]。

1997 年,美国 ROSS 公司总裁 Ross Norsworthy 将其 SOTDMA 专利免费特许给了 ITU。随后由 Ross Norsworth 先生倡议,SAAB、ROSS 和 MDS 三家公司在美国佛罗里达召开了会议。Ross Norsworthy 先生建议三家公司应该把彼此间的分歧放在一边,共同合作起草一份能体现 SOTDMA 最先进技术的国际标准,该标准将融合三家技术的优点,以利于提高国际海事安全,他的观点得到了其他两方的认可和接受。这次会议促成了 1997 年 IMO NAV 分委会第 43 次会议上 AIS 技术标准的制定,通过了通用船载自动识别系统性能标准的建议案。同年,在 Ross Norsworthy 先生的倡议下,SOTDMA 技术免费许可给世界各 AIS 设备生产商。这也最终促使 1998 年 7 月 IMO NAV 分委会第 44 次会议通过了采用基于 SOTDMA 技术的 AIS 标准,并强制船舶安装的决议。

6.1.2　完善阶段

1998 年至 2008 年是 AIS 技术的发展完善阶段,该阶段逐步实现了 AIS 技术在全世界的普及,并完善了针对各种不同应用的 AIS 终端类型及其性能标准。

1998 年 5 月,IMO MSC 委员会第 69 次会议批准的 IMO MSC. 74(69)决议附件 3 为"Recommendation on performance standards for an universal shipborne automatic identification system(AIS)",即通用船载自动识别系统(AIS)性能标准建议案。同年 ITU-R批准了两个 AIS 国际专用 VHF 频道:CH 87 即 161.975MHz,CH 88 即 162.025MHz,从而满足了 AIS 应用的频率需求。1998 年 11 月 ITU-R 通过了 AIS 的技术性能标准 ITU-R M.1371"Technical characteristics for an automatic identification system using time-division multiple access in the VHF maritime mobile band",即在 VHF 海上移动频段上使用时分多址的船用自动识别系统的技术特性。随后,各国厂商均按照 IMO 和 ITU 的最新标准对原有产品进行升级改造,开发新产品。至此多种 AIS 技术的角力最终统一,形成了以 ITU-R M.1371 建议案为标准指南的通用 AIS 技术方案,并获得了 IMO 的认可。

1998 年 7 月,IMO NAV 分委会第 44 次会议建议,2002 年起 300 总吨及以上新船和客轮必须安装 AIS。2000 年 12 月,IMO MSC 委员会第 73 次会议通过了 MSC.99(73)决议,即经修正的 1974 年 SOLAS 公约的修正案。按照 SOLAS 公约第五章新规则要求,所有在 2002 年 7 月 1 日及以后建造的大于或等于 300 总吨从事国际航运的船舶,大于或等于 500 总吨不从事国际航运的货船和所有客船均须装备 AIS 设备;要求所有于 2002 年 7 月 1 日前建造的从事国际航运的各类船舶根据船舶类型必须在 2003 年 7 月 1 日到 2008 年 7 月 1 日前装备 AIS 设备,但在此期限后 2 年内将永久退役的船舶可免装 AIS 设备。至此,IMO 在全球范围内对 AIS 予以推广应用[5]。IEC 也于 2001 年 12 月发布了 AIS A 类船站性能测试标准 IEC 61993-2,2007 年 2 月发布了 AIS 岸站性能测试标准 IEC 62320-1。

在 AIS 技术标准积极讨论的同时,世界各 AIS 设备厂商也在积极同步研制相关 AIS 设备,如瑞典的 SAAB 公司、日本的 Furuno 和 JRC、奥地利的 Nauticast、德国的 SAM Electronics、英国的 SRT 等,最终形成了几大 AIS 设备厂商瓜分全球市场的格局。在此期间,AIS 技术和产品也得到了迅速的发展和完善,主要体现在如下几个方面:

(1)完善了 AIS A 类船站技术标准;

(2)确定了 AIS 岸站标准;

(3)提出并发展了基于载波侦听时分多址(CSTDMA)技术的台站类型,并完善了相关标准;

（4）提出并发展了 AIS B 类 SOTDMA 台站设备，并制定了相关标准；

（5）提出并发展了船载 AIS 搜救发射器（AIS-SART）台站类型，并完善了相关标准；

（6）提出并发展了 AIS 航标（AtoN）台站类型，并完善了相关标准；

（7）提出并发展了个人便携应急示位标（MOB-AIS）/PLB；

（8）提出并发展了星基 AIS。

6.1.3　成熟阶段

2009 年至今，AIS 技术发展进入了成熟应用阶段。AIS 岸基系统已经完善，各种台站终端快速推广应用，系统标准逐渐定型完成，业务应用迅速拓展。AIS 技术在空前拓展应用的同时，也在进一步思考着下一步的发展规划。

在此阶段，全球沿岸的 AIS 岸站系统得到了空前的发展和完善。IALA 制定完善了 A-124 建议案及其系列附件，对 AIS 岸基系统服务给出了详细的说明[6]。A-124 建议案共包括一个主文档和 19 个附录，每个附录针对不同的岸基服务进行论述，并给出了具体的应用建议，为 AIS 岸基应用系统的建设提供了详细的建议指南。同时，IALA 还针对 AIS 航标应用颁布了 A-126 建议案，进一步完善了 AIS 岸基系统应用[7]。

此外，IMO 针对 AIS-SART、应用特定电文（ASM）等 AIS 具体应用给出了通函建议，如 IMO SN.1/Circ.322、IMO SN.1/Circ.290 等。IEC 制定了多种 AIS 终端设备的性能测试标准，包括 AIS B 类 CSTDMA 船站性能测试标准 IEC 62287-1、AIS B 类 SOTDMA 船站性能测试标准 IEC 62287-2、AIS-SART 性能测试标准 IEC 61097-14，并进一步开发了 MOB/PLB 性能标准 IEC 61993-2 和空基 AIS 性能标准 IEC 63135 等。相关技术标准可参见 6.4 节。

另外，AIS 在应用领域也得到了极大推广，在履约船舶、岸基系统、渔船、各类工程作业船舶上都得到了普及应用。AIS 岸基系统针对各个不同管理利益体的服务也得到了快速发展，使 AIS 技术逐步成熟完善，应用推广。

6.1.4　未来发展

随着 AIS 的广泛应用，包括履约船舶的 A 类船站、非履约船舶的 B 类船站、AIS-SART、AIS 航标、ASM 等，大大增加了 AIS VHF 数据链路（VDL）负载，在某些区域已经超过 50%。根据 IALA A-124 附录 18"VDL 负载管理"，如果 AIS VDL 负载超过 50%，就会对 AIS 的正常运行产生影响。因此，研究开发减轻 VDL 负载的方法和技术显得尤为重要。目前，AIS 采用的方法为 AIS 时隙复用技术，即在 AIS 时隙占用率很高的情况下，AIS 接收机能够利用最远距离台站的时隙，从而有效提高 AIS 功能的稳定性。

2009 年，IALA ENAV 委员会的通信工作组提出了 AIS 2.0 的概念，并写入了世界无线电通信计划（WWRCP）中。在 2012 年世界无线电通信大会（WRC-12）上申请了 6 个 VHF 信道作为试验信道,以欧洲电信标准化协会(ETSI)为主要负责单位测试实现了在 100kHz 信道带宽下数据传输速率为 307.2kbit/s 的数字通信系统。根据 ITU-R M.1842-1 建议案"在《无线电规则》附录 18 水上移动业务频道交换数据和电子邮件的 VHF 无线电系统和设备的特性",可以在 VHF 信道上使用 25kHz、50kHz 和 100kHz 信道带宽,使语音和数据同时在 VHF 频段上进行通信。

2012 年底,在欧洲和日本等国家的支持下,VDES 的概念被首次提出,并将这一通信系统作为未来 e-航海战略的核心数据通信系统。2012 年 IALA ENAV 委员会通信工作组在东京召开了 VDES 首次研讨会,确定了发展下一代 AIS 技术,即 VDES,并对其相关概念进行了完善,从而正式确立了 VDES 的概念[8-9]。

2013 年 5 月,IALA 和几个成员国一起在 ITU-R WP5B 工作组会议上介绍了 VDES 的概念,ITU-R WP5B 十分赞成和支持该技术,并将其写入 IMO、IALA 和其他相关国际组织的谅解备忘录中,在 2013 年 12 月召开的会议上重点了讨论该议题。

2013 年 8 月,IALA ENAV 委员会在其通信工作组会议上确定了 VDES 的发展计划,并正式进入 VDES 论证阶段。相关成果在 2013 年 9 月底的 ENAV 委员会第 14 次会议上得到了进一步完善,并制定了 VDES 下一步发展路线图,同时提交给 IMO、ITU-R WP5B 及其他相关机构进行讨论。

2015 年 4 月,在 IMO MSC 第 95 次会议上,日本、瑞典和 IALA 联合提交了 VDES 的发展报告"Development of VHF Data Exchange System",该报告给出了 VDES 最新的构架、信道设计和实施路线图。IALA 是 VDES 技术的主要研究领导机构,该报告由 IALA、日本和瑞典联合提交,可见这两个国家在 VDES 技术发展过程中发挥了重要作用。2015 年 11 月,世界无线电通信大会(WRC-15)上通过了 VDES 国际标准,即 ITU-R M.2092-0 建议书。建议书中规定 VDES 由 AIS、ASM 和甚高频数据交换(VDE)三部分组成,对现有水上移动业务 VHF 频段的信道进行拆分和调整,为 ASM 专门分配了两个 25kHz 的信道,用于水文和气象等非船舶辅助导航数据信息的传输,为 VDE 配置了 100kHz 的信道,用于 VDE 地面子系统的双工通信,使得 VDE 能够实现速率为 307kbit/s 的船船及船岸之间的数据传输。2019 年 10 月,WRC-19 大会确定了 VDE 卫星频谱分配问题。

海上高速和稳健的无线电通信系统是 IMO e-航海战略实施必不可少的基本保障,也是未来 GMDSS 现代化不可或缺的重要条件。随着 IMO e-航海战略的发展和推进实施,VDES 技术已逐渐成为国际业界公认的未来海上最佳的通信方式,并确定为 e-航海战略的基本通信手段之一。

△ 6.2　系统组成

AIS 由 AIS 岸基系统和 AIS 台站组成,其主要原理是船舶(如 AIS 船站或其他类型台站)利用 VHF 频段,采用 SOTDMA 等接入方式,以 9600bit/s 的传输速率,与周围的其他船舶交换船名、呼号、IMO 号、目的地等船舶静态航次信息,以及船舶的经/纬度、航速、航向、旋转速率等船舶动态信息,实现船舶的相互识别[10],AIS 原理如图 6.1 所示。需要特别说明的是,船舶动态信息中的经/纬度位置信息、航速航向信息、时间信息等来自台站内嵌或外部的辅助传感器,如 GNSS 接收机等。

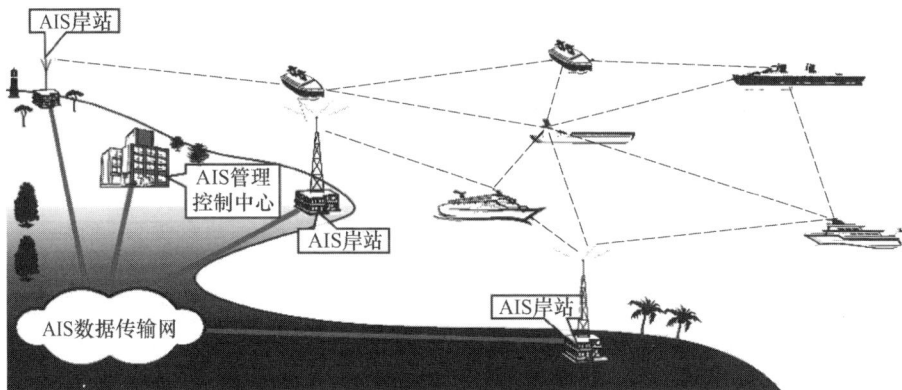

图 6.1 AIS 原理

船舶通过 AIS 终端的直观显示,可以实时获悉周围船舶的动静态信息,与其他船舶进行特定的文本通信,在出现碰撞风险时及时采取必要的避让措施,确保航行安全,因此 AIS 对于船舶避碰具有非常重要的作用。此外,在港口和沿岸设置 AIS 岸基系统,能够实时获取 AIS 信号作用距离范围内的船舶信息,将这些信息收集后,可以为国家以及利益相关用户提供实时和历史的船舶信息,成为感知沿海、内河船舶流量,感知船舶航行状态的非常重要的信息资源。

6.2.1 AIS 岸基系统

AIS 岸基系统实现了船与岸之间的信息交换:一方面岸基系统可以收集 AIS 台站广播的船名、船舶类型、危险货物及种类、目的港和预计到港时间、船舶识别码、船位、航向、对地速度、航行状态、吃水等信息;另一方面,AIS 岸基系统还可提供航行预警、气象警告及其他安全信息,海事管理、港口船舶代理业务,以及船务公司对所属船只的管理和货物运转等业务,还可与电子海图结合,完成设计航线、监控船舶航行、添加导航报警等功能,实现实时监控海上船舶运输,有效防止油轮等危险品船舶发生碰撞造成海洋生态污染等问题。

AIS 岸基系统虽然根据不同区域特性可以有不同的结构组合,但通常是由 AIS 岸站、岸站控制器、网络链路和应用系统组成,应用系统运行的软件包括 AIS 数据库、服务系统软件和岸站控制软件。AIS 岸基系统结构如图 6.2 所示。

AIS 岸站是 AIS 岸基系统的重要组成部分,负责为系统岸站网络中心采集周围船舶的航行数据。因此 AIS 岸站作为岸基系统的数据采集基础设施,向上要与系统进行数据交互,接收指配命令,向下要发送和接收 VHF 数据,与周围船舶进行通信;

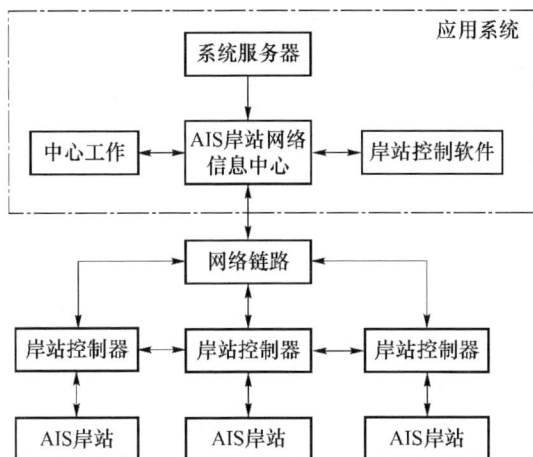

图 6.2　AIS 岸基系统结构

同时还要保证岸站自身稳定可靠的运行,在整个 AIS 岸基系统中起着关键作用[11]。应用系统的设计用于主管当局管理 VDL,并使船到岸以及岸到船的信息传输更加有效。它是 AIS 服务的核心,可以联网以提供更广泛范围的 VTS 和沿海监控,以及对整个海域的感知。

　　因此,AIS 岸基系统使船舶安全航行和船舶安全管理发生了重大变化:一是船舶能够从 AIS 岸基系统获得更多的航行安全信息,使航行安全更有保障;二是使航行安全管理部门监督管理和信息服务更便捷、全面、有效。AIS 岸基系统现已广泛与 VTS 结合,有效弥补了 VTS 在确定船舶位置和获取船舶信息方面上的不足。此外,沿海和港口过往船舶的信息通过 AIS 岸基系统获取,进行挖掘和处理后,能够为国家信息管理部门、海事管理部门和航运企业提供各类相关的实时航运信息,是国民经济发展的重要信息资源。

　　中国作为 IMO 的 A 类理事国成员、IALA 的成员国,为实现具有国际水平的航行安全监管和助航服务,建成了覆盖中国沿海水域和内河的高等级航道的中国 AIS 岸基自动识别系统,包括沿海 AIS 岸基网络系统和内河 AIS 岸基网络系统。AIS 岸基自动识别系统采用了“三级管理、四级网络”的架构。其中:“三级管理”是指国家 AIS 管理中心、海区或水系 AIS 管理中心、辖区 AIS 管理中心;“四级网络”是指国家 AIS 中心网络、海区或水系 AIS 中心网络、辖区 AIS 中心网络、岸站网络。AIS 管理工作采用海区中心统一协调组织,各辖区分工落实的运行管理模式,确保了中国 AIS 岸基自动识别系统正常工作率在 99.5% 以上。

6.2.2　AIS 台站

　　AIS 台站不仅可用于船舶,还可用于 SART、MOB、航标等设备,可以根据台站的类型和功能进行划分,如表 6.1 所列。不同类型 AIS 台站针对功能不同,其结构设计也略有差异。对 AIS 信息贡献最大的是 AIS 船载设备(船站),根据不同类型船舶的应用需求,又可以分为 AIS A 类船站、AIS B 类 CSTDMA 船站、AIS B 类 SOTDMA 船站[12]。其他类型的 AIS 台站也能够提供相关信息,用于 AIS 数据的管理和收集。

表 6.1 AIS 台站类型

台站类型	MMSI 格式	台站描述
AIS A 类船台	MID × × × × × ×	IMO 强制要求的,在大多数商业船舶上必须装配的船载设备
AIS B 类船台	MID × × × × × ×	与 AIS A 类船台兼容且非常相似,但输出功率和报告率有别于 A 类船台。该类设备有 CSTDMA 和 SOTDMA 两种接入机制
AIS-SART 台站	970YY × × ×	SART 是 GMDSS 的一部分,AIS-SART 可用于替代雷达 SART,且 AIS-SART 的作用距离比雷达 SART 远
MOB-AIS 台站	972YY × × ×	AIS 个人便携应急示位标(MOB-AIS)与 AIS-SART 台站类似,但用于指示落水人员位置
EPIRB-AIS 台站	974YY × × ×	EPIRB 也是 GMDSS 的一部分,基于 406MHz 的卫星检测信号。EPIRB-AIS 发送 AIS 电文用于辅助定位,并发送 121.5MHz 的信号用于辅助引航
SAR 飞行器上的 AIS 台站	111MID × ×	是由 AIS 提供的一个旨在供搜索和救援飞机使用的独特信息,用于辅助进行 SAR 操作
AIS 转发台	00MID4 × ×	用于转发所有非系统管理电文的台站,以增加 AIS VDL 的作用距离
AIS AtoN 台站	99MID × × ×	能够提供当前位置或状态,当不存在传统航标时,可以起到辅助作用,又称为虚拟航标,扩展了传统航标的范围

1)A 类船站

A 类船站完全符合 IMO 对 AIS 的性能标准。根据 IMO SOLAS 公约第五章的要求,强制船舶安装的 AIS 设备即指 AIS A 类船站。在安装 AIS A 类船站时,船舶相关的静态信息必须要预先输入 AIS 存储单元,包括船名、呼号、MMSI 等表示船舶身份的信息,船长船宽,船舶类型和定位天线的位置。这些重要数据后续如需更改,必须进行权限检验。

此外,AIS 船站所需信息还依赖于船上的 GNSS 设备、航向设备和转向速率指示计等。AIS 船站还提供了许多接口,以便将接收到的信息与其他船载导航设备进行融合,包括最小键盘和显示(MKD)单元。MKD 是 AIS A 类船站强制要求的显示工具,至少能够提供三行数据,包括方位、距离和所选船舶的名称。

中国是 IMO 的 A 类理事国成员、SOLAS 公约的缔约国,必须遵循 IMO 颁布的相关公约,推进 AIS 船站的普及和安装。为此,2010 年中国交通运输部海事局下发了"关于印发《国内航行船舶船载电子海图系统和自动识别系统设备管理规定》的通知"(海船舶[2010]156 号),对航行于中国沿海及内河的中国籍船舶配备 A 类或 B 类 AIS 船站提出了明确的要求:2011 年 7 月 1 日以后,所有 100 总吨以上的航行于长江干线、珠江干线、京杭运河及黄浦江包括部分江海直达的客船、货船都应配备 A 或 B 类 AIS 船站。

2）B 类船站

B 类船站必须与 A 类船站相兼容，也要完全符合 ITU - R 的标准要求，但报告频率和功耗都低于 A 类船站，详细的 A 类与 B 类船站对比见表 6.2。根据接入方式的不同，B 类船站分为两种，分别称为 B 类 CS 台站和 B 类 SO 台站。AIS B 类船站通常安装在非 SOLAS 公约要求的工作船舶和游艇上。

表 6.2 　AIS A 类、B 类船站对比

内容	A 类船站	B 类 CS 船站	B 类 SO 船站
传输功率	12.5W（标称）/ 1W（低功耗）	2W	5W（标称）/1W（低功耗）
主要通信 接入方案	SOTDMA	CSTDMA，优先级 低于 A 类船站	SOTDMA，优先级 低于 A 类船站
频率范围 和带宽	156.025～162.025MHz@25kHz DSC（156.525MHz）必配	161.500～162.025Mz @25kHz DSC（156.525MHz） 只有接收功能	161.500～162.025MHz @25kHz
位置源和 外部输入	外部 GNSS、航向、 转向速率指示必配； AIS 内部 GNSS	AIS 内部 GNSS； 航向可选；外部 GNSS 可选	外部 GNSS、航向、转向 速率指示可用； AIS 内部 GNSS
显示/ 数字接口	MKD；多个输入/输出 端口和单个输出	可选	可选
安全短消息	接收和发送	发送可选并只能预配置	只接收

用户不能对 B 类船站进行配置，因此必须在使用前由制造商或其代理对 B 类船站进行配置。IMO 对 AIS B 类船站的装配、安装或显示都没有要求，一般由各个国家制订相关的本国要求。

3）AIS-SART

AIS-SART 台站用于搜救执行的最后阶段，作为 GMDSS 的定位终端。AIS-SART 在遇险报警时能够发送表示遇险位置的电文 1 和安全信息电文 14，并且与其他的 AIS 台站兼容。该台站将发送安全相关的文本电文，在紧急情况下包含"SART 激活"，在测试时包含"SART 测试"。

4）MOB-AIS

MOB-AIS 发射器与 AIS-SART 台站的工作方式类似，但仅用于指示个人的位置。MOB-AIS 发送电文 1 时，其导航状态为"14"，并用电文 14 指示是"MOB 激活"或"MOB 测试"。

5）EPIRB-AIS

EPIRB 属于 GMDSS 的构成部分，它是基于 406MHz 的卫星检测信号。EPIRB 使

用 121.5MHz 进行定位,EPIRB-AIS 也发送导航状态为"14"的 AIS 电文 1,以及指示"EPIRB 激活"或"EPIRB 测试"的电文 14。

6）SAR 飞行器上的 AIS 台站

AIS 可以安装在飞行器上,以支持搜索和救援以及导航安全。SAR 飞行器上 AIS 台站的位置报告电文需要包括有关高度的信息。

7）AIS 转发台站

AIS 转发台站属于固定类 AIS 台站。AIS 转发台站可用于扩展其他 AIS 台站的作用范围,转发台必须在另一个 AIS 台站的覆盖范围内才能实现其转发功能。

8）AIS AtoN 台站

AIS 设备也可以安装在 AtoN 上,以提供 AtoN 的位置和状态识别信息,称为 AIS AtoN 台站。AIS AtoN 既可以是固定的(如安装在灯塔上),也可以是浮动的(如安装在浮标上)。

从技术实现角度,AIS AtoN 台站可分为如下类型:

（1）类型 1:台站不含有接收器,发送器只能使用由 AIS 岸基系统采用固定接入时分多址(FATDMA)方式保留的预定义时隙。

（2）类型 2:发送器同类型 1 一样,但接收器具有仅用于配置的控制功能。

（3）类型 3:具有完整的 AIS 接收能力,通常用于 AIS 岸站覆盖不到的区域。

从运行的角度来看,AIS AtoN 也可以分为如下类型:

（1）物理 AIS AtoN 台站:AIS 台站安装于实际的 AtoN 上。

（2）综合 AIS AtoN 台站:特定 AtoN 的电文信息是通过远程的 AIS 台站进行发送的,如 AIS 岸站或者其他 AtoN 台站。

（3）虚拟 AIS AtoN 台站:远程的 AIS 站台,如 AIS 岸站或者其他 AtoN 台站,发送电文信息以用于标识物理上并不存在的 AtoN。虚拟 AIS AtoN 只能被其他 AIS 设备看到。

AIS AtoN 台站不但可以发送 ASM、安全相关电文(如 AtoN 位置报警或发生故障信息),而且可以转发接收的 AIS-SART 台站电文。此外,AIS AtoN 台站还可以以台链的形式进行工作,以扩展 AIS 的作用范围。

目前,我国 AIS 台站的研究方面仍处于初级阶段,特别是 AIS 岸站和 AIS 船站,从事 AIS 研究的企事业单位和科研机构较少,进口 AIS 船站终端的核心主板设备仍处于主导地位。即便是在国产 AIS 台站设备中,也有部分核心器件依赖于外国进口,且还有一部分 AIS 台站设备性能不能完全达到国际标准的要求[13]。

6.3 系 统 原 理

AIS 采用时分多址(TDMA)的方式进行通信,即所使用的数据链路被分成许多个相等的时隙,并且这些时隙与协调世界时(UTC)保持同步[14],如图 6.3 所示[12]。

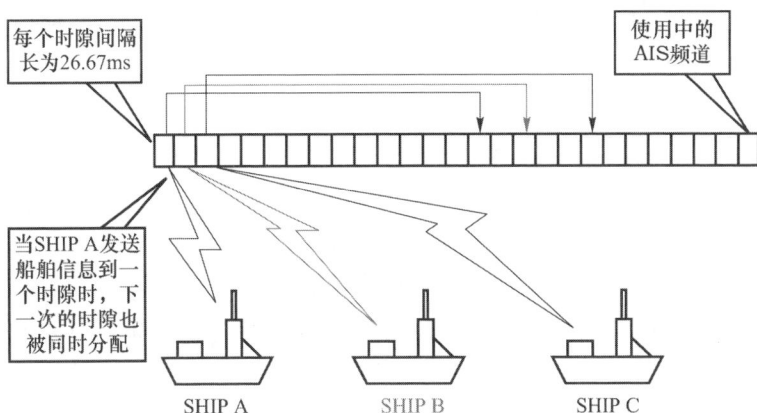

图 6.3　AIS 数据传输协议（见彩图）

6.3.1　数据传输协议

AIS 台站之间通信采用 TDMA 协议，使用预定义的电文格式，在指定的 VHF 频道进行数据传输。《无线电规则》附录 18 为 AIS 划分了四个国际信道：CH 87 和 CH 88，也称为 AIS 1 和 AIS 2；两个用于远距离 AIS 的信道 CH 75 和 CH 76，也称为 AIS 3 和 AIS 4。

1）接入方式

AIS 的岸站和台站设备采用的链路接入方式主要包括 SOTDMA、随机接入时分多址（RATDMA）、增量时分多址（ITDMA）、固定接入时分多址（FATDMA）、载波侦听时分多址（CSTDMA）[15]。

SOTDMA 是 AIS 船站的基本接入方式，船站根据从其他台站收集的时隙使用信息，对其发射时隙进行规划，并进行预先通知，以防止时隙冲突，即两个台站选择相同的时隙来传输数据包。在船站首次接入 VDL 的第一分钟内，采用 ITDMA 方式进行时隙预约通信。当 AIS 台站进行非周期数据传输时，采用 RATDMA 方式。当 AIS 台站需要以预定间隔发送数据，并涉及预留特定时隙以供其专用时，采用 FATDMA 方式。CSTDMA 接入方式一般由 B 类 AIS 船站使用，船站必须监听时隙的开始以检测链路占用情况，只有当找到未使用的时隙时才能访问数据链路，因此仅限于单个时隙传输。

AIS 的最大特点在于其自组织性，即每个 AIS 台站相当于移动网络中的小区中心，它的覆盖范围随着自身的移动而不断变化。因此，AIS 网络是以台站为中心的连续自组织网络。当然，陆地的 AIS 网络依赖于 AIS 岸站。

2）时间同步

正确同步每个 AIS 设备对于确保 TDMA 的正常运行是必不可少的，是保证数据成功传输的关键[16]。

在每个 AIS 信道上,即每个指定频率,每分钟时间称为"帧",每帧被分成 2250 个时隙,每帧的 2250 个时隙每分钟重复一次,因此,CH 87 和 CH 88 两个频率上共包括 4500 个时隙。为了确保所有 AIS 设备同步,每个 AIS 站台必须包含 GNSS 接收机,用于提供 UTC 作为准确的时间同步参考。如果 GNSS 接收机无法提供 UTC 同步,则由该区域内的 AIS 岸站或其他 AIS 台站提供时间同步。

3)位置信息

通常情况下,AIS 依靠 GNSS 接收机提供位置信息,因此 GNSS 信号的任何干扰或丢失都会影响 AIS 的位置数据。但是,AIS 台站也可以从其他外部位置源获得其位置参考。

4)VHF 数据链路

AIS 属于 VHF 短距离通信,也称为视距传输。尽管大多数 AIS 电文仅使用 1 个时隙,但是也有一些电文可以占用最多 5 个连续时隙。电文使用的时隙数越多,覆盖区域中的船舶数越多,数据包产生时隙冲突的可能性就越大。由于大多数 AIS 岸站通常天线位置较高,覆盖区域较大,可能导致在有大量 AIS 台站工作的区域中,远距离 AIS 台站的电文不能被正确解码。但是,来自这些远距离台站的数据将继续发送,并随着距离变近后被正确地接收。

A 类台站还在两个 VHF CH 75 和 CH 76 上每 3min 广播一次长距离 AIS 广播电文 27 以用于卫星接收。但是,当 A 类船站在 AIS 岸站覆盖区域内按照岸站的群组指配播发电文时,则可不播发电文 27。

为了保证 VDL 的正常运行,相关主管部门应通过适当使用 FATDMA 接入方式来组织 VDL 的使用,并在引入依赖 AIS 的附加服务前,考虑现有 VDL 的总负载情况。

6.3.2　数据交换处理接口

AIS 站台使用国际通用的海事数字接口和语句与其他设备、系统或网络之间进行数据交换,如 IEC 61162、NMEA 0183 等。这有助于在船上和岸上显示和使用 AIS 信息,使得 AIS 能够满足特定需求。例如,AIS 船站能够向雷达、ECDIS、海图绘图仪等提供数据,与此同时,AIS 岸站能够向 VTS 等提供数据。此外,AIS 数据还能以不同的方式进行数据显示。根据 IMO 的要求,AIS A 类船站必须具有 MKD 单元,主要用于安装、显示 AIS 目标名称、方位和距离等。

在符合导航显示标准(如 IEC 62288)的 AIS 台站上,目标的显示方式取决于 AIS 数据的类型。比如:船舶动态数据通常用三角形图标显示;船舶静态数据通常用文本框显示;安全相关电文通常也用文本框显示;AIS AtoN 电文通常用菱形图标显示;气象和水文数据以字母数字和(或)图形方式显示,如图 6.4 所示。

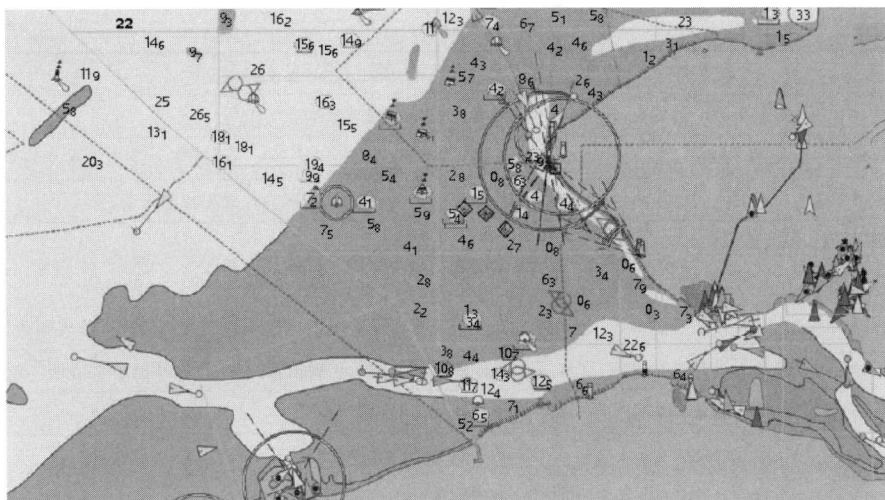

图 6.4　AIS 显示示例（见彩图）

6.3.3　AIS 电文

使用 AIS 的数据交换基于明确定义的电文，占据 1 ~ 5 个连续时隙。大多数电文涉及导航信息的传输，但也有一些电文是针对特定的应用或具有系统管理功能。ITU 在 ITU - R M. 1371"在 VHF 海上移动频段上使用时分多址的船用自动识别系统（AIS）的技术特性"中，对 AIS 使用的标准电文定义如表 6.3 所列。

表 6.3　AIS 标准电文

电文号	电文名称	电文描述
1	位置报告	预定位置报告
2	位置报告	指定预定位置报告
3	位置报告	特殊位置报告，对询问的回应（A 类船载移动设备）
4	基站报告	基站的位置，UTC，日期和当前时隙号
5	船舶静态和航行相关数据	预定的静态和航行相关船舶数据报告（A 类船载移动设备）
6	寻址二进制消息	用于寻址通信的二进制数据
7	二进制确认	确认收到的已处理二进制数据
8	二进制广播消息	用于广播通信的二进制数据
9	标准 SAR 空中位置报告	仅涉及搜救行动的机载电台的位置报告
10	协调世界时/日期查询	请求 UTC 和日期
11	协调世界时/日期响应	当前的 UTC 和日期（如果有）
12	寻址安全相关消息	用于通信的安全相关数据
13	安全相关确认	确认收到的已解决的安全相关消息

（续）

电文号	电文名称	电文描述
14	安全相关广播消息	广播通信的安全相关数据
15	询问	请求特定的消息类型(可能导致一个或多个站点的多个响应)
16	指配模式命令	主管当局使用基站向单个移动台分配特定报告行为
17	全球卫星导航系统广播二进制消息	由基站提供的 DGNSS 校正
18	标准 B 类设备位置报告	用于代替消息 1、2、3 的 B 类船载移动设备的标准位置报告
19	扩展 B 类设备位置报告	B 类船载移动设备的扩展位置报告;包含其他静态信息
20	数据链路管理消息	由基站使用,用于预留时隙
21	助航设备报告	辅助导航的位置和状态报告
22	信道管理	由基站管理的信道和传输模式
23	群组指配命令	主管当局使用基站向特定移动通信组分配特定报告的行为
24	静态数据报告	分配给 MMSI 的附加数据 A 部分:名称。B 部分(适用于任何 AIS 台站):静态数据(适用于 B 类船载移动台)
25	单时隙二进制消息	短期未预定的二进制数据传输(广播或寻址)
26	带有通信状态的多时隙二进制消息	预定的二进制数据传输(广播或寻址)
27	远距离自动识别系统广播消息	为卫星检测设计的预定位置报告

6.4 北斗应用模式

AIS 作为目前海事领域广泛应用的数字通信系统,精准的位置和时间信息是其正常运行的基本数据源,但 AIS 自身并不能提供上述信息,而依赖于外部传感器。北斗系统具有的定位导航授时功能能够与 AIS 深度融合,实现了基于北斗的 AIS 全球化应用。此外,北斗的短报文通信服务可以有效弥补 AIS 岸站通信距离受限问题,进一步拓展 AIS 的应用。

6.4.1 北斗定位应用

AIS 的船舶避碰、船舶监管、助航服务等功能从本质上讲都是基于船舶位置信息,而北斗系统的定位功能能够为 AIS 提供满足标准要求的位置、航速、航向等信息。一方面,可以将北斗接收机作为独立的船载设备,为 AIS 提供外部位置源;另一方面,可以将北斗接收机模块集成于 AIS 台站中,作为 AIS 的内部位置源。

在 AIS 电文中,直接包含位置信息的电文包括电文 1~4、电文 9、电文 17~19、电文 21 及电文 27,北斗系统可直接为 AIS 提供位置信息。需要特别注意的是,根据现有 AIS 技术特性标准 ITU‑R M.1371‑5,所有 AIS 电文中的位置信息都是基于 WGS‑84 坐标系,而北斗系统采用的则是北斗坐标系,因此在使用北斗提供的位置信息时需进行坐标转换。AIS 电文中涉及电子定位装置类型的电文包括电文 4 和电文 5、电文 19、电文 21 和电文 24。目前,北斗已作为新的电子定位装置的类型写入 ITU‑R M.1371‑5 修订草案中,即将在 ITU‑R M.1371‑6 中予以发布。

6.4.2　北斗授时应用

AIS 数据链路每分钟被分成 2250 个时隙,所有时隙必须与 UTC 保持同步,确保基于 TDMA 的通信能够正常运行。北斗系统的授时功能,能够为 AIS 台站提供 PPS,从而保证台站的时间同步。此外,北斗系统播发的标准时间是系统保持的 UTC,该时间通过 UTC(国家授时中心)于 UTC 建立联系,且时间偏差保持在 50ns 以内,能够满足 AIS 的要求,因此也可为 AIS 提供 UTC。

6.4.3　北斗短报文通信应用

北斗短报文通信在 AIS 中的典型应用为北斗/AIS 一体化终端。AIS 通信距离为 30~50n mile,基站覆盖范围有限,在许多应用场景下无法实现全区域覆盖。为解决该监控盲区问题,北斗/AIS 一体化终端应运而生。北斗/AIS 一体化终端集北斗船载终端和 AIS 船台功能于一体,是北斗系统和 AIS 的有机结合。

北斗/AIS 一体化终端具备以下功能:

(1)终端支持所有 AIS 功能,包括电子海图显示、GNSS 定位、导航、船舶自动识别、AIS 短消息等,且 AIS 功能一直使能。

(2)终端支持北斗功能,包括北斗/GPS 双模定位、船舶位置自动上报、远程调取船位、紧急报警、区域报警、导航、船与船/船与岸/船与手机之间的短消息通信等功能。北斗位置报告功能可自动地在接收到指令后开启或关闭。

(3)转发本船 AIS 信息,转发周围遇险船只和人员的 AIS 求救信息,转发周围船舶 MMSI 号和位置信息,转发周围指定船舶 AIS 详细信息,转发岸台向本船周围所有船舶的广播信息,转发岸台向本船周围指定船舶的 AIS 短消息。上述转发功能可由岸台遥控开启或关闭。

(4)北斗/AIS 一体化终端还可以选装各类附件,如身份证读卡器、条形码扫描器等;增加船员电子认证、危化品电子认证、船舶电子签证等操作程序,实现对船员、货物、船舶静态情况的监管,为船舶安全管理提供便利。

当船舶运行在 AIS 基站覆盖范围内时,自动关闭北斗位置报告功能,减少对北斗信道容量的占用。管理中心通过 AIS 链路与船舶建立联系,实现对船舶的动态监控。当船舶处于 AIS 基站覆盖范围外时,自动开启北斗位置报告功能,利用北斗位置报告实现船舶的实时监控。同时,北斗/AIS 一体化终端实时存储接收到的周边 AIS 船舶动态信息。当终端接收到管理中心发送来的指令时,可将周边 AIS 船舶的动态信息通过北斗短报文发送到信息中心,从而扩大系统的监控范围,对于提高船舶动态的监控能力和海上搜救的感知能力具有很重要的意义。图 6.5 为北斗/AIS 一体化应用。

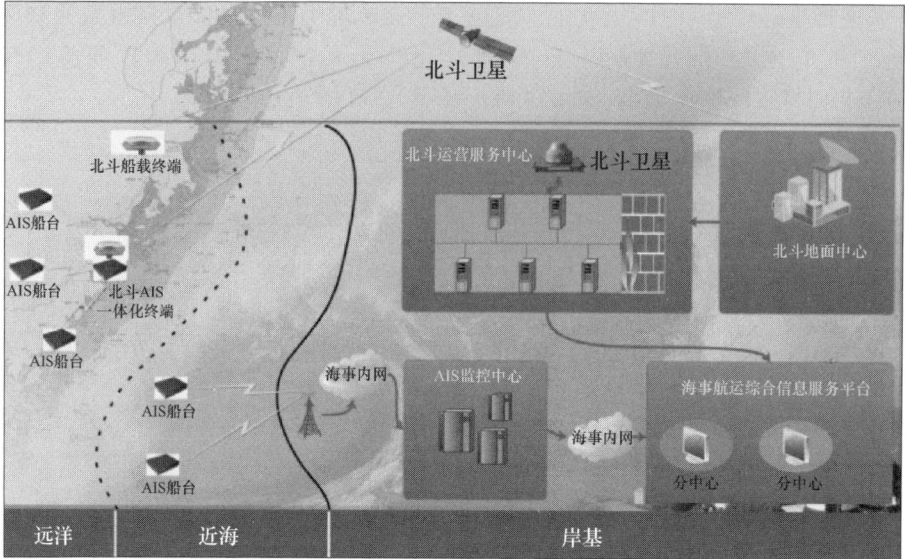

图 6.5　北斗/AIS 一体化应用(见彩图)

目前,北斗/AIS 一体化终端已在海事航标船、海事测量船等上进行应用,既能有效弥补 AIS 基站盲区实现全水域 AIS 监控覆盖,也有利于管理部门全面掌握现场交通流情况避免发生碰撞。

6.5　技术标准

AIS 技术的发展,主要与 IMO、ITU、IEC 和 IALA 四大机构的推动具有直接关系。IMO 主要负责 AIS 技术的应用决策,决定 AIS 技术的应用发展方向。ITU 是 AIS 技术标准的制定者,提供各类 AIS 技术开发应用和性能标准的依据,通常由 IALA 辅助其完成相关技术标准的制定和完善。IEC 依据 ITU-R 制定的 AIS 相关技术方案,针对特定终端类型,制定相关设备的性能指标和检测标准,实现 AIS 相关设备的统一检测。IALA 是 AIS 具体技术发展的引领者,包括引导前期技术研究和推进后期技术的完善与应用。

6.5.1　IMO 标准

自 1998 年通过了通用 AIS 性能标准后,IMO 主要针对不同 AIS 应用提出了系列应用指南[17],但并不涉及过多的 AIS 标准,主要包括:

(1) 1998 年 5 月,MSC.74(69)决议附件 3:关于通用船上自动识别系统(AIS)的性能标准的建议。该决议为强制实施,在附录 3 中介绍了 AIS 的基本要素和关键术语。

（2）2000 年 12 月，MSC.99(73)决议：通过了对 SOLAS 公约的修订，该决议为强制实施，增加了 AIS 的应用实施时间。

（3）2001 年 7 月，SN/Circ.217 通函：AIS 目标信息的呈现和显示暂行指南，该通函为强制实施。此外，关于符号的使用，还应参考 IHO S57，ISO 19018 和 IEC 62288。

（4）2001 年 11 月，A.917(22)决议：AIS 船上操作使用指南。该决议为强制实施，已被 A.956(23)决议修订。

（5）2002 年 12 月，MSC.140(76)决议：AIS VHF 数据链路（VDL）保护建议。引入了 AIS B 类设备，要求主管部门负责务必确保 VDL 的完整性。已被 MSC.347(91)决议替代。

（6）2002 年 12 月，MSC/Circ.1062 通函：AIS 二进制电文的维护和管理。

（7）2003 年 1 月，SN/Circ.227 通函：关于船载自动识别系统安装指南。该通函为强制执行，描述了在船上安装 AIS 的详细信息，包括 VHF 干扰、天线安装、GNSS 安装、在船桥上安装、静态和动态数据输入、远程功能等。已被 SN/Circ.245 通函修订。

（8）2004 年 2 月，A.956(23)决议：AIS 船上操作使用指南修订。该决议为强制实施，对 A.917(22)决议的修订，增加了关于关闭 AIS 选项的安全性操作。已被 A.1106(29)决议替代。

（9）2004 年 5 月，SN/Circ.236 通函：关于 AIS 的二进制信息的应用。已被 SN.1/Circ.289 通函替代。

（10）2004 年 12 月，SN/Circ.243 通函：关于导航相关符号、术语和缩写的说明。该通函为强制实施。

（11）2004 年 12 月，SN/Circ.245 通函：关于船载自动识别系统安装指南的修订。补充了 AIS 的不间断电源（UPS），该通函是对 SN/Circ.227 通函的修订。

（12）2004 年 12 月，MSC.191(79)决议：船上导航相关信息显示性能标准。

（13）2007 年 10 月，MSC.246(83)决议：用于搜救中的 AIS 搜救发射器（AIS-SART）的性能标准。该决议为强制实施。

（14）2007 年 10 月，MSC.1/Circ.1252 通函：AIS 年度测试指南。该通函为强制实施，提供了用于检验 SOLAS 公约第五章规则 18.9 的年度测试清单。

（15）2008 年 12 月，SN.1/Circ.227/Corr.1 通函：包括对船舶类型、危险品等的修订。该通函是对 SN/Circ.227 通函的修订。

（16）2009 年 2 月，COMSAR.1/Circ.46 通函：AIS 安全相关电文。该通函为强制实施。

（17）2010 年 7 月，SN.1/Circ.289 通函：AIS 专用电文（ASM）应用指南。该通函为强制实施。

（18）2010 年 7 月，SN.1/Circ.290 通函：AIS 专用电文（ASM）显示指南。该通函为强制实施。

（19）2012 年 11 月，MSC.347（91）决议：AIS VHF 数据链路（VDL）保护建议。建议在为 AIS 分配的无线电信道上发射的任何设备都应满足 ITU-R M.1371 建议书的要求，所有这些发射装置都应得到主管部门的批准，主管部门应采取必要措施以确保在其水域内 AIS 无线电信道的完整性。替代了 MSC.140（76）决议，该决议为强制实施。

（20）2013 年 7 月，SN.1/Circ.322 通函：AIS-SART、人员落水、EPIRB-AIS 信息显示通函。

（21）2014 年 5 月，SN.1/Circ.243/Rev.1 通函：关于导航相关符号，术语和缩写的说明修订。该通函是对 SN/Circ.243 通函的修订，为强制实施。

（22）2014 年 5 月，MSC.1/Circ.1473 通函：AIS 航标使用政策。该通函为强制实施。

（23）2015 年 12 月，A.1106（29）决议：经修订的船载自动识别系统（AIS）船上操作使用指南。替代 A.956（23）决议。

（24）2016 年 11 月，SN/Circ.244/Rev.1 通函：关于 UN/COCODE 在 AIS 电文中目的地字段的使用。

（25）2017 年 6 月，MSC.1/Circ.1576 通函：SOLAS 公约规则中有关航行数据记录仪、简易航行数据记录仪、AIS 和 EPIRB 年度测试的统一解释。

6.5.2 ITU 标准

ITU 的无线电通信部门 ITU-R 制定了 AIS 的系统标准，并规定了 AIS 所使用的频段，主要包括：

（1）1998 年 10 月，ITU-R M.825-3 建议案：一种用于船舶识别与船舶交通服务的数字选择性呼叫系统技术特性。

（2）2006 年 3 月，ITU-R M.823-3 建议案：关于利用海上无线电信标在 283.5 ~ 315kHz（海区 1）和 285 ~ 325kHz（海区 2 和海区 3）频段上发送全球卫星导航系统（GNSS）差分修正数据的技术特性。

（3）2009 年 6 月，ITU-R M.1842-2 建议案：在《无线电规则》附录 18 水上移动业务频道交换数据和电子邮件的 VHF 无线电系统和设备的特性。

（4）2014 年 2 月，ITU-R M.1371-5 建议案：关于在海上移动频带内使用时分多址接入的船载通用自动识别系统（AIS）的技术特性。该建议案为强制执行。

（5）2015 年 3 月，ITU-R M.585-7 建议案：水上移动业务标识码（MMSI）资源的管理。该建议案为强制执行。

6.5.3 IEC 标准

IEC 一直是 AIS 技术指标的制定者，引领 AIS 终端设备性能指标的设计和检测技术，近年来，有关 AIS 终端设备的检测标准如下：

（1）2010 年 2 月，IEC 61097-14：全球海上遇险与安全系统（GMDSS）——第 14 部分：AIS 搜救发射器（AIS-SART）——操作和性能要求，测试方法和测试结果要求，版本 1.0。该标准为强制执行。

（2）2012 年 12 月，IEC 61993-2：海上航行和无线电通信设备及系统——自动识别系统（AIS）——第 2 部分：自动识别系统（AIS）A 类船载设备——操作和性能要求，测试方法和测试结果要求，版本 2.0。该标准为强制执行。

（3）2014 年 7 月，IEC62288：海上导航和无线电通信设备及系统——船载导航显示器上与导航相关的信息的表示法——一般要求、测试方法和要求的测试结果，版本 2.0。该标准为强制执行。

（4）2015 年 1 月，IEC 62320-1：海上航行和无线电通信设备及系统——自动识别系统（AIS）——第 1 部分：自动识别系统（AIS）岸站——最小操作和性能要求——测试方法和测试结果要求，版本 2.0。

（5）2015 年 1 月，IEC 62320-3：海上航行和无线电通信设备及系统——自动识别系统（AIS）——第 3 部分：转发站——最小操作和性能要求——测试方法和测试结果要求，版本 1.0，该标准为强制执行。

（6）2016 年 8 月，IEC 61162-1：海上导航和无线电通信设备及系统——数字接口——第 1 部分：单通话器和多受话器，版本 5.0。该标准为强制执行。

（7）2016 年 10 月，IEC 62320-2：海上航行和无线电通信设备及系统——自动识别系统（AIS）——第 2 部分：AIS 航标——操作和性能要求，测试方法和测试结果要求，版本 2.0。该标准为强制执行。

（8）2017 年 2 月，IEC 62287-2：海上航行和无线电通信设备及系统——自动识别系统（AIS）B 类船载设备——第 2 部分：自组织时分多址（SOTDMA）技术，版本 2.0。该标准为强制执行。

（9）2017 年 4 月，IEC 62287-1：海上航行和无线电通信设备及系统——自动识别系统（AIS）B 类船载设备——第 1 部分：载波侦听时分多址（CSTDMA）技术，版本 3.0。该标准为强制执行。

6.5.4　IALA 标准

IALA 的职能包括建立委员会或者工作组，制定和出版适当的 IALA 建议和指南，参与制定国际标准和规范，研究特殊问题等。IALA 的技术工作是由若干国家航标主管部门、研究机构、企业单位等抽出的专家组成的技术委员会担任，负责研究航标领域当前的主要问题，并将研究成果送交执行委员会，经批准后，以 IALA 正式建议的形式公布。IALA 一直是 AIS 及其相关技术的推动者，其主要相关技术建议案包括：

（1）2007 年 6 月，A-123 建议案：岸基自动识别系统（AIS）相关规定，版本 2.0。

（2）2011 年 6 月，A-126 建议案：AIS 航标，版本 1.5。

（3）2012 年 6 月，V-125 建议案：在 VTS 中心使用和呈现的符号（包括 AIS），版本 3.0。

（4）2012 年 12 月，A-124 建议案：AIS 岸基服务，版本 2.1。

（5）2012 年 12 月，ITU-R M.1371-3 建议案技术澄清，版本 2.4。

（6）2015 年 5 月，V-128 建议案：VTS 的运行和技术性能，附件 3 规定了 VTS 中心对 AIS 的技术要求，版本 4.0。

与 AIS 相关的 IALA 指南包括：

（1）2005 年 12 月，准则 1050：AIS 信息监管，版本 1.0。

（2）2008 年 12 月，准则 1062：AIS 航标建设，版本 1.0。

（3）2011 年 6 月，准则 1084：AIS 航标管理程序，版本 1.0。

（4）2012 年 6 月，准则 1086：全球海事数据共享，版本 1.0。

（5）2013 年 5 月，准则 1081：虚拟航标，版本 1.1。

（6）2013 年 5 月，准则 1095：专用电文协调应用，版本 1.0。

（7）2013 年 5 月，准则 1098：AIS 浮标，版本 1.0。

（8）2016 年 6 月，准则 1082：AIS 概述，版本 2.0。

（9）2017 年 12 月，准则 1129：利用 MF 无线电指向标和 AIS 重新发射 SBAS 校正信息，版本 1.0。

6.6　系　统　应　用

AIS 的建成实现了船-岸、船-船间的信息联网，解决了船-岸、船-船间的信息传输、存储、共享的难题，在海上无线电通信导航系统中发挥了重要作用。目前，中国沿海已经建立了全国联网、无缝覆盖的 AIS 网络，AIS 技术已经广泛用于船载 AIS 终端设备、AIS 航标系统以及 AIS 岸基系统。中国 AIS 岸基系统的建设是世界最早应用 AIS 的成功案例。自 2002 年在珠江口、长江口开始进行系统试验并取得成功后，交通运输部海事局于 2003 年全面开始了沿海 AIS 岸基系统的建设，并于 2010 年开始了主要内河干线 AIS 岸基系统的建设，建成了覆盖中国沿海水域和内河的高等级航道的 AIS 岸基系统。截至目前，中国沿海共建成 154 座 AIS 岸站、17 个辖区中心、3 个海区中心、1 个国家数据中心（兼东北亚 AIS 数据中心）和 1 个国家 AIS 数据备份中心，全国内河四级及以上高等级航道共建成 402 座 AIS 岸站（含长江 68 座）、15 个省级辖区中心和 4 个水系管理中心，全国沿海和内河四级及以上高等级航道基本实现了 AIS 信号全覆盖，内河与沿海 AIS 岸基网络系统已实现互联互通。中国的 AIS 岸基系统在船舶避碰、船舶监管、助航服务等方面都发挥了重要作用。

6.6.1　避碰搜救

AIS 岸基系统的船舶模糊查询和船舶数据快速历史回放等功能，可协助海事局等相关管理部门完成辖区内的船舶碰撞事故、船舶搁浅事故、船舶污染事故的调查分析及搜救工作,提升海上搜救和应急反应的效能。AIS 能够为海事法院的案件审理提供有效的数据支撑,协助海关缉私部门有效打击海上走私活动,提升工作人员侦破案件的效率。利用 AIS 技术能够使海事调查处理做到快速、准确、及时,为海事调查取证、海上搜救、治理污染争取时间,减少损失。AIS 具备实时监控、快速反应、预警监控等功能,能够为管理部门决策提供重要的技术依据。由于 AIS 岸站的作用范围远大于 VTS 的覆盖范围,因此 AIS 的应用也扩大了 VTS 监管范围,船舶交通管理部门可以及早知道船舶的进港预计时间,尽早安排和组织交通,降低船舶锚泊等候进港时间,提高船舶进出港效率[18]。

1) 典型案例 1:协助海上搜救

2014 年 8 月 25 日,天津大沽口锚地东 10n mile 处,货船“港泰台州”轮与“桃园”轮相撞,“桃园”轮右舷破损船舱严重进水,船上共计 22 人弃船乘救生筏逃生。依靠 AIS 的精准定位,搜救船舶及时到达现场,将所有船员安全救起。“桃园”轮搜救现场及航行轨迹分别如图 6.6 和图 6.7 所示。

图 6.6　“桃园”轮海上搜救现场

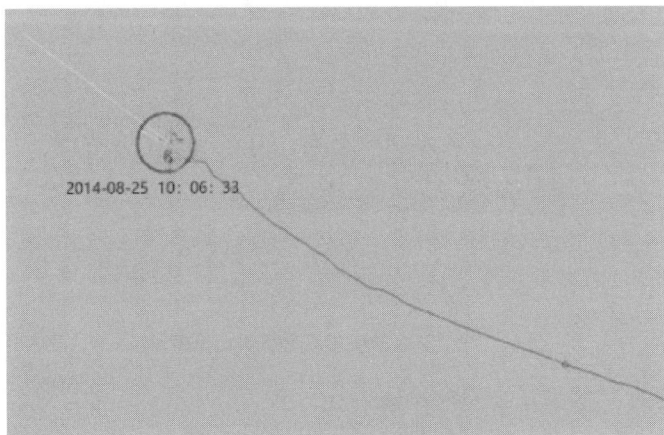

2014-08-25 10:06:33

图 6.7　“桃园”轮航迹图

2）典型案例2：协助查找肇事船舶

2014年10月，天津海事法院向AIS国家数据中心申请协助办理2014年6月5日"SA ARAON"轮涉嫌进入乐亭县、昌黎县渔民养殖区的案件。"SA ARAON"轮为韩籍货轮（图6.8），从秦皇岛出发驶往天津港，此案件涉及7家养殖户所属的9个养殖区域。依靠AIS岸基系统的历史数据回放和AIS轨迹插值重构技术，分析人员对"SA ARAON"轮船舶运行航迹和养殖区域的边界进行了精确吻合，重构了事发现场（图6.9），为法院裁决提供了依据。

图6.8　韩籍货轮"SA ARAON"

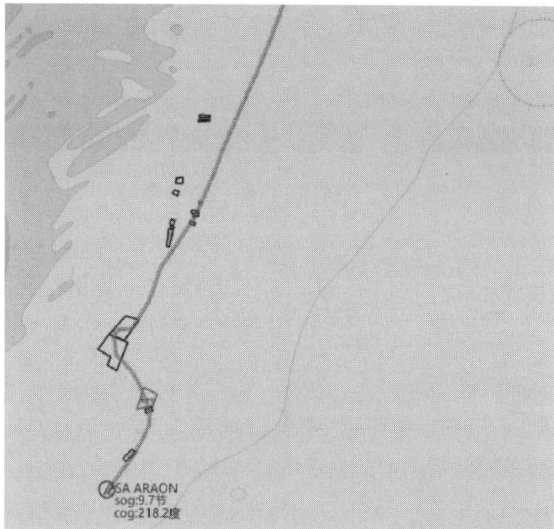

图6.9　AIS数据事发现场重构（见彩图）

3）典型案例3：协助调查船舶碰撞事故

2007年3月8日，荷兰籍自航耙吸式挖泥船"奋威"轮在天津港外航道与超大型集装箱船"地中海乔安娜"轮相撞，如图6.10所示。"奋威"轮左舷中后舱破损，左侧倾约 25°,当时船上装有燃油 2300t 泥浆 24000t。为防止该船在航道中沉没堵塞天津港,天津海事局迅速启动海上搜救应急预案。北方海区 AIS 中心在接到协助救助命令后,仅用 20min 就完成了数据检索和船舶历史轨迹回放的分析工作(图 6.11),并及时将数据传送给交通部海事局和天津海事局主管部门,为有效开展救助指挥提供了及时准确的技术支持。经全力救助,两船人员全部脱险,碰撞船舶被及时拖至外锚地搁浅侧沉,在最短时间内最大限度地降低了这次事故的损失,保障了天津港航道的正常营运,同时也保护了荷兰船东的最大利益,取得了良好的社会效益和经济效益。随后,北方海区 AIS 中心截取了事故船舶的航行轨迹图片,再现了两船在出事前后的航行全貌及事故船周围船舶的航行状况,为综合分析事故原因,判明双方责任提供了有力证据。

图 6.10 "地中海乔安娜"轮碰撞现场

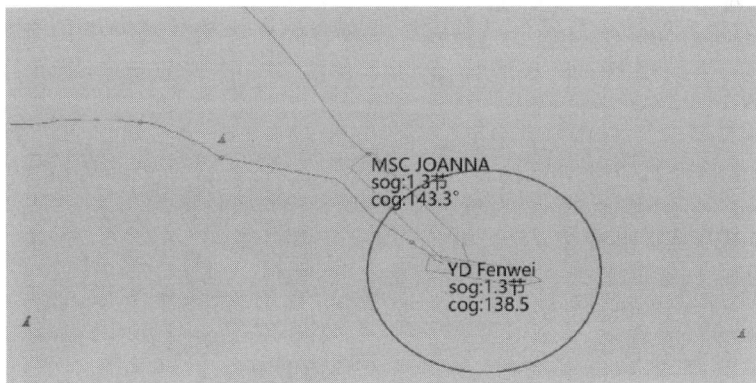

图 6.11 "地中海乔安娜"轮碰撞轨迹图(见彩图)

4)典型案例 4:协助调查沉船事故

2015 年 6 月 1 日,载有 458 人的"东方之星"游轮在长江监利水域沉没,一时举国震惊。出于沉船事故调查的需要,应交通运输部海事局搜救中心的要求,AIS 国家数据中心通过 AIS 岸基系统的历史数据检索分析功能提取出了"东方之星"轮倾覆前的轨迹图和各轨迹点的船舶状态信息列表(图 6.12),为事故的调查分析提供了宝贵的数据资料。

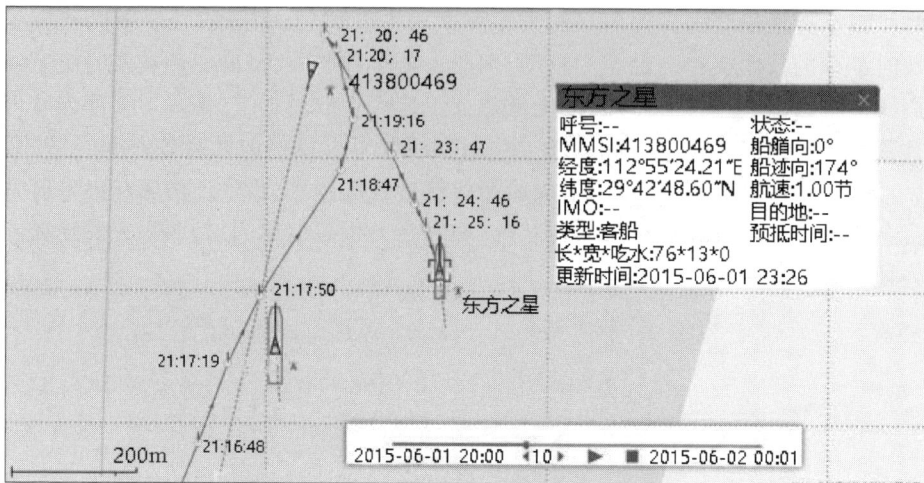

图 6.12 "东方之星"轮倾覆前轨迹(见彩图)

6.6.2 船舶监管

AIS 岸基系统具有船舶交通流量轨迹分析、船舶流量统计等功能,能够将船舶航行的历史轨迹数据进行归纳、统计,显示所有船舶航行轨迹的叠加,有效了解海区内船舶的习惯航法,检验已规划航路、锚地、海事监管功能区的效能,如图 6.13 所示。在图 6.13 中,每一条白线均表示船舶的航行轨迹,所有船舶轨迹具有叠加的效果,亮度越大的地方船舶航行密度就越大。通过对船舶历史轨迹数据的分析,可以得到主要航线、港口船舶的流量统计,解决了传统人工统计效率低、难度大、精度低的问题。

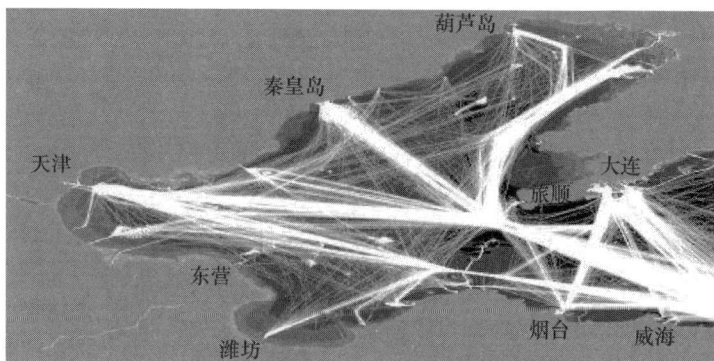

图 6.13 北方海区航道船舶流量轨迹示意图(见彩图)

此外,利用该功能还能够对计划设置的航路、锚地、海事监管功能区,特别是深水航路及航标设置是否符合船舶安全航行的要求提供重要的参考依据,为港口部门和航道管理部门提供规划和决策依据[19](图 6.14)。

图 6.14　利用 AIS 船舶轨迹规划河北东西锚地(见彩图)

2015 年,中国交通主管部门开始编制渤海湾中西部(京津冀周边港口)水域锚地、航(道)路资源共享规划研究。该项目需要运用船舶交通流仿真技术对渤海中西部 5 条主要航路的交通流进行分析,并对该水域 23 处锚地进行资源的重新配布规划,而这些研究工作的开展无疑需要翔实可靠的数据支撑。利用中国沿海海量的 AIS 历史数据,对其进行了深入的分析和挖掘,得出了相应的船舶轨迹图及船舶流量数据,极大地推进了研究工作的开展。AIS 国家数据中心为交通部海事局提供了 18 万吨级和 22 万吨级船舶进出曹妃甸的历史数据的航行轨迹图(图 6.15),为曹妃甸港设计进出港航路提供了有力的技术支持。

图 6.15　22 万吨级船舶进入曹妃甸港轨迹图(见彩图)

此外,AIS 国家数据中心还为青岛港船舶定线制的规划方案论证,蓬莱港锚地的规划方案的调整,秦皇岛港东西锚地及重载锚地的规划建设,曹妃甸海域海上石油平台规划方案的审查确定等提供了技术支持,并制作了相应的规划方案图,如图 6.16 所示。

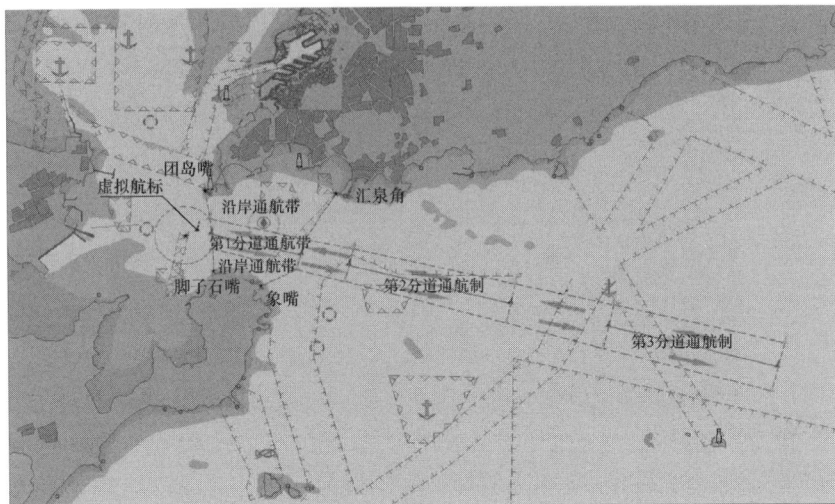

图 6.16 利用 AIS 数据制作规划方案(见彩图)

6.6.3 助航服务

1)典型案例 1:信息播发服务

利用 AIS 播发安全助航信息能够实现航标遥测系统与 AIS 的融合。通过 AIS 岸站能够向单船、覆盖区所有船、指定区域船自动或半自动的播发航标故障、水文气象、航行通(警)告实时信息,图 6.17 为船台接收的相关助航信息。目前,还实现了播发信息模板化,解决了航标故障信息发布的及时性问题,能够为航海用户提供更为优质的航海保障服务。

2)典型案例 2:虚拟航标运用于老铁山水道定线制

虚拟航标具有不占用航道空间,不碍航,在电子海图上容易辨认,不会发生移位,不受能见度影响,不受视线的遮挡等优点。能够使出入港船舶具有较大的通行空间,有利于船舶避让,尤其在空间狭窄、船舶交通流密集的定线制水域,虚拟航标相对于传统航标的优势更为显著。

老铁山水道虚拟导航系统水道定线制如图 6.18 所示。按照老铁山分道通航的航路规划,在航路边界分别布设左侧标和右侧标,中间的航道隔离区域布设安全水域标,在警戒圈的圆心及隔离区中线和圆周的交点处,各设一个安全水域标,并在半径为 5n mile 的警戒圈设立报警区域,对船舶进行提示性报警信息播发。实测如图 6.19 所示,该虚拟导航系统表意直观、清晰,减少了穿越分隔带、走反向航道等违规现象的发生,通过对警戒圈播发报警提示信息,提高了航海者在交通汇集区航行的警

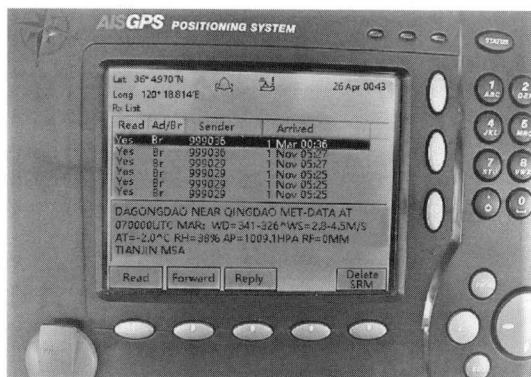

(a) 船台接收气象信息

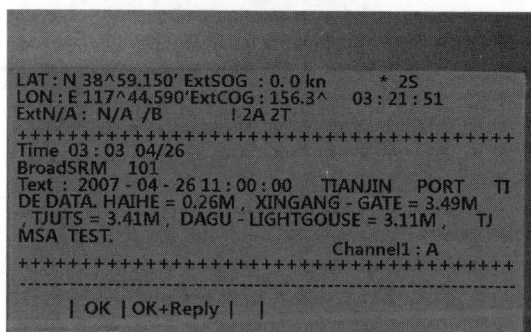

(b) 船台接收潮位信息

图 6.17 船台接收助航信息

惕性,最大限度地降低了事故的人为隐患。

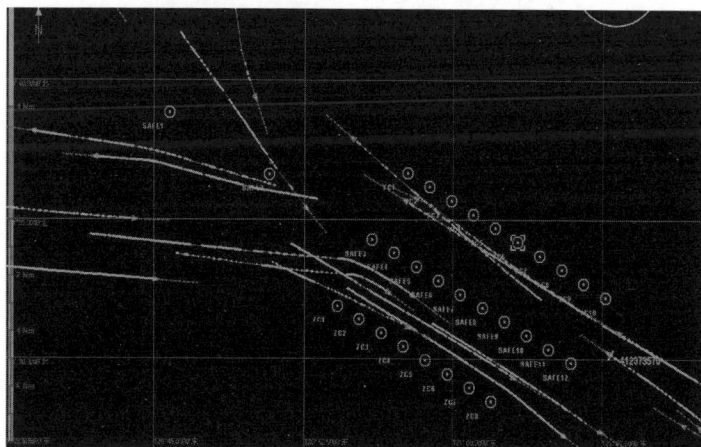

图 6.18 老铁山水道定线制(见彩图)

3) 典型案例 3:虚拟航标运用于浅水航道航行安全保障

2015 年 6 月,唐山海事局致函 AIS 国家数据中心,唐山湾国际旅游岛水域发现

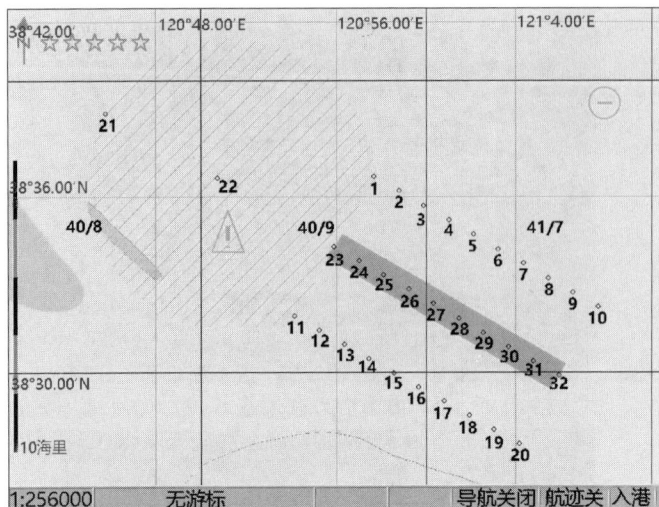

图 6.19　老铁山虚拟导航系统显示（见彩图）

一不明沉船,拟布设航标。在对沉船信息进行核对后发现,沉船位于大清河口附近,水深较浅,不适宜抛设实体标。为保障过往船舶的航行安全,AIS 国家数据中心通过 AIS 岸基系统设置了一座 AIS 虚拟航标,提示附近船舶远离,如图 6.20 所示。此后,该水域未发生过次生沉船事故,虚拟航标效用显著。

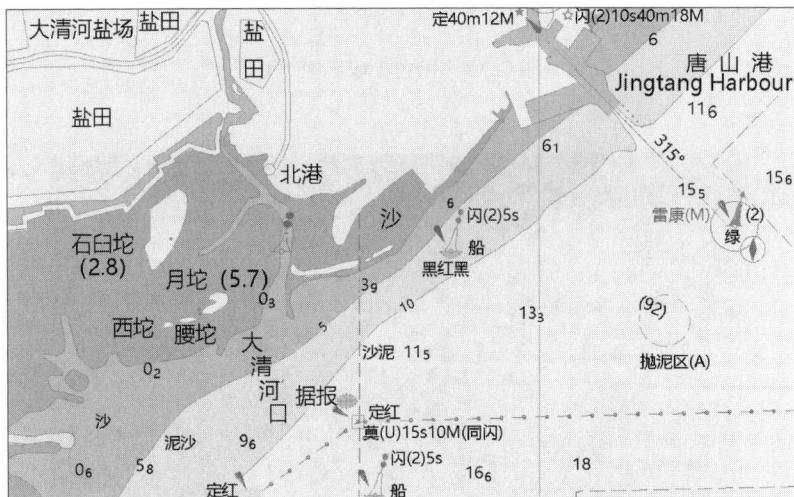

图 6.20　唐山湾沉船虚拟航标布设（见彩图）

6.6.4　应用平台

在当前互联网 + 的时代背景下,基于 AIS 信息,交通运输部海事局和一些网络科技公司搭建了多个能够为公众社会和有关部门实时提供船舶、船员、船载危险品、水文气象、航标等信息服务的应用平台。AIS 信息的利用促进了物流业的发展,增加了社会公众服务价值,提高了航运企业的安全意识和管理能力,促进了航运经济的发展。

1)AIS 信息服务平台

2014 年建成的 AIS 信息服务平台是交通运输部海事局为航运相关企、事业单位以及从业人员提供的一套以电子海图为基础,可实时查看中国沿海、沿江实时船位及船舶信息的公共信息综合应用服务系统,能够向全社会提供查询服务,而其中的导助航综合应用系统能够向全行业海事用户提供实时监管、历史查询、流量统计、航程统计、船队管理等应用服务。

AIS 信息服务平台基于电子海图平台,集成了 AIS 船舶信息、船舶劳氏数据信息、VTS 信息、港口基本信息、潮汐预测信息、气象信息、航标基础数据信息、航标遥测遥控信息、DGPS 台站监控信息等综合数据,能够以网页和手机应用程序的方式通过互联网向各类用户提供综合应用服务,如图 6.21 所示。

AIS 信息服务平台基于中国三大海区汇总的实时 AIS 数据,在进行敏感数据过滤及脱密的基础上,依托公有云托管技术,结合海图平台为社会公众用户提供船舶动态服务、助航信息服务、移动端应用服务。AIS 信息服务平台提供的主要功能包括:

(1)默认船队分组。根据企业认证信息建立船队,用户可以直接通过船队列表选取船舶,进行信息查询、轨迹回放、动态提醒等业务。

(2)船舶登记信息查询及显示。企业用户选择认证船舶后,可以查看该船舶的登记信息;当登记信息与船舶 AIS 信息不一致时,平台通过颜色报警提醒。

(3)船员动态信息查询及显示。企业用户选择认证船舶后,可以查看该船舶配备的船员动态信息,查询每个船员的基本信息、证书信息;同时,企业用户也可以通过搜索船员信息,定位跟踪到船员工作所在的船舶上。

(4)证书报警提醒。企业用户可以通过设置对认证船队的证书信息以及所属船员的证书信息进行查验。如果证书即将到期,则平台可以进行提醒;如果证书已经过期,则平台将会进行报警。

(5)海洋气象信息显示。用户可以登录平台查看海洋气象,包括天气、风况、能见度、海浪、气压、卫星云图等;同时,针对台风,平台将发布预报以及警报。

(6)多渠道用户终端。用户可以下载苹果、安卓等手机终端,开展船舶、船员、气象等的显示应用;同时,用户还可以访问微信公众服务号,查询船舶、船员、天气等数据信息。

AIS 信息服务平台集成了海事内部审批业务与服务平台,理顺了海事系统内外部信息的交互、审批、服务流程,提高了海事系统的工作效率。用户涵盖了企业单位、事业单位、个人用户、社会团体、科研机构等多样性的用户群体,其中以航运业相关从业者居多,囊括了航运公司用户、船舶代理用户、船舶服务用户、律师、航运业者、航运

（a）网页界面

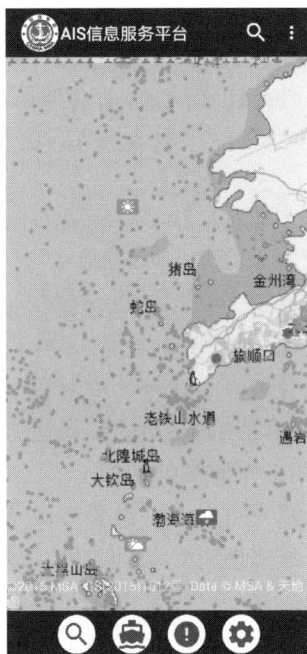

（b）手机应用界面

图 6.21　AIS 信息服务平台（见彩图）

监管单位、海上设备相关用户、航运相关科研院所等。用户普遍反映该系统可用性强，数据实时性高，船舶数据准确性好，系统访问速度快。AIS 信息服务平台的建设是以实际行动创建服务型政府的体现，能够为海运相关从业人员提供权威的船舶监控信息；能够激活船舶航运数据，节约社会资源，创造更大的社会价值；能够为企业生产经营提供高效的信息保证，为海上事件调查提供权威数据，为科研单位提供详细的数据基础,产生了巨大的社会价值。

2) 船讯网

亿海蓝数据技术股份公司旗下的船讯网是一个实时查询船舶动态的公众服务网站,于 2007 年创立,是基于互联网的 AIS 船位信息服务平台。它能够为船东、货主、船舶代理、货运代理、船员及其家属提供船舶实时动态信息,能够给船舶安全航行管理、港口调度计划、物流服务、船舶代理业务、货运代理业务带来极大的方便。

船讯网可以对船舶进行实时的定位,依照船舶航行速度的不同,船位更新的频率由几秒至几分钟。对于超出 AIS 岸站覆盖范围的船舶,能够保留船舶最后收到信号时的位置。

船讯网采用分布式计算和集群技术,主要的系统架构分为船舶数据服务器、海图服务器、船舶数据处理服务器和客户服务器。

船舶数据服务器主要用来存储来自全球各地 AIS 接收到的船舶实时动态数据。亿海蓝数据技术股份公司的船位数据来源于在全球港口附近建设的 AIS 岸站和在低轨道卫星上搭载的 AIS 接收机。船舶数据服务器将二进制的 AIS 数据流,通过标准的 AIS 协议,转换成可读的数据存储在船舶数据服务器中。当某个用户在前台进行页面请求时,船舶数据服务器自动响应,将船舶位置更新至最新。

海图服务器主要用来存储和处理海量海图数据。该服务器采用标准的地理信息系统(GIS)架构,将全球海图分为 18 级,利用亿海蓝数据技术股份公司首创的海图瓦片技术,将瓦片化的海图数据按照一定的规则分别进行存储,支持 0.1 s 的实时响应。当有用户请求时,海图服务器自动将请求的海图瓦片传输至用户计算机,下载到用户本地缓存,以便下次访问更加快捷。

船舶数据处理服务器主要用来处理每天收到的海量船舶动态数据。提供每天 12 万艘船舶,总计约 100000000 个位置数据。覆盖全球主要港口和全程的海上跟踪。

客户服务器主要用来存储客户的资料、定制、权限、到港提醒、短信收发等内容,平台能够支持数以十万计的船舶实时刷新,支持 6 万用户实时在线。

船讯网提供的主要功能包括:

(1) 查询船舶位置:通过船名、IMO、MMSI、呼号等信息,查询船舶的位置。

(2) 历史轨迹:用户可以查询 1 ~ 2 个月的船舶航行轨迹。

(3) 船队管理:用户可以通过定制船队,简单方便的管理船舶。

(4) 到港提醒:根据用户设置,向用户的手机发送船舶的到离港提醒。

(5) 海洋气象:将天气变化、温度、气压、风向、风速、海浪、能见度等海洋气象信息叠加到海图上。

(6) 添加标注:自定义在海图上叠加各种个性化的标注。

(7) 船舶资料:提供来自劳氏超过 12 万条船舶的详细资料。

(8) 船舶筛选:通过目的地、到港时间、船型、吨位、国家、港口等信息,筛选出符合条件的船舶。

（9）港口船舶：统计出港口内所有船舶名称及数量，按照权限查看船舶资料。

（10）租船超市：向船东、货主提供船货匹配的信息服务。

此外，船讯网在自身提供船位服务的同时，还对外提供应用程序接口（API），能够友好地支持其他网站和系统的嵌入，以方便使用者在自己的网站和系统中实现船舶监控管理。船讯网提供的船位 API 支持用户将海图和船位服务嵌入到用户的业务系统或网站中，在电子海图背景上展现船位，并与用户行业业务数据相融合。提供的微信 API 能够通过微信快速获取船位数据，方便广大用户通过微信公众平台实现用户对船位数据的请求与接收。船舶档案 API，提供了一组能够获取船舶档案数据的接口和方法。

3）宝船网

宝船网是由北京国交信通科技发展有限公司自主研发和运营的一款基于船舶位置的海上综合信息公共服务平台。宝船网以网页模式的全球电子海图和电子地图为基础，提供船舶位置服务、船舶资料查询、船队管理、海洋气象预报等多种信息服务功能，以图形化方式为用户提供船舶航行安全所需的各种数据信息。

此外，宝船网还可作为基础应用平台，为渔业、物流、运输监管、环保、资产监管、国家安全等多个领域提供个性化的信息服务应用。宝船网也研发了基于 IOS 系统和安卓系统的智能手机应用程序，用户可通过手机方便地使用各种服务功能；同时，配有宝船微信公众号，方便用户随时随地便捷使用。

宝船网具有强大的海量数据处理应用能力，目前系统每天提供全球范围内 10 万余艘船舶的实时位置及航行信息，以及覆盖全球的气象预报信息，并可提供全球 12 万余艘船舶的详细入级信息查询。宝船网具有强大的海量数据处理应用能力，目前系统上每天提供全球范围内 10 万余艘船舶的实时位置及航行信息和覆盖全球的气象预报信息，并可提供全球 12 万余艘船舶的详细级信息查询。宝船网提供的免费服务内容包括全球国际标准电子海图、全球船舶动态搜索、岸基 AIS 船舶动态、船舶历史航迹查询、实时台风预报信息、历史海上气象预报信息、船队船舶管理、关注船舶管理和关注区域管理。

此外，宝船网也提供数据和海图 API，为用户提供二次开发平台。其中，数据 API 包括船舶查询服务、船舶基本信息查询服务、船舶最新船位查询服务、船舶历史轨迹查询服务、获取指定区域船舶服务。而海图 API 是一套基于 JavaScript 脚本技术的二次开发接口，体积小，运行速度快，动画效果顺滑流畅，提供了海图展示，用户自定义标绘、历史轨迹等接口，功能丰富。海图 API 服务支持全球电子海图的浏览操作，支持在海图上添加文字、图片、线型、区域等标注信息，支持批量船舶展示，支持单船、多船轨迹显示，并提供了多种绘制工具，如折线绘制工具、多边形绘制工具、测量距离工具、电子方位线工具等。

参考文献

[1] 王化民，许海涛. 船舶通信与导航现代化发展趋势研究[J]. 青岛远洋船员职业学院学报，2016，37(4)：1-4.

[2] IALA. IALA world wide radio navigation plan[EB/OL]. (2009-12-01)[2012-12-01]. http://www.iala-aism.org/product/iala-world-wide-radio-navigation-plan/.

[3] 孙文力，孙文强. 船载自动识别系统[M]. 大连：大连海事大学出版社，2004.

[4] 赵磊. AIS 中 SOTDMA 与 CSTDMA 算法的优化与实现[D]. 大连：大连海事大学，2013.

[5] 王世远，许开宇，徐志京，等. AIS 性能特点及其应用分析[C]//中国航海学会 2005 年度学术交流会. 中国航海学会学术交流会优秀论文集. 北京，2005：79-80.

[6] IALA. A-124-The AIS Service[EB/OL]. (2002-12-01)[2012-12-01]. http://www.iala-aism.org/product/ais-service-main-document-a-124/.

[7] ANM. Use of the AIS in marine aids to navigation service 126. (2004-05-26)[2011-06-24]. http://www.iala-aism.org/product/use-of-the-ais-in-marine-aids-to-navigation-service-126/.

[8] 巩海方. 谈甚高频数字交换系统(VDES)[J]. 中国海事，2016(3)：53-55.

[9] 熊雅颖. 海事通信技术新进展——VDES 系统[J]. 卫星应用，2016(2)：35-40.

[10] Norris A. Radar and AIS[M]. London：Nautical Institute，2008.

[11] 李秀娟. 基于嵌入式系统的 AIS 岸站研究与开发[D]. 大连：大连海事大学，2016.

[12] 刘畅. 船舶自动识别系统(AIS)关键技术研究[D]. 大连：大连海事大学，2013.

[13] 金莹. AIS 终端接入管理系统研究与设计[D]. 大连：大连海事大学，2014.

[14] 龚高. AIS 时隙冲突影响因素研究与验证[D]. 大连：大连海事大学，2013.

[15] 工大伟. AIS 终端数据接入技术研究[D]. 大连：大连海事大学，2015.

[16] 李蒙蒙. AIS 船站时间同步技术研究与实现[D]. 大连：大连海事大学，2014.

[17] 袁安存，张淑芳. 通用船载自动识别系统国际标准汇编[M]. 大连：大连海事大学出版社，2005.

[18] 区显新，杨晖. AIS 在雾航安全中的海事管理应用[J]. 珠江水运，2009(8)：38-40.

[19] 刘世长. 浅谈 AIS 系统在海事监管中的作用[J]. 中国水运(下半月)，2010，10(3)：29-30.

第7章　船舶动态监管系统

水上运输分为海洋航运和内河航运。内河航运的主要优势是运输能力大,适宜大宗散货和油类的长途运输;运输成本低,沿江沿河工业发达地带集装箱运输具有优势;利用天然河道,基建投资少,环境污染小,有利于生态环境保护和经济的可持续发展。此外,在适航地域还具有重要的国防战略意义,平时和战时安全度高,抗破坏能力比陆上交通强。因此,为了保证内河船舶的航行安全,提高运营效率,需要遵循特定法规并采用多种技术手段,对内河船舶交通实施监督、管理、控制等服务,即内河船舶交通管理[1]。

船舶动态监管系统是一种有效的内河船舶监管手段。它是一种借助现代通信技术实时获取船舶位置信息的电子信息系统,该系统中的船舶位置信息由 GNSS 提供。与此同时,船舶动态监管系统将 GNSS 提供的船舶具体位置情况,通过可视化电子海图予以定位显示,为有关管理部门规划决策提供了详细参考信息。在船舶动态监管系统中,船舶通过通信网络,接入监管信息系统,建立与系统协调中心的联系。系统协调中心采用现代信息技术调配船只,确保船舶水上作业安全,有效提高运营管理效率。

需要特别强调的是,船舶动态监管系统完全依赖于 GNSS 提供的位置信息,是船舶动态监管系统正常运行的基石。随着我国北斗系统的推广应用,北斗系统也是船舶动态监管系统位置数据的主要来源之一,为船舶动态监控系统的可靠应用奠定了坚实基础。此外,北斗系统特有的短报文通信服务也将为船舶动态监管系统提供新的通信手段和方式,并大大拓展船舶动态监控系统的应用范围。

7.1　系统组成

船舶动态监管系统是一种提供实时的船舶位置,具有船舶信息服务功能,能对服务范围内的船舶进行监管和提供安全保障信息的综合性服务系统。船舶动态监管系统的基本结构联网模型如图 7.1 所示,它由船舶监管信息系统、船载终端、通信网络以及联网协调中心组成。从物理分布的角度来说,船舶动态监管系统主要是由分布在不同地理位置的船载终端、通信网络和船舶监管信息系统组成。当多个船舶监管信息系统需要联网信息共享时,在逻辑组成上还需具有联网协调中心[2]。

分布在不同地域的船载终端,通过 GNSS 获得的船舶位置数据,以及船载终端向船舶监管信息系统发出的报警、应答信息,均需要按照规定的协议要求通过通信网络发送给船舶监管信息系统。与此同时,船舶监管信息系统对获得的位置数据或应答指令信息进行处理,做出相应的决策,并把这些数据分发给不同的操作员终端软件;然后把必要的指示指令下发送至船载终端,以实现相应的跟踪、调度、报警处理、预警提示、信息显示和搜救协调等功能。

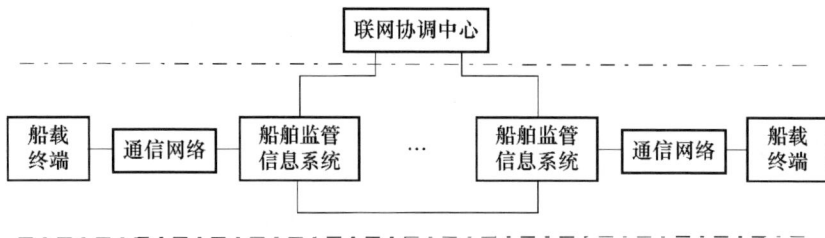

图 7.1　船舶动态监管系统的基本结构联网模型

7.1.1　联网协调中心

联网协调中心主要用于船舶监管信息系统中心之间的信息交换和信息共享,提供各类链接信息和认证信息的服务工作。它并不是船舶动态监管系统的必备组成要素,只有在多个船舶监管信息系统中心之间进行互联时才需要。

从物理分布的角度看,联网协调中心既可以存在于任一船舶监管信息系统,也可以独立存在。船舶监管信息系统需要与联网协调中心进行连接,以获得必要的联网参数数据,由信息共享的多个船舶监管信息系统协商设定联网协调中心。联网协调中心主要负责向需要信息共享联网的船舶监管信息系统提供其他船舶监管信息系统的网络服务连接配置参数。当上述参数更新时,联网协调中心自动通知所有与其联网的船舶监管信息系统下载新的配置参数数据。

当船舶监管信息系统启动时,首先连接联网协调中心,并保持实时网络连接;同时,比较本服务中心内部的网络服务连接配置参数数据的有效性。当数据失效时,应立即下载并更新本地数据。联网协调中心应具备如下功能:

（1）协调多个船舶监管信息系统之间的网络连接;

（2）为船舶监管信息系统提供网络服务连接配置参数信息。

7.1.2　船舶监管信息系统

船舶监管信息系统中心能够通过计算机信息处理系统和通信网络与管理范围内的船舶进行信息交换,向船舶及其他有关的管理机构和服务机构提供信息服务。

船舶监管信息系统既可以单独组网也可以自行分级设置联网,可以与其他船舶监管信息系统在信息共享时通过联网协调中心协商联网进行信息共享。船舶监管信息系统负责接入、识别和存储其权限内所有注册的船舶信息。船舶监管信息系统通过条件判定,将信息数据转发给本船舶监管信息系统中心内的操作员终端软件。船舶监管信息系统存储了各种用户的接入参数和身份认证等基本静态信息数据。不同的船舶监管信息系统进行信息共享联网时是对等的,当有船舶动态信息需要共享作业时,相互之间保持有效的网络连接,实现不同船舶监管信息系统之间的互联互通。船舶监管信息系统应具备如下功能:

(1) 当不同的船舶监管信息系统需要联网信息共享时,应具有登录联网协调中心的功能,并具有从联网协调中心同步和下载其他船舶监管信息系统的网络连接配置参数数据的功能;

(2) 提供船载终端接入服务,提供本区域作业船舶的信息识别、数据存储和数据转发服务;

(3) 为其他船舶监管信息系统提供本监管信息系统中漫游船舶的信息识别和数据转发服务;

(4) 为本船舶监管信息系统内的作业船舶提供各种安全预警服务;

(5) 为本船舶监管信息系统内所有遇险的作业船舶提供搜救协调指挥服务;

(6) 具有对本船舶监管信息系统内所有船舶安全态势的实时动态监控功能;

(7) 为所有增值服务业务用户提供接入、管理和服务支持等服务;

(8) 具有自定义业务管理功能。

7.1.3　通信网络

通信网络由各种无线通信网和有线通信网组成,其中无线通信网可采用 4G、5G、VHF、UHF 等技术。通信网络应提供船载终端和船舶监管信息系统之间,以及船舶监管信息系统内部子系统之间的数据传输。船舶监管信息系统应提供至少一种无线通信网络接入方式。

7.1.4　船载终端

在船舶动态监管系统中,船载终端是指安装在船舶上,用于采集和处理船舶位置等相关信息,并能够通过通信网络与船舶监管信息系统进行信息交换的终端设备,是船舶信息服务的执行主体。船载终端按照所要求的功能分为基本型和增强型。基本型船载终端应具备位置信息报告、参数配置与修改检验、用户权限认证、遇险报警、设备工作状态指示等基本功能。增强型船载终端在具备基本功能的基础上,可以根据用户要求增加信息接收处理、语音通信、液晶屏显示、船员登录管理等扩展功能[3]。

船载终端组成框图如图 7.2 所示,包括主控模块、GNSS 定位模块、无线通信模块、电源模块、遇险报警模块和工作状态指示模块等主要组成部分,通过主控模块实现对船舶的各种管理、控制及服务。

在船载终端中,主控模块是完成船载终端各功能控制的中央处理单元,包括中央处理器和应用程序,从而实现船载终端的各项基本功能。GNSS 定位模块是指具有卫星定位功能的模块,能够给出船舶位置信息、速度信息和时间信息;该模块包括卫星定位接收机和内部接口及协议。无线通信模块是实现船载终端与联网协调中心之间数据通信的功能模块,该模块包括无线通信收发器、通信网接口和协议。电源模块能够为各组成部分提供所要求的电源。在船载终端中,为了将遇险信息发送给船舶监管信息系统,还设置了人工报警开关或者自动报警传感器,通过遇险报警模块进行处理,报警的类型应在规程中预先确定。工作状态指示模块具有电源接通指示、通信网络连接指示和定位数据可用等的状态指示功能,用于表示 GNSS 定位模块、通信模块、电源模块等其他模块是否正常工作。

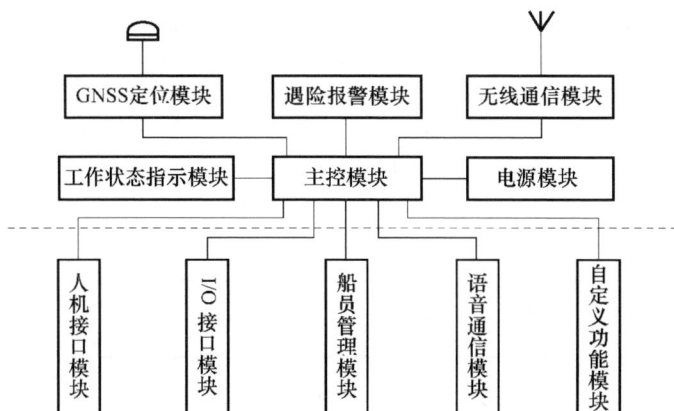

图 7.2　船载终端组成框图

此外,与船载终端扩展功能相对应的模块包括人机接口模块、数据输入/输出(I/O)接口模块、船员管理模块、语音通信模块和自定义功能模块,上述模块均为船载终端的可选项。其中:人机接口模块可提供显示单元、键盘控制单元等人机接口功能,通过文本、图形图像以及语音等向船舶操纵人员提供信息,通过键盘、触摸开关、语音等方式向船载终端发布指示;I/O 接口模块是指可提供扩展功能的 I/O 接口,采集船舶信息,输出相关信息,并具有保证信息安全的加解密单元等;船员管理模块可利用传感器收集在船船员的信息,进行船员在船适航管理;语音通信模块可提供与船舶监管信息系统和其他船载终端的语音通信功能。此外,根据用户的要求,船载终端还可以扩展其他用户定义的功能模块[4]。

7.1.5　信息传输协议

在船舶动态监管系统参考模型中,船载终端与船舶监管信息系统之间、船舶监管信息系统与船舶监管信息系统之间需要定义统一的接口协议。当不同的船舶监管信息系统之间进行信息共享时,还需要定义船舶监管信息系统与联网协调中心之间的接口协议[5]。因此,本节论述了统一的接口协议,包括船载终端与船舶监管信息系统之间、船舶监管信息系统与船舶监管信息系统之间以及船舶监管信息系统与联网协调中心之间的信息传输协议。

船舶动态监管系统中船载终端与船舶监管信息系统之间的信息交换通常采用数据帧的形式进行传输,其完整数据帧结构如图 7.3 所示,所有数据采用 8 位 16 进制数表示。

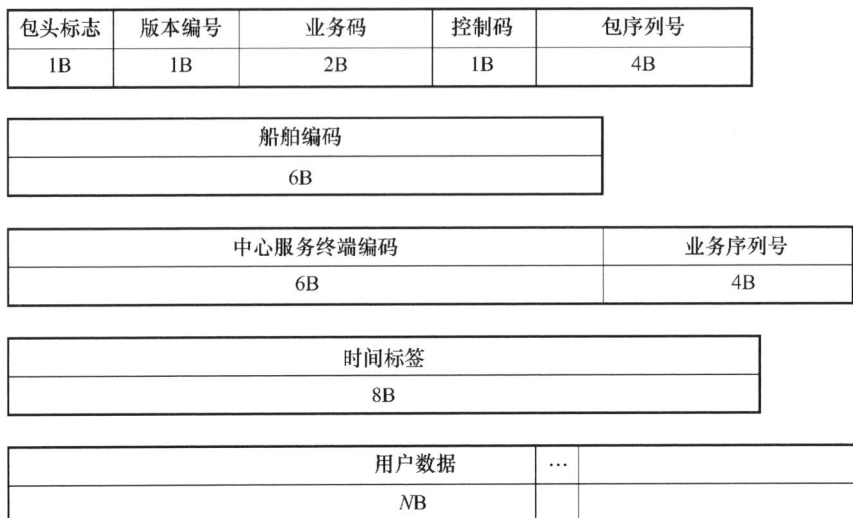

包头标志	版本编号	业务码	控制码	包序列号
1B	1B	2B	1B	4B

船舶编码
6B

中心服务终端编码	业务序列号
6B	4B

时间标签
8B

用户数据	…
NB	

图 7.3　信息交换完整数据帧结构定义

每一个完整的数据交换帧应包含包头标志、版本编号、业务码、控制码、校验码和包尾标志。而包序列号、船舶编码、中心服务终端编码、业务序列号、时间标签和用户数据的有无由控制码中相应的控制位确定。各字段的详细定义可参见 GB/T 26782.2—2011《卫星导航船舶监管信息系统 第 2 部分:系统信息交换协议》[6]。

船舶动态监管系统中船舶监管信息系统之间的信息传输协议帧结构与船舶监管信息系统与联网协调中心之间的信息传输协议帧结构相同,其完整数据帧结构定义如图 7.4 所示,所有数据采用 8 位 16 进制数表示。

包头标志	版本编号	业务码	控制码	时间标签
1B	1B	2B	1B	8B

用户数据	…
NB	

校验码	包尾标志
2B	1B

图 7.4　信息交换完整数据帧结构

每一个完整的数据交换帧都应包含除时间标签和用户数据之外的所有字段内容,其中,版本编号默认状态下为 1.0,用户数据长度没有限制。各字段详细定义可参见 GB/T 26782.2—2011《卫星导航船舶监管信息系统 第 2 部分：系统信息交换协议》[6]。

7.2　系 统 功 能

船舶动态监管系统功能既包括数据管理、电子海(江)图显示、信息发布、手动遇险报警等基本功能，又包括可根据用户需求增加的系统管理、信息共享、终端在线管理、运营调度管理等扩展功能[7]。

7.2.1　基本功能

船舶动态监管系统的基本功能包括系统数据管理、电子海(江)图显示、信息发布、手动遇险报警、船舶位置数据采集、船载终端参数设置、船载终端在线管理、安全预警等。

1）系统数据管理

船舶动态监管系统数据包括船舶静态信息、动态信息、系统操作人员信息，通过数据库进行各类数据的维护和管理。

（1）船舶静态信息数据管理：系统能够对注册的船舶资料信息进行查询、统计、打印报表，包括船舶编号、监管机构、船型、船名、船舶呼号、船体参数、天线位置、船员、投入使用日期、购买日期、生产日期、照片和船舶各种设备配置信息等；能够注册、删除、更新船载终端信息；能够对船舶航行时的调度信息、登录信息、报警信息及应答信息等进行查询和统计分析。

（2）动态信息数据管理：系统能够对调度信息、报警信息、语音录音等各种业务处理进行查看；能够对上述信息按照操作员信息、船舶信息、业务类型信息、发生时间等信息进行查询；能够对政府通告进行查询和显示。

（3）系统操作人员信息数据管理：系统能够对操作员信息（包括姓名、身份证号码、通讯方式、所属单位部门、操作权限、履历、照片等）进行查询、统计、打印报表及操作员的注册、删除、更新等维护工作；能够对操作员进行权限设置。

（4）数据库管理：系统能够对系统所涉及的各类数据进行管理和维护，以保证安全可靠的运行；能够对数据库进行备份、恢复、优化管理。

2）电子海(江)图显示

船舶监管信息系统能够直观地显示系统服务区域的电子海(江)图，具有对电子海(江)图放大、缩小与快速拖拽漫游功能；海(江)图放大与缩小时，随着图形缩放比例的不同，能够显示不同详细程度的海(江)图内容，避免出现屏幕显示过密不利观察的情况，使屏幕承载度趋于合理。能够将各种船舶的位置信息直观地显示在电子海(江)图上，并能够进行操作和控制。能够在电子海(江)图上显示船舶的历史航迹，能够对电子海(江)图进行简单的编辑[8]。

3）信息发布

船舶监管信息系统能够向全部、部分或单个船舶发送各类文本信息,如安全通告、搜救协助、天气预报、航路状况播报、政策通知、漫游区域通知等。船载终端接收到上述消息时能够进行提示,并在船载终端的显示器上予以显示。

4）手动遇险报警

当有险情发生时,如人员落水、船舶触礁、搁浅、船舶相撞、火灾等情况,通过人工触发启动遇险报警,报警信号由船载终端传输到船舶监管信息系统。

5）船舶位置数据采集

船舶监管信息系统能够按照基本的定时方式和定距方式采集船舶位置数据,并可以利用船舶航向变化率修正船舶位置数据上传时间间隔,从而实现采集所有系统注册船舶位置数据的功能。当船舶航行至通信盲区时,船载终端能够将位置信息存储在内部存储器中;当船舶驶出通信盲区后,船载终端能够将存储器中的位置数据发送至船舶监管信息系统。

船舶位置采集的方式分为基本方式和修正方式两种。基本方式是指通过定时方式或定距方式采集船舶位置。其中:定时方式是指船载终端能够按照一定的时间间隔将位置数据发送给船舶监管信息系统;定距方式是指船载终端时刻计算船舶的航行距离,当船舶每航行一段指定距离后,将位置信息发送至船舶监管信息系统。修正方式是指船舶在定时方式或定距方式的基础上,利用航向变化率修正船舶位置数据的上传间隔。

以此功能为基础,结合其他功能,可为系统用户提供船舶实时动态监控和管理服务、生产运营调度服务、搜救指挥协调服务、安全航行监管等类型的服务。

6）船载终端参数设置

船舶监管信息系统能够对船载终端的各种参数进行远程配置管理,包括设置船舶编号和船舶监管信息系统服务地址,上述两项参数设置是必备项。此外,还可以设置位置控制参数,包括定时方式、定距方式、航向角修正方式的参数等。

7）船载终端在线管理

船舶监管信息系统应能够对船载终端的登录和签退进行记录和管理;提供入网船舶进行船舶编号请求服务的功能;当船载终端与船舶监管信息系统之间长时间没有数据交换时,系统会间隔一定时间进行 $N-1$ 次的尝试性数据收发,以维持通信链路的可用性,N 值由设备制造商确定,为常量。

8）安全预警

船舶监管信息系统为系统内所有船舶提供安全预警功能,包括:

（1）危险区域预警:当船舶即将驶入和驶出事先设定的危险区域,如雾区、碍航区、禁航区、浅滩、沉船等时,船舶监管信息系统会发送警告信息至船载终端,船载终端收到预警信息后能够提示船员注意。

（2）追越预警:当船舶追越航行并且距离小于安全航行距离时,船舶监管信息系统会自动发送追越预警信息至两艘船舶,通告其各自所处状态,船载终端收到预警信息并提示船员注意。

（3）会船预警:当船舶相向航行并且距离小于安全航行距离时,船舶监管信息系统会自动发送会船预警信息至两艘船舶,通告其各自所处状态,船载终端收到预警信息并提示船员注意。

7.2.2　扩展功能

船舶动态监管系统的扩展可选功能包括系统管理、信息共享、船载终端在线管理、生产运营调度管理、多媒体数据传输、信息加密与解密、差分数据播发、船舶自动识别、语音通信、联合搜救协调、漫游监管、船载终端外设检测、船载终端自动报警、船员管理、可选的船载终端参数设置及自定义扩展:

1）系统管理

系统管理包括系统信息统计和系统辅助决策。其中:系统信息统计是指系统能够对操作员执行的各种业务进行统计,能够对船载终端接收的各种业务进行统计,能够对船载终端的各种基本信息进行统计,能够对政府通告信息进行统计等;系统辅助决策是指系统能够统计监管区域船舶流量、船舶动态信息、通过分析为系统管理部门提供决策依据。

2）信息共享

系统能够提供基于 WebGIS 的网络信息共享服务,各类用户都能够通过网络浏览器来查询有关的系统信息。该方式可以提供船舶信息数据查询、区域信息查询、信息发布功能和企业用户增值服务。

船舶信息数据查询是指系统可以提供按照船舶名称、呼号、所在位置等信息进行的单艘船舶信息查询;可以提供根据河段、海区、经纬度区域等方式进行的多艘船舶信息查询。企业用户登录时可按照权限和身份识别提供相关的船舶信息数据。

区域信息查询是指能够根据输入的河段或海区经/纬度、标志信息等条件进行河段或海区的航道、航标、航线、碍航物等信息的查询与显示。

信息发布是指能够对所有在线船舶远程发布政府政策通告。

企业用户增值服务是指该系统可以为企业用户提供所需的各种增值服务（如生产运营调度、物流货物调配、运输管理等增值服务业务）,也可按照用户需求提供所需的其他增值服务。

3）船载终端在线管理

系统能够对船载终端的登录和签退提供记录和管理。

4）生产运营调度管理

系统可以为企业用户提供生产运营调度管理,航运企业用户可以通过本功能对船舶进行远程任务下达和调度。当船舶完成该任务时,船员通过船载终端告知企业管理人员。

5）多媒体数据传输

船舶监管信息系统中心可以与船载终端之间进行多媒体数据传输,如基于网络电话(VOIP)的语音通信功能或现场图像采集功能。

6）信息加密与解密

系统的各种数据在传输、交流和存储的过程中,都可以使用 64 位或 128 位的数据加密标准(DES)算法,以保证系统数据的安全性。

7）差分数据播发

系统可以通过通信链路将局域差分信号或广域差分信号发送至有效范围内的船载终端,在不增加终端设备硬件成本的基础上实现船舶的精确定位。

8）船舶自动识别

系统可以通过播发系统服务水域中注册船舶周围其他船舶的动静态信息,实现本系统内船舶的自动识别;同时,系统还可以播发现有 AIS 的各类船舶信息,以实现本系统和现有 AIS 之间的船舶自动识别。

9）语音通信

船载终端与船舶监管信息系统中心之间可以按照设定的条件进行语音通信。

10）联合搜救协调

船舶监管信息系统综合语音通信功能、船舶定位监控功能和多媒体信息传输功能可以实现基于船舶监管信息系统的联合搜救协调。可以通过电话会议、视频等方式,根据电子海图显示的船舶位置,远程指挥周围船舶对遇险船舶进行联合搜救协调,以达到快速营救的目的。

11）漫游监管

为提高搜救效率,在执行以船舶所在地监管为原则的基础上,系统还可以对跨区域作业船舶执行漫游监管。即船舶跨区域作业时,船载终端可以自动漫游连接至所在地的船舶监管信息系统,并将各种数据实时上传至该系统,由该系统负责对该船舶的监督管理。当事故发生时,该船舶的报警信息应首先发送给该所在地船舶监管信息系统,并由该系统中心负责对遇险船舶的搜救协调。

12）船载终端外设检测

系统可以对船载终端的各种外设工作状态进行检测,如语音通信外设的检测、图像采集外设的检测等。

13）船载终端自动报警

船载终端自动报警包括火灾自动报警、超载自动报警等报警。当发生火灾时,终端火灾检测传感器能够自动采集火灾发生信号,并上传至船舶监管信息系统。船载终端传感器实时检测船舶吃水水位线,超载时自动触发报警功能。

14）船员管理

船舶监管信息系统可以存储和查询系统注册船员;同时,当船舶运营时,需要船员首先进行登录,以便实时了解船舶船员状况。

15）可选的船载终端参数设置

设置船舶信息加密密钥等其他可选功能的参数设置。

16）自定义扩展

系统应留有自定义业务扩展功能,可以由各船舶监管信息系统自定义适应于其特殊管理的各种业务,并能够利用统一的协议结构进行数据的收发。

⚠ 7.3　技　术　展　望

随着 e-航海战略的推进,GNSS 和无线通信网络技术的快速发展,船舶动态监管系统也在不断地与时俱进,其中,多系统协同船舶监管系统、内河航运综合信息服务系统代表了未来船舶动态监管系统的发展趋势。

7.3.1　多系统协同船舶监管系统

中国是 IMO 的 A 类理事国,按照 IMO 的规定,大型船舶一般属于履约船舶,必须配备 AIS 设备,由 AIS 岸站对装备 AIS 设备的船舶进行监管,航行安全性较高;而小型船舶或内河船舶一般属于非履约船舶。在我国,履约船舶仅占船舶总量的 15%,由于非履约船舶缺乏有效的技术监管手段,经常出现小船撞大船、群死群伤的恶性事故。

随着 GNSS 和无线通信网络技术的发展,船舶动态监管系统的出现,使得小型船舶的监管成为可能,为航运企业和管理部门带来了巨大的经济效益和社会效益。根据 IMO 决议,所有履约船舶必须安装 AIS 设备,由 AIS 岸站进行监管。因此带来如下问题:一是船舶安全监管存在两套不能互相协同的系统,装备 AIS 的船舶和装备船舶动态监管系统的船舶仅能够在各自系统中相互识别,两类监管系统之间不能互相识别,这种系统间的不协同,大大削弱了同一水域船舶安全监管的效能,存在严重的安全隐患。二是近年来随着内河干线 AIS 岸站系统的建设,AIS B 类设备也逐渐应用于小型船舶,带来已装备了船舶动态监管系统的几万艘小型船舶与装备 AIS B 类设备的小型船舶不能互相识别和兼容的严重问题。如果废掉船舶动态监管系统改为 AIS B 类设备,将会给国家和用户造成巨大的经济损失。且船舶动态监管系统具有带宽较宽、船舶调度管理方便等优势,随着 GNSS 和无线通信网络技术的发展具有更大的应用空间。

因此,多系统协调监管系统应运而生,它是在船舶动态监管系统的基础上,利用多系统协同监管技术,解决上述船舶监管领域存在的不兼容问题,符合船舶动态监管的实际应用需求,目前已在我国多地海事局进行了成功的推广应用[9]。

1）多系统简介

多系统船舶监管关键技术所涉及的多系统主要指 VTS、AIS 以及船舶动态监管系统,核心技术包括基于船舶动态监管系统的船舶自动识别技术(公网 AIS 技术),

以及将公网 AIS 与标准 AIS 协同的综合 AIS 技术。下面首先对多系统船舶监管关键技术所涉及三种船舶监管系统进行简要论述。

（1）VTS：是在港口利用岸基雷达、AIS 岸站、闭路电视（CCTV）、无线电话，以及船载终端等通信设施，监控航行在港湾和进出港口的船舶，并为这些船舶提供航行中所需的安全信息的一种船舶航行管理系统。通过该系统可监控船舶的航路脱离与否、行进方向、速度等，以向船舶迅速地提供进出港时所需的安全航行信息。VTS 一般由主管机关实施，为增进港口交通安全、提高交通效率、保护环境服务。

（2）AIS：工作在 VHF 频段，以 SOTDMA 的方式向周围船舶发送本船的动态和静态信息，周围 35~50n mile 的船舶都能够收到本船信息，能够达到船舶识别和避碰的安全航行目的（详细介绍参见 6.2 节和 6.3 节）。

（3）船舶动态监管系统：船舶利用 GNSS 获得位置和时间信息，利用无线通信网络 4G/5G 等将信息发送到船舶监管信息系统，系统中心通过网络对船舶实现监控和管理（详细介绍参见 7.1 节）。

2）协同船舶监管技术

多系统船舶监管系统关键技术涉及监管中心平台技术和船载终端设备技术两个方面，包括基于公网移动 IP 的船舶自动识别技术、公网 AIS 与标准 AIS 的相互识别技术以及多系统协同船舶监管系统的实时在线数据交换技术。

（1）基于公网移动 IP 的船舶自动识别技术：随着我国移动通信系统的发展，船舶动态监管系统从 2007 年开始在小型船舶上予以应用[10]。船舶动态监管系统和 AIS 都能够对船舶进行监管，但是船舶动态监管系统不具有船舶自动识别功能。为了使两种系统能够相互兼容协同工作，必须首先使船舶动态监管系统具有与 AIS 类似的功能，即船舶自动识别功能[11]。

公网 AIS 技术是利用移动 IP 的自动接入和断开算法，使船舶动态监管系统船载终端开机后，通过公网基站接入 IP 网络，不依赖基站与周围船舶通信，并随着船舶的运动而自动接入周围新船舶和退出远离船舶[12]。公网 AIS 技术具备的船舶自动识别的功能并不增加通信基站的压力，通过试验证明，在船舶识别信息传输时延小于 2s 的条件下，船舶监控信息系统能够承受 2 万艘船舶同时进行信息传输的压力[13]。

（2）公网 AIS 与标准 AIS 的相互识别技术：公网 AIS 与标准 AIS 的相互识别技术又称为综合 AIS 技术。在中国交通运输部海事局的支持下，我国沿海和内河水系逐步建设了完善的 AIS 岸站，推动了非履约船舶 AIS B 类船站的应用。但全国 30% 的非履约船舶已经装备了船舶动态监管系统，综合 AIS 技术解决了船舶动态监管系统与 AIS B 类船站的融合问题，避免了将已有的船舶动态监管系统用户改为安装 AIS B 类船站造成的巨大的经济损失。

在前述公网 AIS 技术的基础上，利用公网 AIS 和标准 AIS 的互相识别技术，实现多系统相互协同的综合 AIS 技术。多系统相互协同的综合 AIS 技术是利用两类船舶分布的几何结构识别技术，判别出与某船舶相关联并需要识别的概率和优先级；识别

AIS 岸站与装备船舶动态监管系统的非履约船舶的关联性,判别非履约船舶和负责传输其信息的 AIS 岸站的关系;识别公网 AIS 中心对装备 AIS 的履约船舶的关联性。

利用综合 AIS 技术,使装备标准 AIS 设备的履约船舶和装备船舶动态监管系统的非履约船舶能够互相识别,使装备 AIS B 类船站的非履约船舶和装备船舶动态监管系统的非履约船舶能够互相识别[14]。

（3）多系统协同船舶监管系统的实时在线数据交换技术:实现多系统协同的船舶监管技术的关键条件是实时数据交换。实时在线数据交换技术可在服务器和船载终端的无线网络通信物理层对 TCP/IP 的数据包进行修正,由固定长度改为自适应长度,增加了单位时间传输的信息量,达到实时数据交换的目标,非常适用于发送船位数据这样的小数据长度信息[15]。此外,可利用网络在线实时状态监视技术,在系统运行的任何时刻发现并及时解决网络在线问题,保障系统 100% 的实时在线。

7.3.2　内河航运综合信息服务系统

在我国积极发展船舶动态监控系统,促进内河航运发展的同时,欧盟为了促进欧洲内河航运业的整体发展,保障跨国、跨区域内河航运的高效、经济、环保与安全性,提出了构建统一的内河航运综合信息服务(RIS)系统[16]。

1）服务体系

RIS 系统利用现代信息技术和通信技术,向各类用户提供较为完善的航运综合信息服务,包括交通相关信息服务和运输相关信息服务。

（1）交通相关信息服务:主要包括水上交通信息服务、航道信息服务、船舶交通监管服务以及水上应急救援服务等。

水上交通信息服务主要是向船长或船舶所有人提供内河航运局部或全景的动态、静态水上交通信息,并显示在船载 ECDIS 终端上。航道信息服务主要是向船长或船队负责人提供航道地理、水文、气象以及行政管理信息,包括与航道相关的动态信息(如水位、流量等)、静态信息(如船闸调度计划等),从而帮助他们有效地规划、执行和监控整个航程,确保航程的安全、经济和高效。船舶交通监管服务主要用于支持航运管理部门进行船舶调度管理、优化航道资源;同时,通过提供决策支持的方式确保内河航行船舶的安全,包括区域交通监管、船舶导航支持以及船桥调度管理等。水上应急救援服务主要针对注册船舶的航行动态进行全程监控,一旦船舶发生水上交通安全事故,RIS 系统能及时向有关救援部门或其他应急救援部门提供相关数据信息,确保水上应急救援的及时、高效。

（2）运输相关信息服务:主要包括运输物流信息服务、执法通告信息服务、航运统计服务以及规费征稽服务等。

运输物流信息服务是指 RIS 系统通过提供航道交通流、船舶位置以及到港(闸)时间,支持相关用户进行航程规划、港口码头调度、船队调度管理以及物流综合信息服务等。

执法通告信息服务是指 RIS 系统支持向过往船舶进行法律法规通告的信息服务,在航运法律法规的执行与实施方面发挥了重要作用,包括关税征收、移民管理、水上安全管理等。

航运统计服务是指 RIS 系统可以对内河航运相关信息进行分析加工处理,提供高效便捷的航运统计信息服务,包括航运综合统计、货运统计、船舶统计、船闸统计、水上事故统计、港口统计等。

规费征稽服务是指 RIS 系统支持各类航运规费的电子化征稽,包括船舶港务费、航道养护费以及行政性事业费的收缴等。

2) 层次结构

RIS 从空间层次上可以分为船舶终端层、岸基通信层、系统操作层和系统外部层四个部分[17],如图 7.5 所示。其中:系统操作层是整个 RIS 的核心,是 RIS 正常运转的关键,而船舶终端层则是 RIS 正常运作的基础。

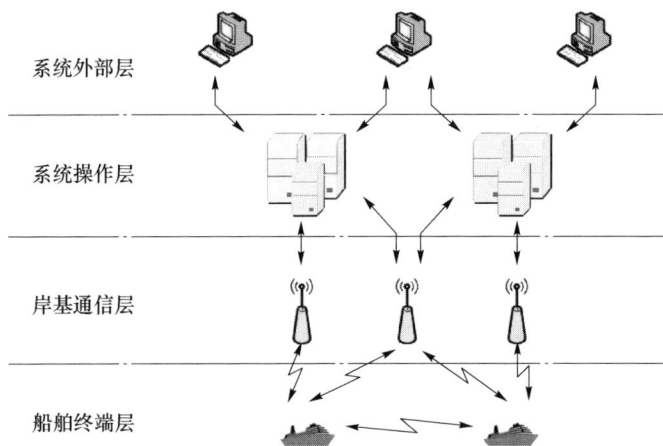

图 7.5　RIS 层次结构图(见彩图)

(1) 船舶终端层。RIS 系统的操作级终端,船舶之间通过定位跟踪系统,如 AIS,可以实现船舶之间、船舶与岸基之间的自动数据信息交换,可交换的信息包括船舶位置、航向、航速以及其他相关信息。

(2) 岸基通信层。岸站中心采用现代化通信技术和信息技术,保障船与岸、岸与船之间实时有效的信息交换,同时保障与操作层之间的信息交换,是支撑 RIS 通信功能实现的关键环节。

(3) 系统操作层。主要负责 RIS 系统的综合信息服务和 RIS 中心间的信息交互共享,实现数据的采集、处理、分析、存储,并向授权用户提供相应的数据信息支持。系统操作层的重点是协同信息工作流和统一服务标准规范。

(4) 系统外部层。也称为人机接口层,主要提供与各 RIS 中心的接口,面向 RIS 的各类用户提供与航运相关的综合服务信息,包括政府部门、商业用户、社会公众。

◤ 7.4　北斗应用模式

船舶动态监管系统是一种基于通信手段传输船舶位置信息的内河船舶交通管理系统。而北斗系统作为第一个也是目前唯一把通信和导航很好融合起来的 GNSS,其提供的定位、导航、授时服务和短报文通信服务使得北斗系统在船舶动态监管系统中应用具有得天独厚的优势。此外,北斗三号提供的增强服务、精密单点定位服务能够为船舶提供高精度的位置信息,有助于进一步扩展现有船舶动态监管系统的功能。

7.4.1　北斗定位应用

船舶位置信息是船舶动态监管系统的基础信息,船舶位置数据采集、船舶安全预警、生产运营调度管理、联合搜救协调等功能都基于船舶位置信息。北斗系统的定位功能能够为船舶动态监管系统提供满足更新率和定位精度要求的位置信息,保障船舶动态监管系统的正常运行。

7.4.2　北斗授时应用

在船舶动态监管系统中,船载终端、船舶监管信息系统、联网协调中心间通常以数据帧的形式进行信息交换传输,数据帧应包含时间标签,以保证传输的可靠性。北斗系统提供的北斗时可以为船舶动态监管系统提供准确的时间基准,保证数据的有效传输。

7.4.3　北斗短报文通信应用

船舶动态监管系统通常使用 4G 等无线网络信号,将船位等信息发送到船舶监管信息系统,随着北斗三号系统短报文通信能力的提高,在常规无线网络信号无法覆盖的盲区,可使用北斗的短报文通信服务保证船舶动态监管系统的正常运行,实现船舶实现监控和管理的无缝覆盖。

7.4.4　北斗增强和精密单点定位服务应用

随着北斗三号系统的正式开通,其特有的星基增强服务、地基增强服务以及精密单点定位服务,能够为船舶提供高精度的位置信息,进一步拓展船舶动态监管系统在船舶靠离泊、进出港及狭窄水道交会等应用场景下的功能。

◤ 7.5　技 术 标 准

2011 年以前,我国基于 GNSS 的船舶动态监管系统一直没有国家标准,因而不能制定相应的船检规范,使系统的应用受到限制。船舶动态监管系统标准的核心是系统的互联互通,并为该系统与其他船舶管理信息系统(如 AIS 等)的互通互联和信息共享提供技术标准。自 2011 年 12 月起,我国发布了一系列的关于船舶动态监管系统的标准,如表 7.1 所列。船舶动态监管系统相关标准适用于利用 GNSS 和无线通信技术的船舶监管信息系统及其船载终端设备的设计、建设、生产、检测和验收[18]。

表 7.1　船舶监管服务相关标准

标准号	标准名称
GB/T 26782.1—2011	卫星导航船舶监管信息系统 第 1 部分:系统组成与功能定义
GB/T 26782.2—2011	卫星导航船舶监管信息系统 第 2 部分:系统信息交换协议
GB/T 26782.3—2011	卫星导航船舶监管信息系统 第 3 部分:船载终端技术要求
GB/T 30287.1—2013	卫星定位船舶信息服务系统 第 1 部分:功能描述
GB/T 30287.2—2013	卫星定位船舶信息服务系统 第 2 部分:船用终端与服务中心信息交换协议
GB/T 30287.3—2013	卫星定位船舶信息服务系统 第 3 部分:信息安全规范
GB/T 30287.4—2013	卫星定位船舶信息服务系统 第 4 部分:船用终端通用规范

此外,在欧洲范围内也正在对支持内河航运的 RIS 进行标准化与协同化。欧盟结合 RIS 实施运作方面的经验,联合欧洲内河航运 RIS 实际组建相应的专家团,提出了四大核心技术标准,即内河电子航道图技术标准、船舶电子报告技术标准、船长信息通告技术标准以及船舶识别跟踪技术标准[19-21]。

内河电子航道图技术标准是欧洲内河电子航道图及显示控制技术标准,包括导航模式和航运信息模式,与现行国际海事领域内的 ECDIS 相兼容,以便将来实施多式联运体系。该标准目前已经被莱茵河委员会和多瑙河委员会先后采纳应用。

船舶电子报告技术标准是内河航运数据交换的根本基础,包括船对岸、岸对船以及岸对岸之间的信息交换数据格式与标准。该标准与海事电子数据交换(EDI)标准相兼容,是跨国跨境高效、安全、便捷运输的根本保障。

船长信息通告技术标准能够为船长或船员提供航运信息通告服务,包括航道信息、交通信息、交管信息和航程规划信息。该标准对信息通告的数据格式、信息规范、服务标准等都有明确的说明,与 ECDIS 的数据结构一致。

船舶识别跟踪技术标准定义了 RIS 系统的基本配置和信息标准结构,特别给出了内陆 AIS 的技术规范与标准,与国际海事领域的 AIS 相兼容,是航运信息化、透明化及智能化的技术保障。

▲ 7.6　系 统 应 用

船舶动态监控信息系统的建设目标是将内河与库区的所有船舶纳入统一的监管网络,以保障船舶的航行安全,提高船舶的运营效率。随着北斗系统的不断发展和完善,不仅定位服务能力在不断提高,民用级别的短报文传输能力也在不断加强,能够满足更高频率的船舶动态数据的更新,可以预计未来北斗系统在船舶动态监控领域能得到更好推广和应用[22]。

1)典型案例 1:吉林省地方海事局船舶动态监管系统

吉林省地方海事局建设的船舶动态监管系统包括 1 个省级系统总控中心、4 个市级分控服务中心、7 个现场调度中心,覆盖了全省 1000 余艘船舶的运营安全管理。系统的联网协调中心建设在吉林省地方海事局,主要负责全省船舶动态监管系统的整体监控和数据采集以及各分控中心的管理工作。船舶动态监控信息系统平台结构如图 7.6 所示,主要包括系统总控中心、分控服务中心、系统现场调度中心、通信网络和船载终端设备。

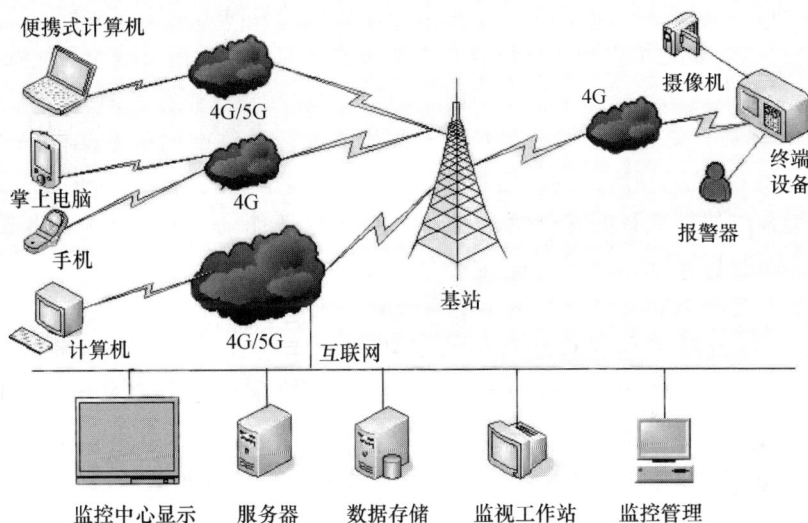

图 7.6 船舶动态监控信息系统平台结构(见彩图)

系统总控中心负责接入和管理吉林省内所有地方海事局分控服务中心,负责接入、识别和存储本区域内的所有注册船舶信息,监管其他区域内注册且在本区域内运营的船舶。系统总控中心通过边界判定将数据转发给本区域内的地方海事局分控服务中心。

分控服务中心只从属于一个二级系统服务中心。分控中心不提供船载终端设备接入服务,必须依附于系统总控中心的正常运行,必须按系统总控中心的要求提供企业或船舶信息。

系统现场调度中心主要负责本中心监管区域内的船舶管理工作,由其执行具体的调度操作业务。

通信网络是无线数据 IP 网络和有线 IP 网络的融合,主要负责各监控中心和船载终端设备之间的数据交换工作。

船载终端设备是船舶信息服务的执行主体,主要由通信模块、GNSS 定位模块、微控制单元(MCU)处理模块以及其他附属部分组成,通过 MCU 处理模块实现对船舶的各种管理、控制及服务。

相比之前每年都有事故发生,每次经济损失至少几百万元的情况,自该船舶动态监管系统投入使用后,吉林省从未发生过任何船舶安全事故。可以看出,船舶动态监管系统对于保障国家财产和人民生命安全具有重要作用,能够产生重大的社会效益。

2)典型案例 2:重庆海事局 VTS、AIS 与船舶动态监控系统信息共享平台

大连海事大学与重庆市地方海事局共同搭建了 VTS、AIS 与船舶动态监控系统信息共享平台,实现了现有 AIS 与船舶动态监管系统之间船舶动态数据的交换和共享。

自主研发的改进型 AIS 船载终端能够与重庆市地方海事局正在运行的船舶动态监控系统终端能够互相识别。该信息共享平台能够同时识别出 AIS 船载终端和船舶动态监管系统船载终端,并能够在船舶航行过程中保持连续跟踪。因此,该信息共享平台实现了 AIS 与船舶动态监控系统在监控中心和船载终端的信息融合,解决现存船舶动态监控系统与 AIS 之间的信息共享问题,特别是解决船载终端的信息共享问题,大大增加了船舶航行的安全性,实现了三峡地区船舶动态监控系统的互通互联,提高了船舶通过三峡的航行效率。

3)典型案例 3:佛山海事局水上交通智能管理系统

2012 年佛山海事局在珠江内河水域建成了我国首个水上交通智能管理系统[23]。该系统采用 CCTV、AIS、VHF 联动执法的监管方式,应用后提升了佛山水域险情隐患的发现率,降低了工作人员的劳动强度,使现场管理更加有的放矢,提高了监管的效能和水平,为佛山水域的船舶交通管理提供了运行高效、反应及时、服务便捷的技术保障,推进现场执法与静态监管动静结合的执法模式,实现了内河船舶监管"看得见、叫得通、管得住"的目标,促进船舶监管由"汗水型"向"智慧型"转变。

📚 参考文献

[1] 张鹭,高倍力,唐安慧.内河智能交通系统研究[J].水运工程,2006(9):1-4.

[2] 翟西欧.水上信息安全服务器集群监控系统的开发[D].大连:大连海事大学,2009.

[3] 张淑芳,胡青.一种内河船舶信息系统:中国,ZL200510047170.6[P].2008-04-23.

[4] 交通运输部信息通信及导航标准化技术委员会.卫星导航船舶监管信息系统:第 3 部分 非书资料:GB/T 26782.3—2011[S].北京:中国标准出版社 2011:1.

[5] 片峰.船舶动态监控系统的设计与实现[D].大连:大连海事大学,2011.

[6] 交通运输部信息通信及导航标准化技术委员会.卫星导航船舶监管信息系统:第 2 部分 非书资料:GB/T 26782.2—2011[S].北京:中国标准出版社 2011:1.

[7] 杨述全.船舶动态监控系统的设计与实现[D].成都:电子科技大学,2013.

［8］谢伟玮. 基于海图显示的船舶监控信息系统终端设计［D］. 大连：大连海事大学，2009.

［9］张淑芳，胡青，张晶泊，等. VTS、AIS 和船舶动态监管系统的三网融合信息系统软件：中国，2010SR040870［P］. 2009‐06‐18.

［10］胡青，张晶泊，张淑芳，等. 自适应信息传输软通信路由系统平台软件：中国，2010SR040874［P］. 2009‐07‐28.

［11］张淑芳，胡青. 一种基于公网 GPRS/CDMA/3G 的船舶自动识别系统：中国，ZL200510047171. 0［P］. 2008‐04‐23.

［12］胡青. 基于公共通信网络的 MIP‐AIS 关键技术研究［D］. 大连：大连海事大学，2011.

［13］胡青，张淑芳. 一种基于 PID 思想的小组协同处理事务的事务分配方法：中国，ZL200510047173. X［P］. 2008‐08‐13.

［14］胡青，张晶泊，张淑芳. 移动终端动态监控信息系统软件：中国，2010SR045809［P］. 2009‐10‐30.

［15］胡青，张淑芳. 一种基于单片机短数据包收发的 MINI TCP/IP 协议栈的实现方法：中国，ZL200510047169. 3［P］. 2008‐02‐06.

［16］罗本成，解玉玲. 欧洲内河航运综合信息服务系统概述［J］. 水运管理，2007(2)：37‐39.

［17］刘喆惠，孙腾达，尚绛，等. 内河航运综合信息服务系统网络架构研究［J］. 港口科技，2015(5)：6‐9.

［18］杨莉. 国家标准"卫星导航船舶监管信息系统"正式获批［J］. 中国船检，2011(10)：25.

［19］European Commission. White paper European transport policy for 2010：time to decide［R］. Brussels：European Commission，2001.

［20］TNO‐FEL. EC transport‐4th framework programme waterborne transport project：RINAC final report［R］. Brussels：European Commission，1999.

［21］European Commission. Final report of INDRIS［R］. Brussels：European Commission，2001.

［22］荆曦. 基于北斗的船舶动态监控及其应用［D］. 大连：大连海事大学，2015.

［23］杨光伟. 水上交通智能管理系统在内河海事的应用［C］//中国水运建设行业协会工程勘察设计及标准化专业委员会等. 自动化集装箱码头应用技术交流会论文集，厦门，2015，6.

第8章 船舶远程识别与跟踪系统

GNSS 作为船舶远程识别与跟踪(LRIT)系统的基石,为 LRIT 系统提供位置信息,有效提高了海上搜寻与救助能力,加强了海上安保。LRIT 系统利用 GNSS 和卫星通信技术获取船舶的位置和时间信息,并发送给船旗国所指定的数据中心进行储存和处理。所谓船旗国是指船舶悬挂其旗帜的国家,船舶只需服从国际法和船旗国的法律规定。由于我国的北斗系统已经被 IMO 认定为世界无线电导航系统之一,因此北斗系统将在世界范围内得到应用,也将成为 LRIT 系统位置数据的重要来源之一。

IMO 的各理事国按照预先约定,通过网络进行 LRIT 船舶信息的交换与共享。LRIT 系统不仅被广泛应用于航运企业进行全球航运生产和管理,也用于反恐、环保、搜救和航行安全等各个领域,为调查海上非法排放、溢油事故等方面提供信息支持,为海事局及其他行业部门提供数据应用决策参考,给卫生防疫、海关、公安、边防等相关管理部门提供数据支持。

◤ 8.1 技 术 发 展

2001 年"9·11"事件之后,安保问题成为国际政治的重要话题之一。在美国的提议下,2002 年 IMO 在伦敦召开的海上保安外交大会通过了《国际船舶和港口设施安保规则》(ISPS Code),旨在加强船上、船对船、船对岸的安保能力。ISPS Code 要求300 总吨及以上的国际航行的客船(包括高速客船)、油船、化学品液货船、气体运输船、散货船和高速货船必须安装 AIS。然而,由于 AIS 受通信距离的限制只能跟踪近岸船舶,为了解决船舶远距离的跟踪问题,美国等国提出了建立 LRIT 的设想。同年12 月,IMO MSC 委员会第 76 次会议审议并通过了 SOLAS 公约修正案,将 ISPS Code 纳入 SOLAS 公约。在这次大会上,LRIT 作为海上安保的特别措施被提交给 COM-SAR 分委会进行研究。

2006 年 3 月,在 COMSAR 分委会第 10 次会议上,LRIT 性能标准草案获得通过[1]。2006 年 5 月,IMO MSC 第 81 次会议通过了 SOLAS 公约修正案的 MSC.202(81)决议,将 LRIT 条款写入 SOLAS 公约修正案第五章航行安全的第19-1条,并于2008 年 1 月 1 日起正式生效,具体实施日期为 2009 年 6 月 30 日。会上还通过了MSC.211(81)决议,要求各理事国和缔约国应尽快建立 LRIT 系统,或加入相应的LRIT 数据中心。2006 年 11 月,在 IMO MSC 第 82 次会议上,IMSO 被委任为 LRIT 协调人。此次会议还对 LRIT 相关的技术规范以及各级 LRIT 数据中心的建立进行了讨论,并制定 LRIT 的实施路线图。2007 年 10 月,IMO MSC 第 83 次会议通过 MSC.242(83)决议,将 LIRT 信息应用于海上安全和海洋环境保护。

此外,LRIT 的技术也在不断地发展。2014 年 6 月,IMO MSC 第 93 次会议,提出了采纳利用加密技术进行运算的建议,并针对 LRIT 的技术实施和安全性进行了讨论。2015 年 5 月,在 IMO MSC 第 95 次会议上,NCSR 分委会指示秘书处修改全球综合船舶信息系统(GISIS)中的 COMSAR 模块,以容许应用为 LRIT 系统标准形式来提交 SAR 区域的地理边界[2]。

我国作为 IMO 的 A 类理事国和 SOLAS 公约的缔约国,已于 2009 年 9 月正式启用了中国 LRIT 国家数据中心,主要服务对象是各缔约国以及我国水上交通各级主管部门、航运企业、港澳海事处和其他行业部门等。其中,主管部门主要指交通运输部海事局、海上搜救中心、直属海事局等。目前我国的 LRIT 国家数据中心位于交通运输部海事卫星地面站,由交通运输部海事局船舶处负责其运行和维护管理等工作。

8.2　系统组成

LRIT 系统由 LRIT 数据中心(DC)、通信服务商(CSP)、应用服务商(ASP)和船载设备构成[3-4],如图 8.1 所示。其中船载设备无人工干预,自动地每隔 6h 或以不同的时间间隔向 LRIT 数据中心发送 LRIT 信息。此外,船载设备收到轮询后也需要向 LRIT 数据中心发送 LRIT 信息。通信服务提供商基于通信协议,提供连接 LRIT 系统各个部分的服务,以确保各船载设备安全传输 LRIT 信息。应用服务商提供通信服务商和 LRIT 数据中心之间的通信协议接口,并提供集成交互管理系统,以监控 LRIT 信息的数据流和路由,确保以安全可靠的方式收集、保存和传送 LRIT 信息。

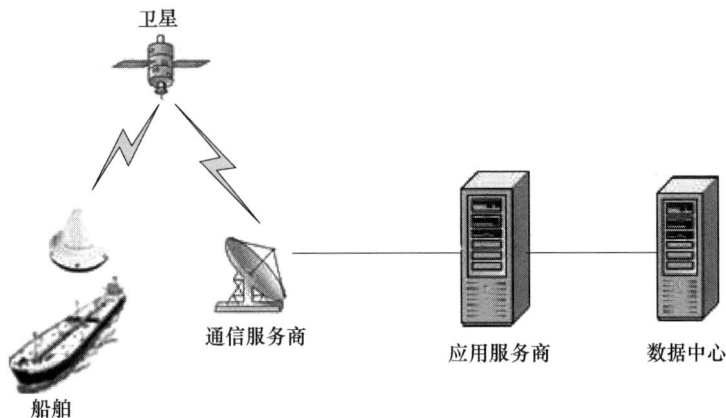

图 8.1　LRIT 系统架构

8.2.1　LRIT 数据中心

LRIT 数据中心根据功能的不同可分为主数据中心、备份数据中心、分中心和数据端站。

1）主数据中心

按照 SOLAS 公约的建设要求，LRIT 系统的数据中心应包含通信网络系统、数据系统和应用系统，结构框图如图 8.2 所示。LRIT 数据中心具有如下功能：

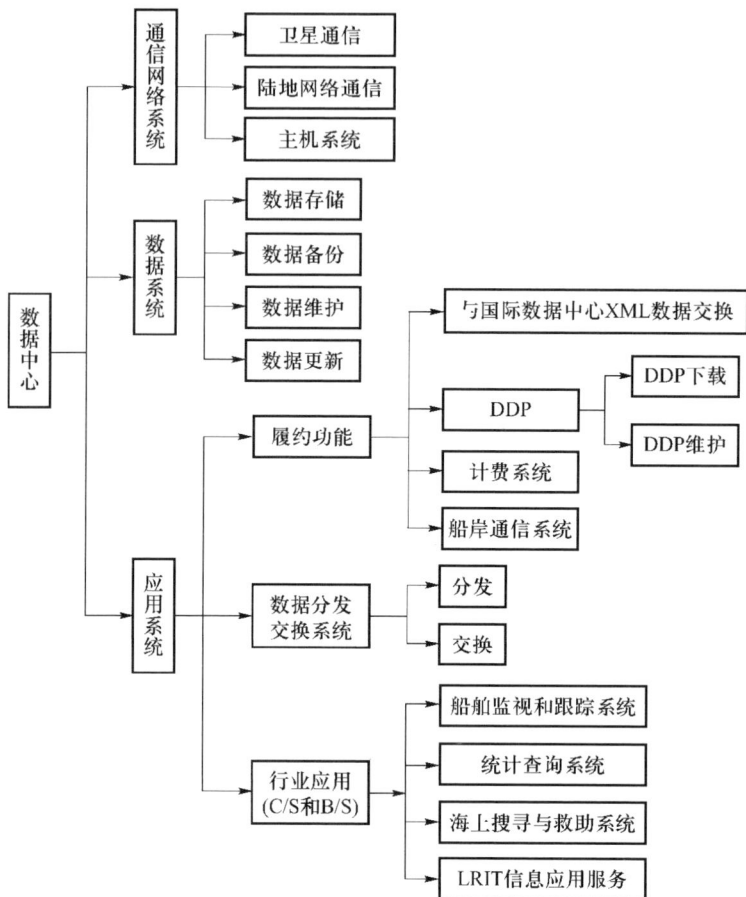

图 8.2　数据中心结构框图

（1）通过卫星与海上行驶的船舶进行双向通信。

（2）开发船岸通信应用系统，接收船舶发送的 LRIT 信息，并且发送 LRIT 信息到船舶。

（3）负责 LRIT 信息的存储和维护；通过网络与其他国家的 DC 交换 LRIT 信息，开发计费结算系统。

（4）可通过客户机/服务器（C/S）和浏览器/服务器（B/S）两种方式，为本地或远程行业用户提供 LRIT 数据应用功能的调用支持。

（5）具有强大的数据分发交换系统，能够分发和交换 LRIT 信息，还支持行业用户对 LRIT 信息进行二次开发。

2）备份数据中心

备份数据中心由通信网络系统、数据系统和应用系统构成,结构框图如图 8.3 所示。备份数据中心的主要功能包括:远程实时备份国家数据中心 LRIT 信息;国家数据中心灾难数据恢复;网络故障恢复后的增量同步。

3）数据分中心

数据分中心包括通信网络系统、数据系统和应用系统,结构框图如图 8.4 所示。数据分中心的主要功能有:获得自身权限范围的 LRIT 信息,具备自身数据的存储、管理和应用功能;可决定自己所辖的船舶是否按数据分配计划(DDP)给其他缔约国,也可以通过数据交换系统远程给所辖船舶发送指令;适合申请加入其他缔约国建设的 DC。

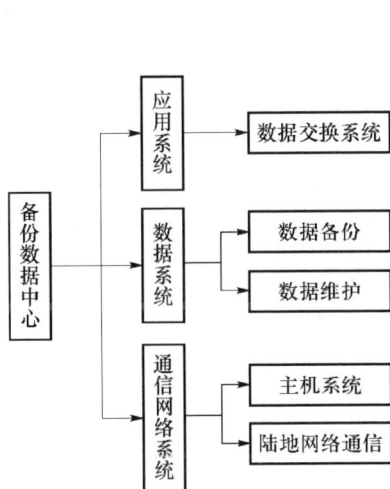

图 8.3　备份数据中心结构框图

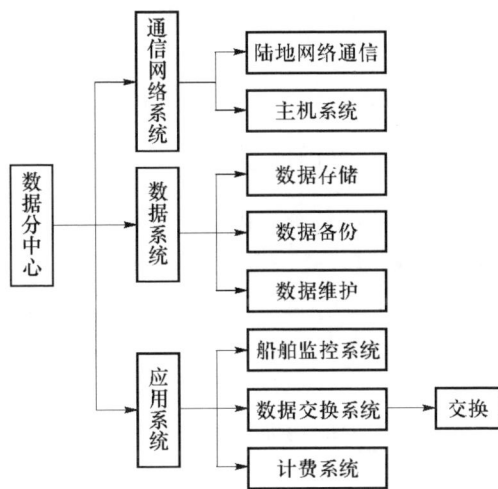

图 8.4　数据分中心结构框图

4）数据端站

数据端站由通信网络系统和应用系统组成,结构框图如图 8.5 所示。数据端站从功能的角度又分为分发数据端站和交换数据端站。

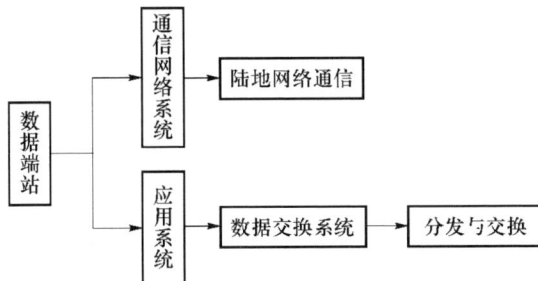

图 8.5　数据端站结构框图

（1）分发数据端站：主数据中心把 LRIT 数据分发到数据端站节点，数据端站可以构建基于 LRIT 信息新应用的二次开发工作，或完成与其他信息系统的融合。因此，分发数据端站适合于有整合需求的直属海事局、航运企业、卫生防疫、海关、公安、边防等其他行业部门。

（2）交换数据端站：主数据中心和数据端站节点是双向的数据交换。主数据中心把 LRIT 数据发送到数据端站节点；数据端站节点也可以通过交换数据端站把所辖船舶的指令请求交换到主数据中心，使主数据中心执行这些指令请求。交换数据端站适合于有船舶控制需求的直属海事局、航运企业。

8.2.2　通信服务商

通信服务商为 LRIT 系统提供通信服务，IMO 要求通信服务商能够提供安全的点对点通信协议，而非广播通信，以保证以安全的方式把数据传送到应用服务商。LRIT 的通信服务必须由经 IMO 审查认可的服务商提供。

8.2.3　应用服务商

应用服务商负责提供用指定的方式从船舶接收船位报告，以及向终端用户发送报告的服务。应用服务商也必须由 IMO 认证，并满足如下要求：

（1）用 LRIT 协调员指定的方式收集和提供 LRIT 信息。

（2）保证数据在接收和发送过程中的安全性，确保只有有资格的接收者才能收到信息。

应用服务商的功能包括[5]：

（1）在通信服务提供商与 LIRT 数据中心之间建立通信协议连接，以确保能实现远程遥控船载设备与 LIRT 数据中心之间的连接，自动实现 LIRT 信息的传送，自动修正 LIRT 信息传送的间隔时间，自动终止 LIRT 信息的传送，根据要求传送 LIRT 信息，自动恢复和管理 LRIT 信息的传送等。

（2）提供一个监控 LIRT 信息流量和定向发送的综合业务管理系统。

（3）确保以可靠和安全的方法对 LIRT 信息进行收集、保存和定向发送。

应用服务商不用建设独立的存储设备，只需配备一台显示终端就可通过网络远程调用 DC 提供的应用功能。原则上，可以具有 DC 的所有应用功能，也可通过权限分配管理其可使用的功能，如可决定自己所辖的船舶是否按 DDP 给其他缔约国，也可以给所辖船舶发送指令。应用服务商结构框图如图 8.6 所示。对于只有查询需求的系统用户：如果网络条件好，可使用 C/S 方式远程调用；如果网络条件一般，用户可使用 B/S 方式远程调用。

8.2.4　LRIT 船载设备

LRIT 船载设备应能够满足 LRIT 性能标准的要求，具备发送 LRIT 报告和响应

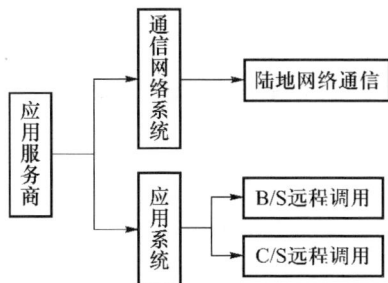

图 8.6　应用服务商结构框图

LRIT 请求的能力。船载设备应具备如下基本功能[6]：

（1）在无人为干预的情况下定时自动发送信息。

（2）发送信息的周期：船舶离缔约国岸线 300n mile 及以上时，至少每 4h 发送一次自动定位报告（APR）；距离 300n mile 以内至少每 1h 发送一次 APR。

（3）发送方式要保证信息不会泄露或被恶意篡改。

（4）具有 GNSS 直接接口，或者具有内置定位功能。

（5）报告将被发送至船旗国指定的数据中心，随后用于国际数据交换共享，以便公布每艘船舶的位置报告。

（6）由于暂停营运或长时间修理等原因拟停航 7 天及以上的船舶，船舶或其所属公司可登录 LRIT 测试网站申请暂停 LRIT 信息发送。待船舶恢复正常营运后，及时登陆 LRIT 测试网站申请恢复 LRIT 信息发送。

Inmarsat-C 船站或高频设备是远洋船舶的标准配置之一，根据 LRIT 相关技术要求和目前我国船舶设备的配备情况，我国采用 Inmarsat-C 进行 LRIT 的船岸通信[7]。如果船载设备不能满足 LRIT 要求，需要对船载设备的内置软件进行升级或更换设备[8]。

对于船载设备，主管机关应授权应用服务商对船载设备进行符合性测试。我国在 LRIT 系统正式运行前，交通运输部海事局曾授权交通通信中心负责完成船载设备是否满足 LRIT 功能要求的符合性测试，并给经过测试的船载终端出具有效的符合性测试报告。

8.3　系统功能

LRIT 系统在保障船舶航行安全、维护海上安保等方面都发挥着重要的作用，具体体现在：船舶信息接收处理；通过远距离监控及航行轨迹发现可疑船舶，增加反应准备时间，增强海上安保能力；通过提供信息服务，提高海事搜救及应急反应效率；通过在特定时间给特定区域的船舶发送信息，打击非法排放压载水及应对溢油事故；与现有船舶动态监管系统互补，实现监控多重覆盖；为其他涉海管理部门提供信息支持等[9]。

8.3.1 船舶信息接收处理

LRIT 系统具有船舶 LRIT 信息的接收和处理功能。除了识别和跟踪自己管辖的船舶信息外,它还可以请求并接收表明意图进入该国港口设施或地点的外国籍船舶信息,同时还可以请求并接收在其沿岸不超过 1000n mile 航行的外国籍船舶信息。

根据 SOLAS 公约规定,适用于 LRIT 系统的船舶范围为从事国际航行的客船、300 总吨及以上的货船和海上移动钻井装置,必须按规定配备自动发送信息的系统,自动发送远程识别与跟踪信息。对装有 AIS 设备、航行于 A1 海区的船舶可免除要求。目前中国符合 LRIT 要求的国际航行船舶有 3100 多艘。

船舶发送的信息内容应包括:船舶身份,即 IMO 编号、MMSI 码、船名、呼号;以经度和纬度表示的船舶位置,提供位置所对应的日期和 UTC。LRIT 信息的发送频率为每 6h 发送一次。此外,还要求船舶设备收到轮询指令或者远程控制指令后能够以其他的时间间隔发送 LRIT 信息。

8.3.2 船舶远程监视和跟踪

LRIT 系统具有船舶远程监视和跟踪的功能[10]。对于 LRIT 系统而言,各成员国具有船旗国、港口国和沿岸国三种身份,各成员国按照此三种身份主张权利和承担义务。

(1) 船旗国身份:接收本国籍船舶的位置信息,决定是否向其他国家提供本国籍船舶的 LRIT 信息;LRIT 系统中的船舶默认以 6h 为间隔向船旗国的 LRIT 数据中心发送 LRIT 信息。船旗国管理当局可以实时查看所辖船舶的位置信息,将这些信息显示在电子海图界面上,并进行相关的统计查询工作。

(2) 港口国身份:请求并接收表明意图进入本国港口设施或地点的外国籍船舶的信息,无论这些船舶位于哪里,只要不位于根据《国际海洋法》规定的另一缔约国政府的内水内。

(3) 沿岸国身份:请求并接收在本国沿岸不超过 1000n mile 范围内航行的外国籍船舶信息,只要该船不位于根据《国际海洋法》规定的第三国的内水或者不位于该船的船旗国领海内。

8.3.3 其他辅助功能

LRIT 系统还具有加强海上安保、提高海上搜寻与救助能力、环境保护、航路分析、应用服务等功能。

加强海上安保是指沿岸国、港口国对船舶进行远程识别与跟踪,重点可对油轮及危险化学品船进行监控,可采取预控措施,降低安保风险[11]。

提高海上搜寻与救助能力是指 LRIT 系统可以向海上搜救中心提供遇险船舶附

近水域的其他船舶的信息,以及船舶遇险的时间、位置等信息,以便更好地组织和开展搜寻救助工作。

环境保护是指 LRIT 可为调查海上非法排放、溢油事故等方面提供信息支持。

航路分析是指利用 LRIT 系统,通过对船舶航行轨迹的分析,找出船舶航路规律,为海事局及其他行业部门提供决策参考的依据。

应用服务是指开发我国 LRIT 信息相关应用,为社会提供 LRIT 信息应用服务,如应用于卫生防疫、海关、公安、边防等相关管理部门,以及全球航运生产和管理等。

此外,在不考虑国际数据交换的条件下,各国的 LRIT 系统是一个独立的船舶监控和跟踪系统,可以提供船舶报告,实现对其所辖船舶在全球范围内的监控和管理,具有良好的船舶管理功能,对安全管理、应急处理和搜救指挥决策都有很好的应用意义。

8.4　北斗应用模式

LRIT 系统是利用 GNSS 和卫星通信技术获取船舶的位置和时间信息,有效地提高了海上搜救能力,加强了海上安保,实现了全球航运生产管理。而北斗系统能够同时提供全球定位、导航、授时服务和短报文通信服务,即一个系统即可实现 LRIT 系统所需的两项关键技术,可以预见,未来北斗系统必将在 LRIT 系统中广泛应用。

8.4.1　北斗定位、授时应用

LRIT 系统的船舶远程监视和跟踪功能、海上搜寻与救助能力、全球航运生产和管理功能等都是基于船舶发送的信息,特别是以经度和纬度表示的船舶位置,及提供位置所对应的日期和 UTC。北斗系统提供的定位、导航、授时服务能够完美地提供船舶发送所需要的上述信息。

8.4.2　北斗通信功能应用

北斗系统的卫星通信能力使其具有了承担 LRIT 系统通信功能的必要条件,如能在北斗系统空间段部分卫星上搭载用于 LRIT 系统的卫星载荷,北斗系统除能为 LRIT 系统提供位置、时间信息外,可以进一步为 LRIT 系统提供通信功能。

8.5　技　术　标　准

SOLAS 公约修正案第五章的第 19-1 条规定了船舶 LRIT 信息的发送义务、缔约国政府的权利与义务、SAR 服务接收 LRIT 信息的权利与义务。此外,IMO 通过了一系列的 MSC 决议和通函,提供了 LRIT 的技术细节和操作标准,以及 LRIT 在世界范围内的实施推广细则,见表8.1。

表 8.1　LRIT 相关技术标准

标准编号	标准名称	发布日期	备注
Resolution MSC. 210(81)	LRIT 性能标准和功能要求（Performance Standards and Functional Requirements for LRIT）	2006-05-19	后被 MSC. 263(84)替代
Resolution MSC. 243(83)	过渡期国际 LRIT 的数据交换中心的建立（Establishment of the International LRIT Data Exchange on an Interim Basis）	2007-10-12	后被 MSC. 264(84)替代
Resolution MSC. 254(83)	LRIT 性能标准和功能要求修订（Amendments to the Performance Standards and Functional Requirements for LRIT）	2007-10-12	对 MSC. 210(81)的修订，后被 MSC. 263(84)替代
Resolution MSC. 263(84)	LRIT 性能标准和功能要求（修订版）（Revised Performance Standards and Functional Requirements for LRIT）	2008-05-16	替代 MSC. 210(81)，MSC. 254(83)
Resolution MSC. 264(84)	过渡期国际 LRIT 的数据交换中心的建立（Establishment of the International LRIT Data Exchange on an Interim Basis）	2008-05-16	替代 MSC. 243(83)
Resolution MSC. 275(85)	LRIT 协调员任命（Appointment of the LRIT Coordinator）	2008-12-05	——
Resolution MSC. 276(85)	过渡期国际 LRIT 的数据交换中心的运行 Operation of the International LRIT Data Exchange on an Interim Basis	2008-12-05	——
MSC. 1/Circ. 1298	LRIT 系统实施指导（Guidance on the Implementation of the LRIT System）	2008-12-08	——
MSC. 1/Circ. 1309	与建立 LRIT 数据中心相关的组织的沟通信息及其与发展测试和生产 LRIT 系统的位置（Information Communicated to the Organization in Relation to the Establishment of LRIT Data Centres and Their Position in Relation to Developmental Testing and the Production LRIT System）	2009-06-09	——
MSC. 1/Circ. 1344	MSC 87 至 MSC 88 间 LRIT 系统服务计划的临时连续性（Interim Continuity of Service Plan for the LRIT System, for the Period Between MSC 87 and MSC 88）	2010-05-13	——
Resolution MSC. 297(87)	建立国际 LRIT 的数据交换中心（Establishment of the International LRIT Data Exchange）	2010-05-21	——

（续）

标准编号	标准名称	发布日期	备注
Resolution MSC. 298(87)	建立分发设施向亚丁湾和西印度洋海域的安保部队提供 LRIT 信息,以帮助他们打击海盗和武装抢劫船舶(分发设施) (Establishment of a Distribution Facility for the Provision of LRIT Information to Security Forces Operating in Waters of the Gulf of Aden and the Westen Indian Ocean to Aid Their Work in the Repression of Piracy and Armed Robbery Against Ships(the Distribution Facility))	2010 - 05 - 21	—
Resolution MSC. 322(89)	国际 LRIT 的数据交换中心运行 (Operation of the International LRIT Data Exchange)	2011 - 05 - 20	—
Resolution MSC. 330(90)	LRIT 性能标准和功能要求修订版修正 (Amendments to the Revised Performance Standards and Functional Requirements for LRIT)	2012 - 05 - 25	修订 Resolution MSC. 263(84)
MSC. 1/Circ. 1259	LRIT 技术文件(第 1 部分) (Technical Documentation (Part 1)- Interim Revised Technical Specifications for the LRIT System)	2012 - 05 - 26	—
MSC. 1/Circ. 1294	LRIT 技术文件(第 2 部分) (Technical Documentation(Part 2))	2012 - 05 - 26	—
Resolution MSC. 361(92)	2013 年后国际 LRIT 的数据交换中心运行 (Operation of the International LRIT Data Exchange after 2013)	2013 - 06 - 21	—
MSC. 1/ Circ. 1377 - Rev. 11	被授权进行符合性测试并代表主管部门颁发 LRIT 符合性测试报告的应用服务提供商列表 (List of Application Service Providers Authorized to Conduct Conformance Tests and Issue LRIT Conformance Test Reports on Behalf of Administrations)	2013 - 11 - 19	—
MSC. 1/ Circ. 1376 - Rev. 2	LRIT 系统服务计划的连续性 (Continuity of Service Plan for the LRIT System)	2014 - 11 - 21	—
MSC. 1/ Circ. 1338 - Rev. 1	关于搜救服务请求和接收 LRIT 信息的服务指南 (Guidance to Search and Rescue Services in Relation to Requesting and Receiving LRIT Information)	2014 - 11 - 21	—

（续）

标准编号	标准名称	发布日期	备注
MSC. 1/ Circ. 1412 - Rev. 1	关于 LRIT 数据中心和国际 LRIT 数据交换性能审查和审核的原则和指导方针 （Principles and Guidelines Relating to the Review and Audit of the Performance of LRIT Data Centres and of the International LRIT Data Exchange）	2014 - 11 - 21	—
COMSAR. 1/ Circ. 54 - Rev. 2	LRIT 数据中心以及 LRIT 协调员进行的 LRIT 国际数据交换的审计 （Audits of LRIT Data Centres and of the LRIT International Data Exchange Conducted by the LRIT Cordinator）	2014 - 11 - 21	—
Resolution MSC. 400（95）	LRIT 性能标准和功能要求修订版修正 （Amendments to the Revised Performance Standards and Functional Requirements for LRIT）	2015 - 06 - 08	修订 Resolution MSC. 263（84）
MSC. 1/ Circ. 1376 - Rev. 3	LRIT 系统服务计划的连续性 （Continuity of Service Plan for the LRIT System）	2018 - 05 - 25	替代 MSC. 1/ Circ. 1376 - Rev. 2
MSC. 1/ Circ. 1412 – Rev. 2	关于 LRIT 数据中心和国际 LRIT 数据交换性能审查和审核的原则和指导方针 （Principles and Guidelines Relating to the Review and Audit of the Performance of LRIT Data Centres and of the International LRIT Data Exchange）	2019 - 06 - 14	替代 MSC. 1/ Circ. 1412 - Rev. 1
MSC. 1/ Circ. 1259 - Rev. 8	LRIT 技术文件（第 1 部分） Technical Documentation（Part 1）	2020 - 04 - 08	替代 MSC. 1/Circ. 1259
MSC. 1/ Circ. 1294 - Rev. 6	LRIT 技术文件（第 2 部分） Technical Documentation（Part 2）	2020 - 04 - 08	替代 MSC. 1/Circ. 1294

8.6 系 统 应 用

LRIT 系统在海上船舶监控及安全预警方面具有非常重要的作用；同时，作为一种重要的信息资源，也引起了 IMO 和相关海事部门的高度重视。

8.6.1 中国 LRIT 系统

中国是 IMO 的 A 类理事国和 SOLAS 公约的缔约国。按照公约规定，若缔约国不建设本国的 LRIT 数据中心，就必须为本国籍船舶指定接收 LRIT 信息的数据中心。若中国不建设自己的国家数据中心，则我国所有远洋船舶的全部船位信息将被他国数据中心接收和管理，这将给国家安全带来极其不利的影响。因此，为按时履行国际公约,加强中国海上安保、搜救、环保,促进航运业发展,切实保护中国船队利益,2008 年 10 月交通运输部批准建设中国 LRIT 工程,交通运输部海事局负责系统工程的建设,中国交通运输股份有限公司下属中交水运规划设计院负责提供该系统所有网络设备、服务器、终端、操作系统、数据交换平台和大屏幕投影等设备,并于 2009 年 7 月完成了中国 LRIT 国家数据中心的建设,同年 9 月正式启用。

　　中国 LRIT 系统由中国 LRIT 数据中心、备份中心、通信服务提供商、应用服务商、LRIT 船载设备组成,具体部署情况如图 8.7 所示[12]。中国 LRIT 数据中心由中国交通运输部海事局负责建设、统筹管理和运行,主数据中心建在北京交通运输部海事卫星地面站,备份数据中心设在上海海事局,互为灾备;通信服务提供商也设在交通通信中心;在中国海上搜救中心、各地方海事局等地都设置有应用服务商,在香港和澳门也设置有应用服务商,同时为中国籍船舶和香港注册船舶提供 LRIT 服务,目前注册的船舶数量分别为 1200 余艘和 2200 余艘。

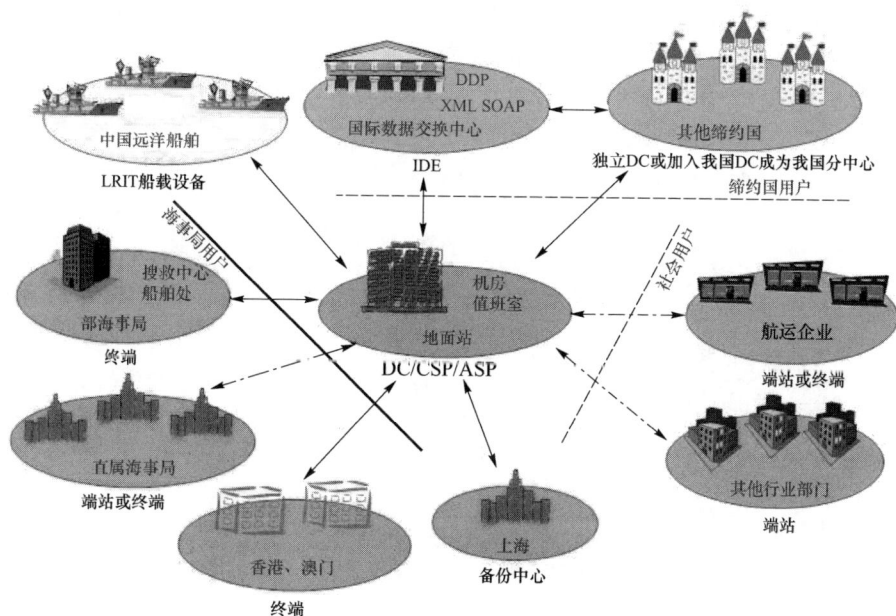

图 8.7　中国 LRIT 系统布设(见彩图)

　　中国 LRIT 系统使国家海事主管当局拥有了利用 GNSS 和卫星通信技术的"千里眼",使得航行到世界任何角落的中国籍国际航线船舶动态尽在祖国的掌握和关注之中[13]。中国 LRIT 系统的建设,不仅履行了国际公约,还实现了中国水上交通各级主管部门对船舶的远程监视和跟踪。中国 LRIT 数据中心每年收、发中国籍船舶 LRIT 信息上百万条。此外,遵照 IMO 统一预定规则,通过网络信息交换,还可以掌握中国沿岸 1000n mile 范围内和驶向中国港口的外国籍船只的动态信息。

　　这些 LRIT 信息用于船舶安保与反恐、海上应急搜救、航行安全、交通及污染事故调查等各个领域。在 LRIT 这个"千里眼"的帮助下,中国海事主管机关等部门能够有效保护人命和财产安全,维护海权和公共利益。

8.6.2 安保救助功能

为国际海上搜救组织提供搜救服务是 LRIT 系统的重要功能之一。有搜救服务机构身份的缔约国政府可以不受船旗、港口和沿岸等条件的限制发起搜救请求,获取附近水域的其他船舶的 LRIT 信息,以便更好地组织和开展搜寻救助工作。

1) 典型案例 1:海盗劫持安保救援

2011 年 8 月香港籍某轮在开往尼日利亚拉各斯港的途中,遭 12 名武装海盗劫持,海盗控制了该船及其 21 名船员,毁坏驾驶台内的其他常用通信设备,迫使该轮改变航向。船公司在其与船舶失联 12h 后向海事机关报告了该情况。经多种通信联络手段尝试,仅 LRIT 系统收到了反馈信息,确定了该船舶的位置并绘制了其航行轨迹,如图 8.8 所示。通过 LRIT 系统掌握了船舶的实际动态信息,为营救方案的制订提供了极大的帮助。此后,在中国海事、外交等部门以及尼日利亚政府、海军等多方协调与共同努力下,海盗迫于压力弃船逃跑,全部船员安全获救。

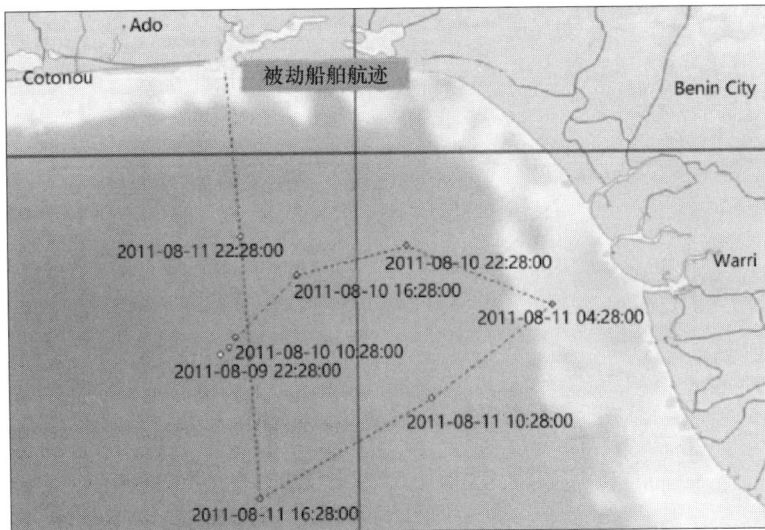

图 8.8 被劫船舶航迹图(见彩图)

2) 典型案例 2:船舶安保应急救援

2016 年 11 月至 12 月,另一艘香港籍船舶在非洲西海岸水域航行期间失联。此后海事、搜救等部门利用 LRIT 系统持续跟踪该船动态,被劫船舶 LRIT 轨迹如图 8.9 所示,为船舶最后获得营救争取了宝贵的信息资源。

事实上,LRIT 在船舶安保、反恐方面的应用不只上述案例。IMO 根据联合国安理会相关决议,2010 年 5 月起在亚丁湾及西印度洋海域划定了特别区域并建立了反海盗信息分发中心,为相关海军提供过往船舶动态信息,有效支撑了索马里水域护

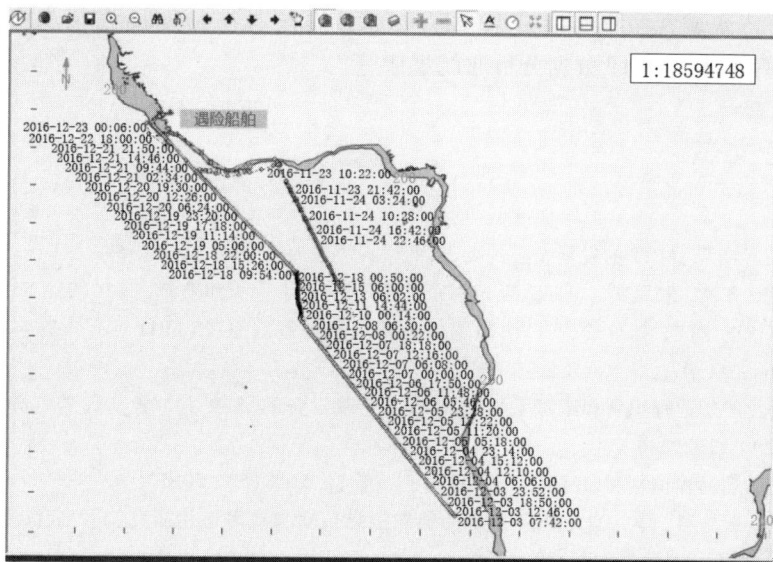

图 8.9　西非水域被劫船舶 LRIT 轨迹图(见彩图)

航行动。

8.6.3　保障航运安全

长期以来,航运都是国际上公认的高危行业。除了时有发生的海盗劫持风险,海员们面对更多的是由恶劣天气海况、机械故障、碰撞事故等带来的船舶沉没、人员落水等危险。利用 LRIT 系统的信息交互功能,可向他国请求特定水域过往船舶信息,以便协调附近过往船舶,第一时间就近救援。

典型案例:肇事逃逸锁定嫌疑船。

2016 年 8 月 11 日上海海事局接报,渔船"闽晋渔＊＊＊"于当日早上在钓鱼岛附近海域被撞沉没,船上 6 人被救起,其余 8 人失踪。由于渔船被撞后迅速下沉,船员在自救过程中并未看清肇事船身份。此后,海事人员利用 LRIT 系统查询过往船舶信息,结合海事调查等专业技能经验,锁定了某希腊籍货轮为肇事嫌疑船舶,并开展进一步针对性的事故调查、船舶扣押等程序。

利用 LRIT 系统的船舶航行轨迹回放功能,中国海事部门多次协助相关部门实施了对海上交通事故肇事逃逸船舶、污染物违法排放嫌疑船只、走私偷渡嫌疑行为船舶的目标锁定。

8.6.4　LRIT 数据应用

LRIT 数据交换和共享是 LRIT 系统的优势所在。中国一直保持对 LRIT 业务在国际海事领域和 IMO 的持续跟踪,在现有的为海事管理、搜救机构、部分航运企业提供数据的基础上,进一步拓展数据应用模式。此外,为加快推进与其他国 LRIT 数据交换,在重点水域常态化开启沿岸国请求,深度分析与挖掘数据,提升 LRIT 数据的价值[14],例如基于 LRIT 数据分析通航规律等。

参考文献

[1] 芮岐松,刘勇. LRIT 的发展及公约要求[J]. 天津航海,2014(3):57-59.

[2] 杨建姣,齐迹,朱凤武. 船舶远程识别跟踪系统研究[J]. 天津航海,2016(2):55-57.

[3] 杜忠平,王建江,孙玲玲,等. 中国船舶远程识别与跟踪系统(LRIT)[J]. 数字通信世界,2010(6):44-47.

[4] 郭日益. 船舶远程识别和跟踪系统(LRIT)及船载设备的研究[J]. 青岛远洋船员学院学报,2009(2):23-25,46.

[5] 郑铭. 船舶远程识别和跟踪系统(LRIT)[J]. 船舶,2008(5):50-52.

[6] 陈进涛,殷施科,李二喜. LRIT 系统的船舶信息传输与航海应用研究[J]. 武汉船舶职业技术学院学报,2012(2):25-30.

[7] 苏文明. 基于 INMARSAT 系统的船舶 LRIT 设备解决方案[J]. 科技资讯,2017,15(34):70,71.

[8] 苏文明. 谈我国 LRIT 船载设备的解决方案[J]. 航海技术,2010(1):38-40.

[9] 钟子洋. 我国海事船舶动态监管方式的效能[J]. 水运管理,2017,39(4):22-25.

[10] 张爽,鲍君忠. 船舶远程识别与跟踪(LRIT)进展概况[J]. 中国海事,2007(2):55-59.

[11] 范耀天,付耀方. 船舶远程识别和跟踪(LRIT)系统研究[J]. 中国水运,2007(3):46-47.

[12] 交通运输部海事局计基处. 船舶远程识别与跟踪系统(LRIT)[J]. 中国海事,2010(5):17,18.

[13] 谢辉,杨志成,陈星森,等. 巨轮行天下 尽在掌握中——我国船舶远距离识别和跟踪(LRIT)系统的建设和发展[J]. 中国海事,2009(8):9-12.

[14] 孙延泽. 船舶远程识别与跟踪系统的发展及趋势探讨[C]//中国航海学会. 中国航海科技优秀论文集(2014),上海,2015:9.

第 9 章 海事增强系统

为了提高船舶定位精度,减小定位误差,助力码头升降、航道疏浚、海上测绘、船舶靠泊、海底管道铺设和海上钻井平台建设等海上精细作业,我国沿海区域航海保障的导航定位服务长期使用无线电指向标/差分 GNSS(RBN-DGNSS)提供高精度的导航与定位服务,近年来建设了差分北斗(DBD)系统。中国的 RBN-DGNSS 从鸭绿江口到北海形成了覆盖我国沿海港口、重要水域和水道的差分 GNSS 导航服务网络。在该网络覆盖范围内用户均能收到网络基准站播发的差分改正数,用来修正用户自己的 GNSS 接收机得到的观测结果,提高定位精度。

随着科学技术的发展,RBN-DGNSS 已不能满足我国海洋测绘、海洋工程、港口工程等高精度定位的需求。目前我国北斗系统不断发展与推广应用,为了进一步提升沿海导航与精密定位服务的自主能力,我国正在研究和建设基于北斗的沿海高精度导航定位服务系统,即海上连续运行参考站(CORS)系统。

◣ 9.1 RBN-DGNSS

9.1.1 系统概述

1994—1995 年,受交通部安全监督局委托,天津海监局牵头起草了《中国沿海无线电指向标/差分 GPS(RBN-DGPS)规划(1996—2000 年)》,计划在中国沿海分三期完成 RBN-DGPS 台站的建设。

2001 年 12 月 27 日,交通运输部海事局在北京召开了信息发布会,宣布中国沿海 RBN-DGPS 台站全面建成,2002 年 1 月 1 日起正式对外开放,向公众用户免费提供导航定位服务[1]。

按照中国沿海 RBN-DGPS 的总体布局规划,截至 2017 年,中国沿海地区共建设了 RBN-DGPS 差分台站 23 座,按照规定的信号强度,实现了中国整个沿海水域的覆盖或多重覆盖,是符合国际标准的沿海地基卫星导航增强系统,为我国沿海海域和沿海陆基地区提供了米级和亚米级的高精度导航服务。

但 RBN-DGPS 需依赖于美国的 GPS 才能进行差分定位,并且其关键的软、硬件装备全部依赖于国外进口,具有极大的局限性,对于实施我国海洋强国战略十分不利。因此,研制基于我国北斗的沿海高精度导航定位服务系统,自主研发可靠稳定的核心软、硬件设备,从根本上保障我国沿海高精度导航定位服务系统的安全性,提升我国沿海航海保障的自主可控能力具有重要意义。

从 2015 年开始,交通运输部海事局启动了对全国沿海 RBN-DGNSS 的升级改造工作[2-4],主要包括由原来的单一播发差分 GPS 信息逐步过渡为差分 GPS 信息和差分 BDS 信息的融合播发,使系统的定位精度、可用性和可靠性都得到了大幅度提高[5]。此举措对于推广使用我国自主研发的北斗系统,以及提升沿海 RBN-DGNSS 整体服务水平都具有积极的意义,符合 IMO 对于未来 GNSS 多模兼容的发展趋势。

中国沿海 RBN-DGNSS 的主要技术指标如下[6]:

(1)台站配置:每一个台站均由一个基准站、一个播发台和一个完好性监控台组成。基准站测量并解算差分改正数,通过播发台向用户播发。完好性监控台实时接收本台站的差分改正信息并进行差分定位,将定位结果与其坐标真值进行比较,从而达到本台站差分信息完好性监控的作用。

(2)工作频率:283.5~325.0kHz,符合 ITU 划分的海上无线电指向标频率范围。

(3)RBN-DGNSS 台站识别码:DGNSS 播发采用两类识别码,即基准站识别码和播发台识别码。依据 IALA 分配给我国的基准站和播发台的差分 DGNSS 识别码范围,由北向南按区域进行分配。我国的基准站识别码为 600~659,用来表示获得差分修正值的位置,编入所有发射电文的电文字头。我国的发射台识别码为 600~629,用来表示发射差分修正值的台站,编入 RTCM SC-104 电文类型 7。

(4)差分信息调制方式、播发信号格式、类别及波特率:采用最小移频键控(MSK)方式调制差分信息,播发类别为调相单信道数据传送[7]。信号格式采用 RTCM SC-104 标准,数据传输率为 200bit/s(详细内容可参考 3.2 节)。

(5)坐标系统及基准站精度:采用 WGS-84,基准站在 WGS-84 中的绝对精度优于 0.5m。

(6)单站信号作用距离:距离差分台站 300km 范围内,海上用户接收的差分修正信息场强为 75μV/m。

(7)定位精度:定位精度与用户接收机类型、用户到基准站的距离等诸多因素有关。通常情况下,在系统覆盖范围之内,改造前利用 RBN-DGPS 播发的差分修正信号进行海上导航定位,可实现优于 5m 的差分定位精度,改造后利用 RBN-DGNSS 定位精度可优于 3m。

(8)输出功率:输出总功率为 200W。

9.1.2 系统原理

RBN-DGNSS 是一种利用无线电指向标播发台向海上用户播发 DGNSS 修正信息,以提供高精度定位服务的助航系统。从原理上讲,RBN-DGNSS 属于单站伪距差分系统,即把 GNSS 接收机放在位置已精确测定的已知点上,组成基准站,基准站通过 t_0 时刻接收到的第 i 颗 GNSS 卫星 S_i 的信号,测得并计算出到卫星 $(x_{S_i}, y_{S_i}, z_{S_i})$ 的准确距离

$$r_i(t_0) = \left\{ \left[(x_{s_i}(t_0) - x_A)^2 + [y_{s_i}(t_0) - y_A]^2 + [z_{s_i}(t_0) - z_A]^2 \right] \right\}^{\frac{1}{2}} \qquad (9.1)$$

式中：(x_A, y_A, z_A) 为已知点的笛卡儿坐标。

测量距离 $\bar{r}_i(t_0)$ 和准确距离 $r_i(t_0)$ 进行比较，求得该点的伪距修正量，即

$$\Delta r_i(t_0) = r_i(t_0) - \bar{r}_i(t_0) \qquad (9.2)$$

在此基础上，对伪距修正量进行滤波处理作为修正数据。修正数据以 RTCM 标准数据格式通过播发台向周围空间广播。邻近用户 u 在 t 时刻（$t > t_0$）接收到基准站的修正量 $\Delta r_i(t_0)$，同时测量用户 u 到 GNSS 卫星 S_i 的伪距 $\bar{r}_{u_i}(t)$，可以得到修正后的距离，即

$$r'_{u_i}(t) = \bar{r}_{u_i}(t) + \Delta r_i(t_0) \qquad (9.3)$$

由于同一地区内 GNSS 误差变化缓慢，对基准站及其邻近用户的影响是相同或相近的[8]，因此用户利用修正数据改正后的伪距求解出的自身位置可消除公共误差，达到提高定位精度的目的。

RBN-DGNSS 一般由基准站、播发台、完好性监测站、监控中心、DGNSS 用户组成，所图 9.1 所示。

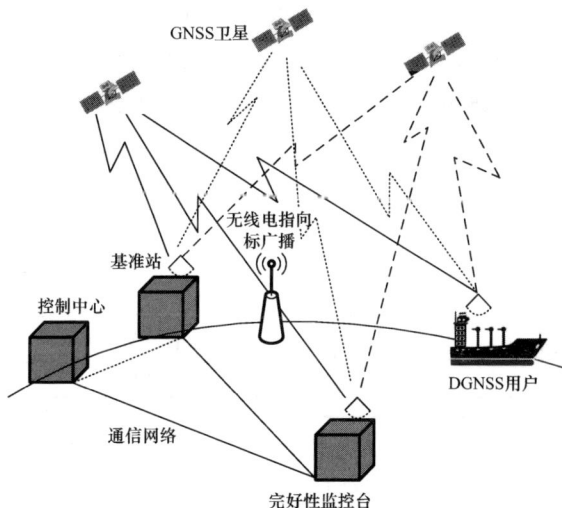

图 9.1　RBN-DGNSS 构成（见彩图）

基准站由两台高性能的 GNSS 接收机和两个 MSK 调制器组成。接收天线安放在位置已经精确测定的点上，通过跟踪视野内的所有卫星计算出相对于每颗卫星的修正信息并送至调制器。调制器采用 MSK 调制方式将接收机送来的修正信息及基准台的频率、识别码等信息，按照 RTCM 104 格式要求组成电文并送至播发台。

播发台由控制器和发射机组成，用于播发指向信号，按照 IMO 规定的信号强度和播发速率发送 GNSS 修正信息、指向标状况以及基准站状况信息等。

完好性监测站由 GNSS 接收机、指向标接收机和完好性监测计算机组成。其功能是监测 GNSS 的完好性和播发的差分修正信息的正确性,监控基准站的计算结果,并可登录系统运行数据的统计结果。

监控中心的功能是监测、控制各 RBN-DGNSS 台站的工作。

播发台附近的 DGNSS 用户利用其天线及接收单元接收到播发修正信息、指向标状况以及基准站状况信息后对伪距进行校正,从而提高定位精度。

海事应用的 RBN-DGNSS 均依照 RTCM 标准播发电文,RTCM 电文由二进制的数据流组成,有关 RTCM 的详细介绍参见 3.2 节。目前我国播发的电文主要遵照 RTCM 10402.3 标准规定[9-10],RTCM 10402.3 标准定义的差分电文由若干帧电文组成,每帧电文包括 2 个字的标准电文头,N 个字的数据,总长度为 $N+2$ 个字,每个字又由 30bit 构成。N 个字为具体的电文信息,N 随电文类型不同而不同,同类电文可能由于卫星的个数不同也不相同。RTCM 10402.3 电文类型见表 3.4。

为了增加北斗差分格式的播发,并与原有的 RBN-DGPS 实现兼容,我国基于原有的 RTCM 10402.3 进行了修订,发布了兼容北斗的差分系统标准,将 RTCM 10402.3 标准电文中的电文 41 和电文 42 作为北斗伪距差分改正数的格式类型。其中,电文 41 类似于 RTCM 10402.3 电文 1,内容为差分 BDS 数据,向用户提供北斗伪距改正数及其变化率;电文 42 类似于 RTCM 10402.3 电文类型 9,内容为部分 BDS 较正数据,是电文 41 用于分组发送的数据格式,其电文格式和内容与电文 41 相同,只是每次传输的卫星数为 3 个或以下,适用于 RBN 差分播发系统。电文 41 和电文 42 的电文格式如图 9.2 所示,电文内容如表 9.1 所列[11]。

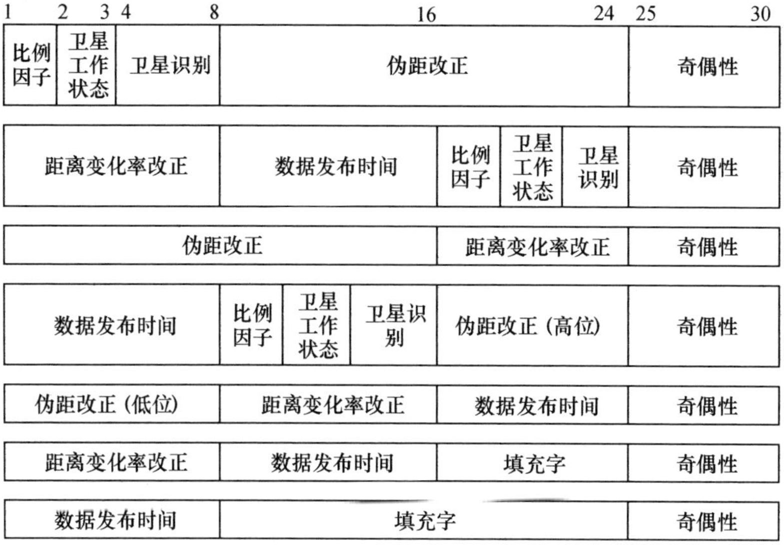

图 9.2　电文 41 和电文 42 格式

表 9.1 电文 41 和电文 42 内容

参数	比特数	比例因子和单位	范围
比例因子	1	0：伪距改正数的比例因子为 0.02m，距离变化改正数变化率的比例因子为 0.002m/s。 1：伪距改正数的比例因子为 0.32m，距离变化改正数变化率的比例因子为 0.032m/s	2 种状态
用户差分距离误差	2	编码 00：≤1m。 编码 01：>1m 且 ≤4m。 编码 10：>4m 且 ≤8m。 编码 11：>8m	4 种状态
卫星标识 ID	5	1	1~32
伪距改正	16	0.02m 或 0.32m	±655.34 或 ±10485.44
距离变化率改正	8	0.002m 或 0.032m	±0.254 或 ±4.064
数据发布时间	8	—	—
填充字	0、8 或 16	—	0、8 或 16
奇偶性	$N \times 6$	—	—

9.1.3 系统功能

RBN-DGNSS 能够为船舶提供高精度的导航与定位服务，在海事领域具有非常重要的作用。如在船舶进出港中能够为船舶提供高精度的位置信息，在测定船舶机动性的过程中能够提供精确的船舶航速、船舶回旋半径、船舶舵角、船舶航向等信息，还可用于辅助校准其他助航仪器等。

1）船舶进出港定位

在船舶进出港时，由于航道有限和时间受限，尤其是船舶交会时，可以利用 RBN-DGNSS 来保证导航的精度，避免搁浅和碰撞。现在广泛应用的 ECDIS，可以将 RBN-DGNSS、雷达、计程仪、测深仪、VTS、AIS 等各种信号和设备整合利用，为船舶进出口港提供高精度的导航定位服务，功能强大，直观方便，能在电子海图上显示出高精度的本船位置，在能见度较低的雾天条件下也可正常工作，是目视导航所不及的。

2）船舶机动性测定[2]

（1）船舶航速测定：在 RBN-DGNSS 技术出现以前，船舶测速通常采用高精度无线电定位仪来测定，相对误差在 1% 左右，但处理过程比较烦琐。利用 RBN-DGNSS 定位技术，可使航速测量的相对误差不超过 0.1%。但值得注意的是，直接利用标准 GPS 进行测速，相对误差可能会超过 5%。

（2）船舶回旋半径测量：回旋半径是指船舶在一定舵角和一定速度条件下，船舶航行的圆形航迹半径。它是船舶机动性的重要指标。在测量时，可通过接收 RBN-DGNSS 信号，实时获得船舶的精确位置信息，每 0.5min 记录一次。先在同一航速和舵角条件下回旋3~4圈,然后反向航行相同的回旋,并记录信息。通过计算机可把测量的结果绘制在航迹仪上,直接获得回旋圆曲图,并解算出回旋半径及周期。反复进行此操作,求出船舶在不同舵角时的回旋半径和周期,对船舶准确进出港和在狭窄巷道中航行都具有重要作用。

(3)船舶舵角提前量测定:舵角提前量是指船舶从发出指令开始转舵的位置,到船舶实际航迹到达新航向时所需航行的距离。当船舶在狭窄水道航行时,必须精确知道船舶各种舵角和不同航速时,到达新航向所需要的舵角提前量。船舶航行中,从下达转向舵令开始,连续记录 RBN-DGNSS 位置数据,一直到进入新航线,然后绘制出航迹图,求出到达进入新航线时的距离,便可获得转舵角的提前量。精确测定不同舵角的提前量,对船舶的安全航行具有重大意义。

(4)船舶航向稳定性测量:航向稳定性即操纵能力,是指船舵位于船首线时,船舶保持直线航行的能力。由于各种原因,尽管舵角为零,船舶航向也在不断改变,驾驶员必须根据罗经指示值的变化不断操控船舶使之航行在预定的航线上。RBN-DGNSS 使测量船舶航向更加简便快捷,测量时只要连续记录 RBN-DGNSS 的位置信息,求出平均方位线上的各点相对于平均速度方位线的偏移量,即可求出直线航行稳定性。这一指标与考核和提高船员的操纵能力,节省燃油和缩短航行时间密切相关。

3)校准助航仪器

船舶上装备的助航设备很多,如计程仪、罗经等。尽管这些助航仪器结构简单,不依赖外部信息,但有的仪器累计误差大,需要定期校准。利用 RBN-DGNSS 可以校准这些助航仪器,精度高且速度快。在无风流情况下,用 RBN-DGNSS 实时给出船舶的平面位置,同时记录计程仪和罗经的读数,通过计算机求出各点间距离和方位,以此可校准计程仪和罗经。这种校准方法精度高,距离校准误差小于 0.1%,航向校准误差小于 5′。

9.1.4 应用案例

由交通运输部海事局运营维护的中国北方海区 RBN-DGPS,一直致力于为海上公共用户提供高精度、高可靠性、全天候的免费定位助航服务,赢得了广大用户的一致好评,信号覆盖范围示意如图9.3所示。随着我国北斗系统的发展及 RBN-DGNSS 的升级改造,有力地推动了我国航海保障工作的发展,促进了北斗在我国海事领域的应用,并有助于北斗在全球范围内的推动应用。此外,RBN-DGNSS 还推动了我国自主知识产权设备的发展,彻底改变了我国沿海导航定位完全依赖国外技术的现状,进一步提升了我国海事信息获取和安全服务的能力。

2011 年,我国的北斗系统宣布投入试运行后,我国各航保中心都积极开展了关于 RBN-DBDS 的研究,将现有的 RBN-DGPS 台站升级改造成可同时播发 GPS 和北斗差分修正信息的 RBN-DGNSS 台站,可有效解决 RBN-DGPS 的局限性问题,保障

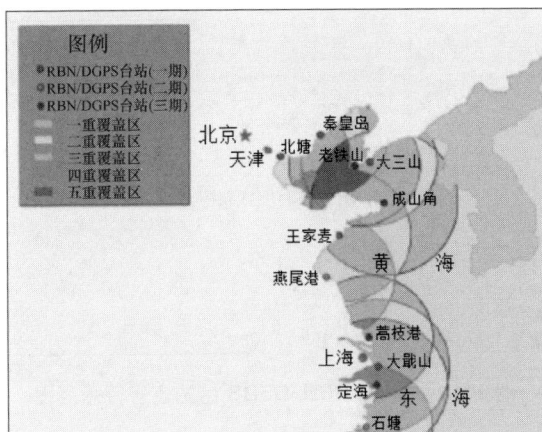

图9.3　中国北方沿海 RBN-DGPS 信号覆盖范围(见彩图)

我国沿海的航海安全性[12-14]。中国交通运输部海事局建设的 RBN-DGPS 在 300km 范围内能够提供 5m 的定位服务,而 RBN-DBDS 在 300km 范围内能够提供 3m 的定位服务。

1)案例一:世界首座 RBN-DBDS 台站

为了提高北斗的定位精度,增强其在海上应用中的完好性、可用性和连续性,从 2012 年开始,交通运输部东海航海保障中心、中国航空无线电电子研究所和上海埃威航空电子有限公司就开始研究差分北斗卫星导航系统的关键技术。2013 年 1 月,东海航海保障中心在黄海南部和长江口进行了首次 RBN-DBDS 的播发和接收试验,试验结果表明其静态定位精度能够达到 1m 左右。2013 年 6 月,东海航海保障中心在大戢山 RBN-DGPS 台站的基础上,建设了 RBN-DBDS 台站,能够同时为 GPS 用户和北斗用户服务。

2013 年 7 月 1 日起,航行于江苏南部、长江口和浙江北部沿海水域的船舶可以接收到来自大戢山无线电指向标提供的高精度卫星定位信号。经过严格测试,差分北斗系统动态定位精度能够达到亚米级,信号覆盖范围可以达到 300km,如图 9.4 所示。

这是我国建成并投入运行的世界上首座 RBN-DBDS 台站,同时也是世界上首座 BDS 和 GPS 双模 RBN-DGNSS 台站,标志着我国在北斗系统海上应用方面取得重大突破。

2)案例二:北斗沿海差分导航与精密定位服务系统

由武汉大学、交通运输部北海航海保障中心、武汉攀达时空科技有限公司共同组成项目组,突破了基于北斗的沿海差分导航与精密定位服务系统的一系列核心关键技术,研制了 RBN-DBDS/GNSS 精密定位与完好性监测一体化基准站设备、船载米级 RBN-DBDS/GNSS 用户导航终端、厘米级船载 BDS/GNSS 精密定位终端等系列设备,开发了北斗/GNSS 海上差分导航与精度定位服务的全套软件系统。提出了以北

图 9.4 大戢山 RBN-DBDS 台站信号覆盖范围

斗为主、多系统兼容,集中处理、多手段播发,从米级到厘米级多模式服务的一体化系统架构和技术方案,研究解决了北斗远距离、实时高精度定位数据处理理论与方法。

2013 年,采用上述系统方案设计及自主研发的软硬件装备,我国建立了覆盖渤海区域的北斗导航与精密定位服务系统[15]。经实际使用测试,采用差分北斗技术,实现了距离基准站 300km 海域的单频定位精度 1.5m,距离基准站 80km 海域的多频定位精度 3cm 的技术指标,系统功能和性能均优于原有的 RBN-DGPS[16]。目前该系统已在海道测量、港口船舶引航、航道疏浚、海事航运等领域成功应用,研制的全套国产化装备和软件系统取得了多项专利和软件著作权,并已通过相关企业进行产业化,摆脱了对国外产品和技术的依赖,创造了巨大的社会经济价值。

北斗沿海差分导航与精密定位服务系统实现了北斗在我国沿海区域提供符合国际标准的高精度导航定位服务,有力支撑了北斗系统加入 IMO,确保了中国政府对国际海事提供北斗公开服务承诺的实现,并为国家海洋强国及海上丝绸之路战略的实施提供了技术保障[17]。

3)案例三:RBN-DGNSS 差分台站系统 CATON 9001

RBN-DGNSS 差分台站系统 CATON 9001 主要基于软件定义无线电(SDR)技术的系统设计方案,由北京凯盾环宇科技有限公司完成,具有运算速度快、并发数据处理能力高、算法更新方便的特点,以差分台站、远程监测站和监控中心三级构成差分台站系统监控管理体系,实现了对 RBN-DGNSS 的精确、高效、全时段、全方位管理。该系统是全国第一例实现以"软件差分"算法核心技术为基础的岸基增强定位系统[18],完全符合 IALA R135 建议案"未来的 DGNSS"和 e-航海技术架构要求,提升了北斗国际化的应用水平。

2015 年,该系统应用于交通运输部海事局 RBN-DGNSS 改造工程一期项目,在沿海 14 个差分台站进行了推广应用,能够提供优于 0.3m 的定位精度和优于 3m 的定位服务。图 9.5 给出 RBN-DGNSS 如皋测试点的定位测试结果,表明在距离台站 220km 的如皋测试点,RBN-DGNSS 的定位精度在 3m 以内[19]。

该系统能够有效降低差分台站的维护运营成本,除了应用于航运领域外,还可广

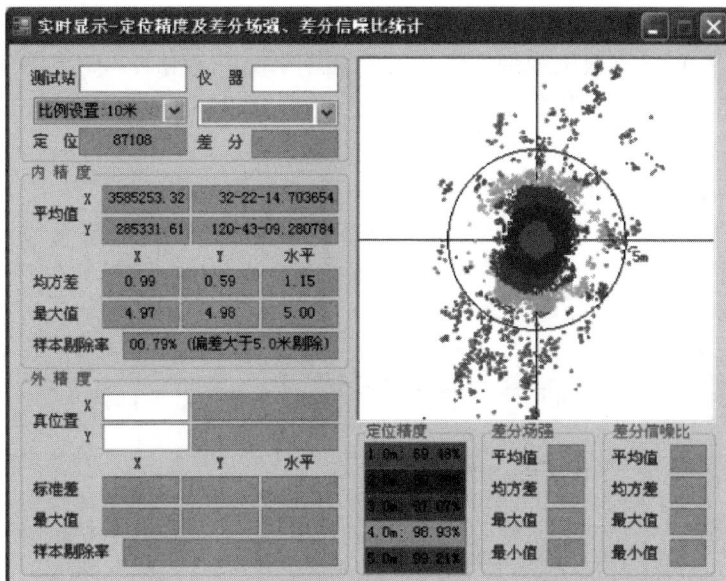

图 9.5　如皋 RBN-DGNSS 测试结果（见彩图）

泛应用于交通安全管理、水上测绘、物流、水上工程等领域，推动相关产业的经济发展，具有自主知识产权的 RBN-DGNSS 的研制、测试以及运营，将牵引和推动我国电子、通信、机械制造、地理信息等相关产业和信息服务的发展，必将产生显著的经济效益。

9.2　海上 CORS 系统

随着 GNSS 技术、计算机网络技术、数字通信技术的飞速发展和不断完善，CORS系统得到了快速的发展和壮大。利用计算机网络通信技术将各个基准站有机地结合起来构成网络，彼此间能够进行通信和数据共享，实现了由传统的载波相位差分技术，即 RTK 技术向 CORS 系统的转变。目前，海上 CORS 系统已经在我国特定水域试验成功，能够为船舶高精度导航和海事测绘领域提供了厘米级的定位精度，为 e-航海战略实现泊位到泊位最后几米航行安全提供了重要保障，也将成为我国北斗地基增强系统的重要组成部分。

9.2.1　系统概述

海上 CORS 系统以在一定范围内可以构成网格形式的连续运行基准站网络为基础，利用计算机技术和通信技术将获取的卫星数据汇聚于有相应软件处理的服务器，经过一系列计算处理后获得用于海上导航定位的各种有效数据，并实时地向基准站网络覆盖区域内有不同需求的船舶用户提供经过检验的卫星观测值、状态信息、各种改正数据,以及其他有关卫星服务项目的系统。CORS 系统在较大范围内布设三个及三个以上基准站,通过无线网络建立连续观测网络,精确估计 CORS 站间的空间相关误差,并建立网络范围内的空间相关误差区域模型,或空间相关误差内插模型,以此计算和发送差分改正信息,对一定区域内的卫星定位用户进行实时改正的差分定位方式,从而实现大范围、高可靠性、实时、动态、高精度定位。

海上 CORS 系统不仅是一个动态、连续定位框架基准的实现系统,而且是快速、高精度获取海上空间数据和地理特征的重要的基础设施。它不仅可在工作区域内向大量用户提供差分定位信息,实现高精度、高可靠性、实时定位,开拓交通导航的新应用,而且可实现海上测绘数据的完整统一,对海洋基础地理信息系统的采集与应用体系产生重要影响,同时还可用为海事其他系统提供高精度的时间同步等。

9.2.2 系统原理

CORS 系统建立在 GNSS 的基础上,将 GNSS 技术和 GIS 技术、通信技术、计算机网络技术等进行多方位深度结合,可为用户提供全新、透明、可视、实时的测量定位服务。目前,我国 BDS CORS 系统的运行示意图如图 9.6 所示[20]。

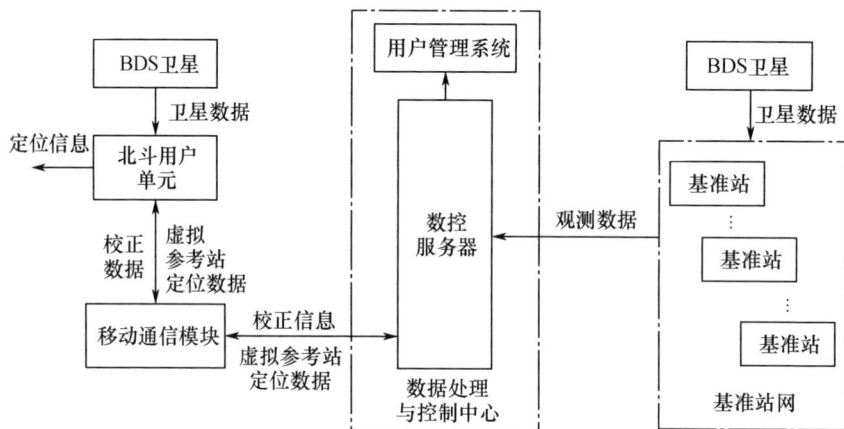

图 9.6 BDS CORS 运行示意图

BDS CORS 系统包括以下四个部分:

(1)基准站网:由一定数量具有已知坐标的卫星数据观测站点组成,基准站网中的每个基准站点都是连续运行,且按一定分布密度建立。基准站的主要功能是连续地对 BDS 卫星数据进行接收、采集、处理、存储等,并由数据专线或公共网络将实时数据流和静态数据传送给数据处理与控制中心。每个基准站点都是由 BDS 接收机、天线、具有存储功能的电源、数据传输专线和避雷装置等设备组成。

(2)数据处理与控制中心:BDS CORS 系统的核心部分,汇聚 CORS 基准站网络获取的卫星观测数据,并进行管理与分析,具有数据处理、系统运行监控、信息服务、网络服务、用户管理等功能,主要由数控服务器和用户管理系统组成。

数控服务器中的数据处理软件系统会存储并分析各个基准站的观测数据,计算电离层、对流层、卫星轨道等误差,将处理分析得出的误差改正数,通过专用的数据通信链路发送给用户。

用户管理系统是一个负责统计、管理 CORS 系统使用者的系统,主要可以进行用户账号注册、账号管理、测量状态记录等操作。

(3)数据通信链路:各个部分之间连接的重要支撑,数据通信链路方式多种多样,通过光纤网络、网络线路、无线网络、通信专网等将基准站网、数控中心、用户端之间联系到一起。基准站与数控中心之间的数据传输根据相应的规定有一定限制的延迟要求,常采用数据传输专线网络。用户单元与数控中心之间主要采用移动通信网络等方式进行交互。

(4)北斗用户单元:指 BDS CORS 系统的使用者,每个用户根据自己使用的接收机,利用数据通信链路与数据处理与控制中心的数据处理软件系统相连,用户单元向数据处理与控制中心发送坐标,数据处理与控制中心以此坐标为基准,根据误差改正模型推算出各种误差改正值,并通过数据通信链路发回北斗用户单元接收机,以这个坐标为基准的点称为虚拟参考站,用户端收到数据处理与控制中心发送回来的虚拟基准站的误差改正参数等,再进行测量数据处理、测量、定位等,最终实现实时、高精度的定位服务。

海上 CORS 系统常用的差分协议主要依据 RTCM 10403.X 标准,其中最新版的 RTCM 10403.3 标准中增加了两种基于 BDS 的电文,即电文 1042 以及电文 1121-1127。

电文 1042 的内容是北斗卫星星历数据,具体电文格式可参考北斗系统空间信号接口控制文件。该消息主要是帮助用户接收机快速获取卫星。如果用户接收机能够访问分发该消息的无线服务,则它可以立即利用星历信息而不是等待获得一颗卫星及其星历数据。如果检测到星历数据中的异常,则广播该消息,要求差分参考站基于先前的良好卫星星历进行校正,这将使刚进入差分系统的用户设备在卫星星历有误的情况下仍能够利用广播的星历更正,并支持使用卫星进行差分导航。

电文 1121 ~ 1127 的内容是北斗 MSM 组,由消息头、卫星数据、信号数据三部分组成。其中:消息头包含了该条 MSM 信息的所有卫星和信号的基本信息,如消息编号、参考站信息、多系统标志位、卫星个数、历元时刻、钟差信息、卫星标志表、信号标志表、信号位图表等内容;卫星数据和信号数据组成观测数据,卫星数据包含所有可见观测卫星的粗略观测值,字段存放顺序与消息头中卫星标志表中标志的卫星顺序相同;信号数据包含所有卫星信号的精确修正值,字段存放顺序与消息头中信号标志表中标志位 1 位的信号顺序相同。

MSM 是 RTCM 3.X 版本标准中的关键核心思想,能兼容原有格式中包含的各类差分 DGNSS/RTK 的信息,同时还能高效、实时地传输 GNSS 的观测数据,具有极强的通用型和扩展性。此外,基于多导航系统的 MSM 数据,利用各个 GNSS 观测量的相似特性实现以统一的数据存放和发送,可以达到多个导航系统信息高度融合。

RTCM 10403.3 版本中已经定义的 MSM 消息有 MSM1 ~ MSM7,其数据字段、长度及用途如表 9.2 所列。MSM6 和 MSM7 分别是 MSM4 和 MSM5 的升级版,包含相同的内容,但其精度更高。

表 9.2　MSM 消息数据字段、长度及用途

消息类型	数据字段	长度	用途
MSM1	伪距	$169 + \mathrm{Nsat}(10 + 16\mathrm{Nsig})$	常规和高精度 DGNSS
MSM2	载波	$169 + \mathrm{Nsat}(10 + 28\mathrm{Nsig})$	
MSM3	伪距 + 载波	$169 + \mathrm{Nsat}(10 + 43\mathrm{Nsig})$	常规 RTK 模式
MSM4	伪距 + 载波 + 信噪比	$169 + \mathrm{Nsat}(18 + 49\mathrm{Nsig})$	
MSM5	伪距 + 载波 + 多普勒 + 信噪比	$169 + \mathrm{Nsat}(36 + 64\mathrm{Nsig})$	以完整 RINEX 保存观测值
MSM6	伪距 + 载波 + 信噪比(高精度)	$169 + \mathrm{Nsat}(18 + 66\mathrm{Nsig})$	扩展的高精度 RTK 模式,实时网络数据流
MSM7	伪距 + 载波 + 多普勒 + 信噪比(高精度)	$169 + \mathrm{Nsat}(36 + 81\mathrm{Nsig})$	扩展高精度模式,传输完整 RINEX 观测值
注:Nsat 表示可见卫星个数,Nsig 表示卫星所有信号个数			

9.2.3　应用案例

高精度 PNT 服务是实现 e-航海战略目标"船舶泊位到泊位的航行安全"的重要保证,是海事测绘和海洋工程的基础设施。IALA 已将 RTK 作为 GNSS 地基增强系统之一。美国联邦无线电导航计划也已经将 CORS 作为国家的卫星导航 PNT 服务系统之一。2013 年 10 月,我国国务院出台的"国家卫星导航产业中长期发展规划"中明确将北斗地基增强系统作为其重要发展内容。

我国原有的 CORS 基准站数量近 2000 个,但基本都是 GPS/GLONASS,面临着北斗系统发展的迫切需求,并且考虑国内的建设和加密需求,我国至少还需要 2000 个以上的基准站。因此,建设基于北斗的 CORS 系统是国家的重大建设工程任务。此外,在海外北斗地基增强站建设方面,目前正积极在"一带一路"沿线国家推广北斗基础设施建设。2013 年 11 月,老挝北斗 CORS 基准站正式启动运行,这是海外第一个北斗 CORS 基准站。

我国的沿海北斗地基增强系统也已于 2015 年启动,拟在全国沿海建设约 150 个北斗 CORS 基准站,三个海区数据处理服务中心和一个全海区数据监测服务中心,整个项目在 2020 年完成,实现中国沿海 50km 范围"厘米"级高精度定位导航服务。目前,交通运输部各航海保障中心和相关部门都在积极研究与建设基于北斗的 CORS 系统。

1) 案例一:长江口 BD-CORS 系统

由东海航海保障中心建设的长江口 BD-CORS 系统是我国自主设计、研发、建造

的专门针对海洋应用的 CORS 系统,是我国首个专门服务于沿海水域的北斗多基站地基网络增强服务系统,自 2014 年 1 月 1 日起在长江口水域提供试运行服务。

长江口 BD-CORS 系统试验网覆盖了长江口黄金水道、上海自贸区及洋山深水港的部分水域,能为区域内用户提供精密定位、精密授时、短报文通信等服务。该系统的基准站布局图如图 9.7 所示,由分别位于上海的横沙岛、大戢山、芦潮港和鸡骨礁的四个基准站及其数据中心组成,其最长基线长度为 72km,最短基线长度为 33km,平均基线长度为 55km。该系统的接收机、终端机及软件系统均采用国产设备,实现了从系统到芯片、从软件到硬件的完全自主知识产权。

这是我国首次建成的离岸 CORS 系统,其面向广大航海保障用户提供公益服务,免费为注册用户提供高精度位置信息服务,能够为海事管理、海道测量、水运工程、航运物流及海洋气象等涉海领域提供厘米级实时三维空间定位服务,在无验潮水下地形测量、跨海大桥变形监测、集装箱智能管理等方面都发挥了重要作用。

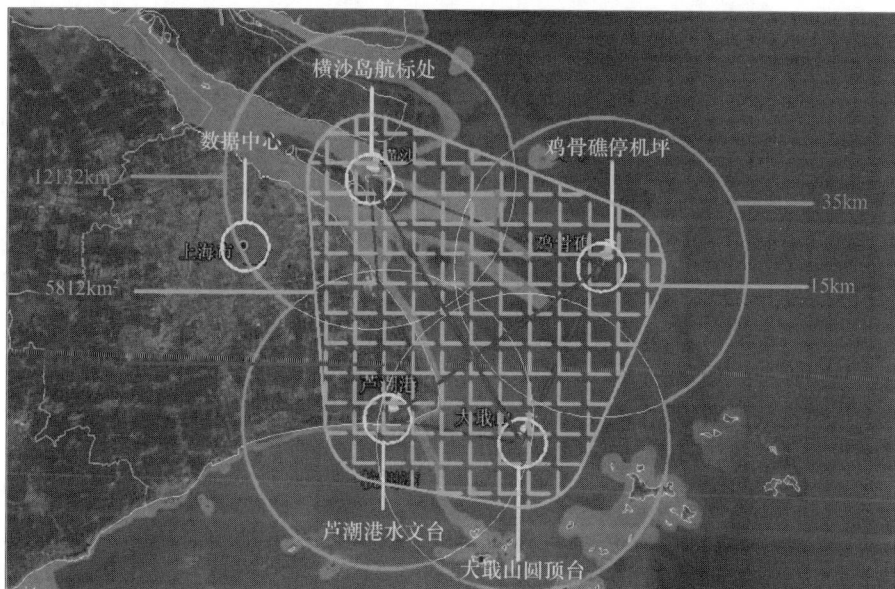

图 9.7 长江口 BD-CORS(见彩图)

目前,长江口 BD-CORS 系统试验网还在不断增设基准站点,扩大对长江口以及杭州湾的覆盖范围。

2)案例二:渤海湾 BD-CORS 系统

2014 年 5 月,交通运输部北海航海保障中心建设了渤海湾北斗地基增强系统。渤海湾 BD-CORS 系统包括三条长基线系统,如图 9.8 所示,3 个基准站的基线长度分别是 160.3km、151.1km 和 135.5km,能够为试验区域提供实时厘米级定位服务。

该系统的最大特色在于能够获得高精度的定位和高程信息,基于该系统的高精度实时水深信息服务为深吃水船舶乘潮进出港提供有力的安全保障,以及为高要求

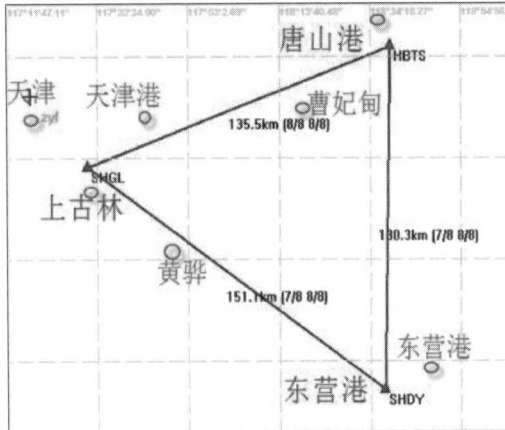

图 9.8　渤海湾 BD-CORS

的海事测绘、海洋工程等提供高精度定位数据。

在此基础上,北海航海保障中心完全按照国家北斗地基增强系统建站标准,组织实施建设了渤海湾及烟大航路区域北斗精密定位服务系统,已完成了 10 个北斗 CORS 基准站及 1 个海区数据处理服务中心的建设工作。该系统已于 2016 年 11 月投入试运行,实现了该区域内的实时厘米级高精度定位导航服务,并拟进一步完成渤海东北部、山东半岛南部沿海 16 个北斗 CORS 基准站建设。渤海湾及烟大航路区域北斗精密定位服务系统建设是国家北斗地基增强系统的一部分,也是 BDS 在海上应用的一个重要步骤,为实现中国沿海海上高精度快速导航定位奠定了坚实的基础,同时也为 BDS 在国际航海领域推广应用提供了技术支撑。

3)案例三:石油钻井平台精确站桩定位

除了传统的定位功能外,北斗 CORS 系统也应用于无验潮水深测量、水上钻井平台站桩工程测量以及海事执法等方面。

2014 年 2 月 21 日,中国首批建造的 JU-2000E 自升式钻井平台在东海航保中心上海海事测绘中心人员的技术支持下从外高桥造船公司码头拖航至芦潮港临港海工基地水域并精确地安放至指定位置。这是首次利用海上北斗 CORS 系统定位信号和测绘数据软件中图形匹配的导航方式,完成大型钻井平台拖航精确站桩导航和定位任务。

上海外高桥造船有限公司建造的 JU-2000E 自升式钻井平台基本上呈三角形,其三个站桩分布在三个角上,如图 9.9 所示[21]。该平台需要从外高桥拖航至芦潮港临港海工基地水域设计桩位上用厘米级精度定位下桩。2014 年 1 月,在东海航保中心测绘处的牵头下,上海海事测绘中心具体承担了此项任务。经过与外高桥造船公司方面的多次研讨和现场踏勘、试验,制定了符合平台和拖带实际情况的技术方案,包括依靠 CORS 系统定位、平台上放样测量和通过对原有测绘软件的开发、增加图形匹配的精确导航功能及简单易观察的友好界面等内容,取得了对方的认可。2014 年

2 月 20 日 3 时,自升式平台开始起锚,在北斗 CORS 系统数据的指引下经过数十小时的拖航平台完成了精确下桩任务。

这次钻井平台拖航站桩定位是离岸北斗 CORS 系统在实际海洋工程中的首次应用,为洋山水域的高精度位置服务打响了第一炮,同时也为海事测绘在非传统领域拓展测绘业务树立了一个良好的示范。

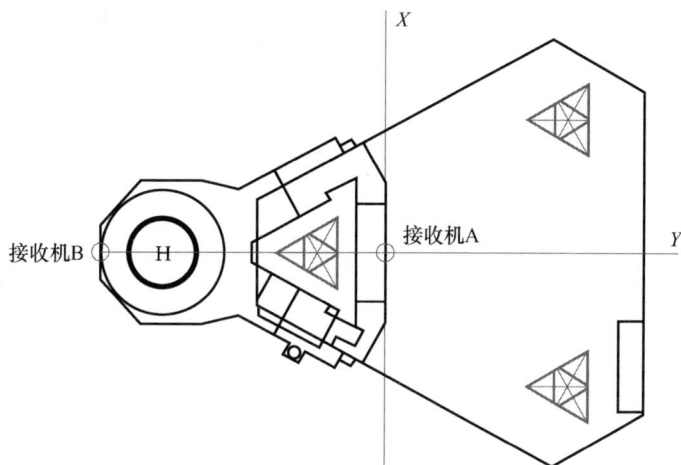

图 9.9　JU-2000E 自升式钻井平台示意图

4)案例四:大型船舶高精度导航及靠泊

2014 年 8 月 5 日,基于北斗 CORS 系统的大型船舶高精度导航及靠泊仪在进出洋山港的"新宁波"轮上进行了首次实船试验并取得了成功[22]。此次实船试验由上海海事局通航管理处、东海航海保障中心、洋山港海事局、上海引航站洋山分站、集美大学等单位多位专家及研究人员参与。

在"新宁波"轮靠泊洋山港的过程中,由大型船舶高精度导航及靠泊仪实时精确地测量出"新宁波"轮的船首、船尾的横移速度、与码头的距离以及船首尾线与码头轴向的夹角,并由岸基指泊仪精确地指示出的船首、船尾靠泊位置,整个靠泊过程以数模形式直观实时地展现在高精度导航及靠泊仪上,如图 9.10 所示。在靠泊仪的精确引导下,"新宁波"轮安全靠泊洋山深水港冠东码头一号泊位。

基于北斗 CORS 系统的大型船舶高精度导航及靠泊仪是东海航保中心"大型集装箱船舶能见度不良天气条件下进出洋山深水港航海保障系统建设工程"的重要组成部分,该靠泊仪能够支持 BDS、GPS 两种定位模式,可同时支持 AIS、北斗、雷达等不同船舶数据的接收与显示,并提供厘米级的高精度导航定位服务,从而在夜航、雾航情况下为船舶高精度定位、导航和安全靠泊提供技术支持,保障船舶始终航行在安全可航水域。"新宁波"的圆满靠泊,有力地推动了大型集装箱船舶在洋山深水港区域内实现全天候、全天时安全快速进出港及靠离泊,对提高洋山港的港口运营水平、提高货物吞吐量、提升服务能级具有重要意义,是海事航保服务建设的又一有力举措。

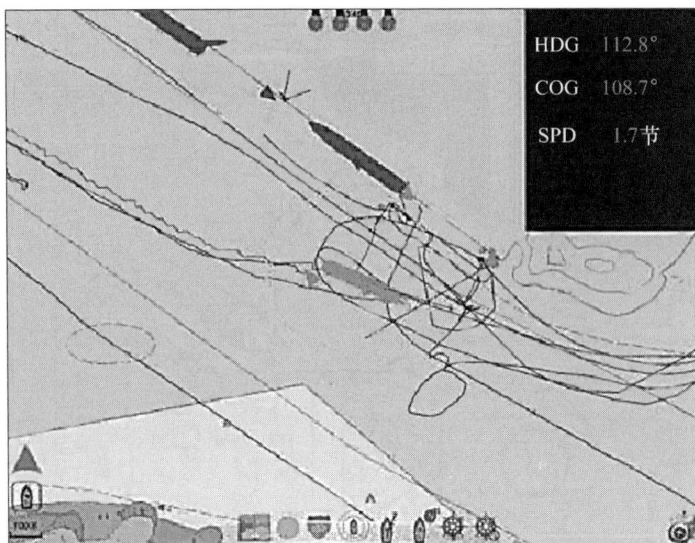

图9.10　大型船舶高精度导航及靠泊仪显示界面(见彩图)

参考文献

[1] 缪锦根,刘东全.中国沿海RBN-DGPS系统功能升级的构想[J].地理空间信息,2010(4):60-62,65.

[2] 李鹏宇,张平.浅谈RBN-DGPS系统的重要作用和升级设想[J].珠江水运,2014(17):65-66.

[3] 刘基余.对中国沿海RBN-DGPS系统升级意见的商榷[J].海洋测绘,2008(5):9-12.

[4] 符军.RBN-DGPS站的维护管理及工作体会[C]//中国航海学会航标专业委员会.中国航海学会航标专业委员会沿海航标学组2002年航标学术研讨论文集.海口,2002:4.

[5] 沈建华.基于多基准站联合伪距差分的RBN-DGNSS系统再改造设计[J].航海,2017(4):42-45.

[6] 窦芃.全球卫星导航系统应用于航海保障的发展历程简述[C]//中国卫星导航定位协会.卫星导航定位与北斗系统应用2015——北斗耀全球 璀璨中国梦.北京,2015:5.

[7] 贾玉良,黄亮.一种DGNSS软差分实现方式[J].珠江水运,2017(16):93-94.

[8] 袁翠.差分GPS算法及仿真研究[D].大连:大连海事大学,2007.

[9] 李鲜枫.中国沿海无线电指向标(RBN)——差分全球定位系统(DGPS)[C]//中国卫星导航定位协会.卫星导航定位与北斗系统应用2015——北斗耀全球 璀璨中国梦,北京,2015:5.

[10] 工成.基丁沿海无线电指向标的差分北斗播发系统研究[C]//中国卫星导航定位协会.卫星导航定位与北斗系统应用2014——壮大北斗产业 创新位置服务,北京,2014:5.

[11] 王成.北斗沿海差分播发研究[J].航海,2014(4):50-53.

[12] 窦芃.将北斗卫星导航技术应用于DGPS台站的构想[C]//中国航海学会航标专业委员会

沿海航标学组等. 中国航海学会航标专业委员会沿海航标学组、无线电导航学组、内河航标学组年会暨学术交流会论文集，福州，2009：4.

[13] 李鹏宇，王翔. 三灶 RBN/DGNSS 系统建设概况与问题探讨[J]. 珠江水运，2016(11)：17-18.

[14] 云泽雨. 航海无线电指向标差分北斗系统播发标准研究[J]. 航海，2016(4)：48-51.

[15] 王成. 中国沿海无线电信标差分(BDS+GPS)系统设计与实现[J]. 航海，2015(2)：59-63.

[16] 王成，崔健慧，施闯，等. 中国沿海 RBN-DGNSS 系统北斗差分定位性能测试及分析[J]. 大地测量与地球动力学，2015(3)：412-415,423.

[17] 赵远哲，窦芃. "北斗"引领中国航海新时代[J]. 中国海事，2015(10)：22-24.

[18] 顾淼，张卓义. 基于"软件差分"技术的沿海无线电 RBN-DGNSS 差分台站系统研究[J]. 中国海事，2018(1)：50-52.

[19] 刘嘉华，俞毅. 无线电指向标-差分北斗卫星导航系统研究与应用[J]. 中国海事，2015(2)：28-32.

[20] 夏林元，等. 北斗在高精度定位领域中的应用[M]. 北京：电子工业出版社，2016.

[21] 于双，董光利，刘壮，等. 基于北斗 CORS 系统的海上钻井平台精确站桩导航系统的设计与开发[J]. 测绘工程，2016，25(11)：72-75,80.

[22] 白庆虹，杨芳芳，李鹏. 大型船舶高精度导航及靠泊仪首次实船试验告捷——可精确指示船舶靠泊位置[N]. 中国水运报，2014-08-15.

缩 略 语

ACCSEAS	Accessibility for Shipping, Efficiency Advantages and Sustainability	航运便利性、效率优势和可持续性
AIS	Automatic Identification System	自动识别系统
AIS-SART	AIS Search and Rescue Transmitter	AIS 搜救发射器
ANSI	American National Standards Institute	美国标准学会
API	Application Programming Interface	应用程序接口
APR	Automatic Position Reporting	自动定位报告
ARM	Aids to Navigation Requirements and Management	航标需求与管理
ARPA	Automatic Radar Plotting Aid	自动雷达标绘仪
ASM	Application-Specific Messages	应用特定电文
ASP	Application Service Provider	应用服务商
AtoN	Aid to Navigation	航标
B/S	Browser/Server	浏览器/服务器
BAM	Bridge Alert Management	船桥报警管理
BDS	BeiDou Navigation Satellite System	北斗卫星导航系统
BLG	Bulk, Liquid and Gas	散装、液体和气体
C/S	Client/Server	客户机/服务器
CCC	Carriage of Cargoes and Containers	集装箱及货物运输
CCIR	International Radio Consultative Committee	国际无线电咨询委员会
CCTV	Closed-Circuit Television	闭路电视
CDMA	Code Division Multiple Access	码分多址
COG	Course Over Ground	对地航向
COMSAR	Radiocommunications and Search and Rescue	无线电通信与搜救
CORS	Continuously Operating Reference Stations	连续运行参考站
COSPAS-SARSAT	COSPAS-Search and Rescue Satellite Aided Tracking	全球卫星搜救

CS	Commercial Service	商用服务
CSP	Communications Service Provider	通信服务商
CSTDMA	Carrier-Sense Time Division Multiple Access	载波侦听时分多址
DC	Data Center	数据中心
DDP	Data Distribution Plan	数据分配计划
DE	Ship Design and Equipment	船舶设计与设备
DES	Data Encryption Standard	数据加密标准
DGNSS	Differential Global Navigation Satellite System	差分全球卫星导航系统
DR	Dead Reckoning	推算导航
DSC	Carriage of Dangerous Goods, Solid Cargoes and Containers	危险品、固体货物和集装箱
	Digital Selective Calling	数字选择性呼叫
ECDIS	Electronic Chart Display and Information System	电子海图显示和信息系统
ECS	Electronic Chart System	电子海图系统
EDI	Electronic Data Interchange	电子数据交换
ENG	Aids to Navigation Engineering and Sustainability	助航工程与可持续发展
EPIRB	Emergency Position-Indicating Radiobeacon	紧急无线电示位标
ETSI	European Telecommunications Standards Institute	欧洲电信标准化协会
eLoran	enhanced Loran	增强罗兰(系统)
FAL	Facilitation Committee	便利运输委员会
FATDMA	Fixed Access Time Division Multiple Access	固定接入时分多址
FDMA	Frequency Division Multiple Access	频分多址
FGMDSS	Future Global Maritime Distress and Safety System	未来全球海上遇险与安全系统
FKP	Flächen Korrektur Parameter	面积校正参数
FP	Fire Protection	消防
FRP	Federal Radionavigation Plan	联邦无线电导航计划
FSI	Flag State Implementation	船旗国履约
GDOP	Geometric Dilution of Precision	几何精度衰减因子
GEO	Geostationary Earth Orbit	地球静止轨道
GEOSAR	Geostationary Earth Orbit Search and Rescue	地球静止轨道搜救
GIS	Geographic Information System	地理信息系统

GISIS	Global Integrated Shipping Information System	全球综合船舶信息系统
GLONASS	Global Navigation Satellite System	（俄罗斯）全球卫星导航系统
GMDSS	Global Maritime Distress and Safety System	全球海上遇险与安全系统
GNSS	Global Navigation Satellite System	全球卫星导航系统
GPS	Global Positioning System	全球定位系统
GSMC	Global System for Mobile Communications	全球短报文通信
HDOP	Horizontal Dilution of Precision	水平精度衰减因子
HSC	High-Speed Craft	高速运载体
HTW	Human Element, Training and Watchkeeping	人为因素、培训和值班
I/O	Input/Output	输入/输出
IAIN	International Association of Institutes of Navigation	国际航海学会
IALA	International Association of Marine Aids to Navigation and Lighthouse Authorities	国际航标协会
IAPH	International Association of Ports and Harbors	国际港口与港湾协会
ICAO	International Civil Aviation Organization	国际民航组织
ICD	Interface Control Document	接口控制文件
ICT	Information and Communication Technology	信息通信技术
IEC	International Electrotechnical Commission	国际电工委员会
IFSMA	International Federation of Shipmasters' Association	船长协会国际联合会
IGS	International GNSS Service	国际 GNSS 服务
IGSO	Inclined GeoSynchronous Orbit	倾斜地球同步轨道
IHO	International Hydrographic Organization	国际海道测量组织
III	Implementation of IMO Instruments	国际海事组织公约实施
ILA	International Loran Association	国际罗兰协会
IMO	International Maritime Organization	国际海事组织
IMSO	International Mobile Satellite Organization	国际移动卫星组织
IMPA	International Maritime Pilots' Association	国际海洋引航员协会
INS	Inertial Navigation System	惯性导航系统
IODE	Issue of Data Ephemeris	星历数据期号
IOV	In Orbit Validation	在轨验证
ISO	International Organization for Standardization	国际标准化组织

ISPS	International Ship and Port Facility Security	国际船舶和港口设施安保
ITDMA	Incremental Time Division Multiple Access	增量时分多址
ITRF	International Terrestrial Reference Frame	国际地球参考框架
ITU	International Telecommunication Union	国际电信联盟
ITU-D	ITU Telecommunication Development Sector	国际电联电信发展部门
ITU-R	ITU Radiocommunication Sector	国际电联无线电通信部门
ITU-T	ITU Telecommunication Standardization Sector	国际电联电信标准化部门
JTC	Joint Technical Committee	联合技术委员会
LEC	Legal Committee	法律委员会
LEO	Low Earth Orbit	低地球轨道
LEOSAR	Low Earth Orbit Search and Rescue	低地球轨道搜索救援
LES	Land Earth Station	岸站
Loran	Long Range Navigation	罗兰(系统)
LRIT	Long Range Identification and Tracking	远程识别与跟踪
LUT	Local User Terminal	本地用户终端
MCC	Measurement Control Center	测量控制中心
	Mission Control Center	任务控制中心
MCU	Microcontroller Unit	微控制单元
MEO	Medium Earth Orbit	中圆地球轨道
MEOSAR	Medium-Altitude Earth Orbit Search and Rescue	中轨道搜救
MEPC	Maritime Environment Protection Committee	海上环境保护委员会
MKD	Minimum Keyboard and Display	最小键盘和显示
MMSI	Maritime Mobile Service Identities	水上移动业务标识码
MOB-AIS	Man Overboard AIS Transmitters	个人便携应急示位标
MRCC	Maritime Rescue Coordination Centre	海上搜救协调中心
MSC	Maritime Safety Committee	海上安全委员会
MSI	Maritime Safety Information	海上安全信息
MSK	Minimum Shift Keying	最小移频键控
MSLD	Maritime Survivor Locating Devices	海事救援定位设备
MSM	Multiple Signals Messages	多信号信息组
NAV	Safety of Navigation	航行安全

NAVDAT	Navigational Data	海上数字广播
NAVTEX	Navigational Telex	航行警告电传
NBDP	Narrow Band Direct Printing Telegraph	窄带直接印字电报
NCSR	Navigation, Communications and Search and Rescue	航行、通信与搜救
NMEA	National Marine Electronics Association	国家海洋电子协会
NNSS	Navy Navigation Satellite System	海军卫星导航系统
NOC	Network Operation Center	网络控制中心
NTRIP	Networked Transport of RTCM via Internet Protocol	基于互联网的 RTCM 网络传输协议
OS	Open Service	开放服务
PDOP	Position Dilution of Precision	位置精度衰减因子
PLB	Personal Locator Beacon	个人示位标
PNT	Positioning, Navigation and Timing	定位、导航与授时
PPP	Precise Point Positioning	精密单点定位
PPR	Pollution Prevention and Response	污染防治和响应
PPS	Pulse Per Second	秒脉冲
PRS	Public Regulated Service	公共管制服务
PVT	Position, Velocity and Time	位置、速度和时间
QPS	Quantum Positioning System	量子定位系统
QZSS	Quasi-Zenith Satellite System	准天顶卫星系统
RAIM	Receiver Autonomous Integrity Monitoring	接收机自主完好性监测
RATDMA	Random Access Time Division Multiple Access	随机接入时分多址
RBN-DGNSS	Radio Beacon-Differential GNSS	无线电指向标/差分 GNSS
RBN-DGPS	Radio Beacon-Differential GPS	无线电指向标/差分 GPS
RCC	Rescue Coordinating Centre	搜救协调中心
RDSS	Radio Determination Satellite Service	卫星无线电测定业务
RINEX	Receiver Independent Exchange Format	接收机自主交换格式
RIS	River Information Services	内河航运综合信息服务
RNSS	Radio Navigation Satellite Service	卫星无线电导航业务
RSC	Rescue Sub-Center	救助分中心
RSIM	Reference Stations and Integrity Monitor	参考台和完好性监测

RSMC	Regional Short Message Communication	区域短报文通信
RTCM	Radio Technical Commission for Maritime Services	海事无线电技术委员会
RTK	Real Time Kinematic	实时动态
SAR	Search and Rescue	搜寻与援救
SART	Search and Rescue Radar Transponder	搜救雷达应答器
SBAS	Satellite Based Augmentation System	星基增强系统
SC	Special Committee	专业委员会
	Subcommittee	分技术委员会
SCC	Satellite Control Center	卫星控制中心
SDC	Ship Design and Construction	船舶设计与建造
SDR	Software Define Radio	软件定义无线电
SEND	Satellite Emergency Notification Device	卫星紧急通告设备
SLF	Stability, Load Line and Fishing Vessel Safety	稳性、载重线和渔船安全
SOG	Speed Over Ground	对地速度
SOL	Safety of Life	生命安全
SOTDMA	Self-Organized Time Division Multiple Access	自组织时分多址
SPOC	Search and Rescue Point of Contact	搜救协调点
SSAS	Ship Security Alert System	船舶安全报警系统
SSE	Ship Systems and Equipment	船舶系统与设备
SSR	State Space Representation	状态空间表示
STW	Standards of Training and Watch-Keeping	培训值班标准
TC	Technical Committee	技术委员会
	Technical Cooperation	技术合作
TDMA	Time Division Multiple Access	时分多址
TDOP	Time Dilution of Precision	钟差精度衰减因子
THD	Transmitting Heading Devices	艏向发送设备
UPS	Uninterrupted Power Source	不间断电源
URA	User Range Accuracy	用户测距精度
URE	User Range Error	用户测距误差
UTC	Coordinated Universal Time	协调世界时
VDE	VHF Data Exchange	甚高频数据交换

VDES	VHF Data Exchange System	甚高频数据交换系统
VDL	VHF Data Link	VHF 数据链路
VDOP	Vertical Dilution of Precision	垂直精度衰减因子
VDSMS	VHF-FM Digital Small Message Services	VHF-FM 数字短消息服务
VHF	Very High Frequency	甚高频
VOIP	Voice over Internet Protocol	网络电话
VOR	VHF Omni-Directional Range	甚高频全向信标
VTS	Vessel Traffic Service	船舶交通服务
WG	Work Group	工作组
WGS-84	World Geodetic System 1984	1984 世界大地坐标系
WP5B	Working Party 5B	第 5B 工作组
WRC	World Radio Communication Conference	世界无线电通信大会
WWRCP	World Wide Radio Communication Plan	世界无线电通信计划
WWRNP	World Wide Radio Navigation Plan	世界无线电导航计划
WWRNS	World Wide Radio Navigation System	世界无线电导航系统